Esoterik

Herausgegeben von Gerhard Riemann

Prof. Dr. E. Otha Wingo ist Professor für klassische Sprachen und Mythologie an der Southeast Missouri State University (Cape Girardeau), wo er seit über dreißig Jahren unterrichtet. Er promovierte 1962 als Dr. phil. an der University of Illinois (Urbana).
Seit 1972 ist Prof. Wingo Präsident und Direktor von HUNA RESEARCH, INC., dem Weltzentrum für Hunâ, das Max Freedom Long 1945 gegründet hat, um das alte Hunâ-System zu erforschen, experimentell zu erproben und zu lehren. Er hält Vorträge in den USA, in Kanada, Deutschland und der Schweiz.

Deutsche Erstausgabe September 1994

Umschlaggestaltung: Peter F. Strauss
Satz: Compusatz GmbH, München
Druck und Bindung: Ebner Ulm
Printed in Germany
ISBN 3-426-86062-7

2 4 5 3

E. Otha Wingo

Das Huna-Arbeitsbuch

Psychologie und praktische Anwendung
des Hunâ-Wissens

Aus dem Englischen von
Hans-Joachim Grimm

Knaur

INHALTSVERZEICHNIS

VORWORT

Prof. Dr. E. Otha Wingo ist Universitätsprofessor (für Mythologie und antike Sprachen) und Hunâ-Lehrer. Dazu ist er Leiter der Hunâ-Research, Inc., in Missouri, USA. Diese Organisation ist das Hunâ-Weltzentrum. Und es war Max Freedom Long, der geniale Forscher der Hunâ-Lehre und Autor der heute noch wichtigsten Bücher über Hunâ, der Otha Wingo persönlich zu seinem Nachfolger eingesetzt hat. Max ist 1971 verstorben, und seither hat Otha sein Erbe meisterhaft und ganz in seinem Sinne verwaltet und ausgebaut.

Es ist kein Zufall, daß Max gerade Otha mit der Nachfolge betraut hat, denn Otha bringt für diese schwere und verantwortungsvolle Aufgabe alle Voraussetzungen mit: Es ist nicht nur seine Qualifikation als Professor, nein, darüber hinaus bringt er als Mensch die echten und unverkennbaren Eigenschaften und Fähigkeiten eines Hunâ-Adepten, eines Hunâ-Experten, mit, und zwar nicht nur die fachlichen, die intellektuellen, sondern, noch viel wichtiger, die menschlichen! Als Hunâ-Lehrer steht er mit seinem umfassenden Hunâ-Wissen an einsamer Spitze, wobei ihn sein außergewöhnliches Gedächtnis verläßlich unterstützt. Wer dieses Buch liest, hat die Garantie, die Hunâ-Lehre aus authentischer Quelle zu erfahren!

Sie werden durch die Lektüre dieses Buches wissen, was (oder wer) ein Kahuna ist. Und obwohl Otha in seiner Bescheidenheit energisch dagegen protestieren wird, möchte ich ihn mit einem Kahuna insofern vergleichen, als er die vorzüglichen Eigenschaften desjenigen Hunâ-Praktikers besitzt, die sich gewiß nach Erreichen des eigenen Hohen Selbst entwickeln. Dazu gehört die untrügliche Empfindung für die Wahrheit, nicht auf Verstandesbasis, sondern gefühlsmäßig; dann die Selbstkontrolle durch bewußte, intensive Zusammenarbeit mit dem eigenen Unteren Selbst; die Fähigkeit, heilend auf seine Menschen einzuwirken, und besonders die zielbewußte Anwendung des Hunâ-Gebetes für sich selbst und für andere. Bei Otha sind diese und andere positive Eigenschaften deutlich entwickelt, aber er spricht nie davon, genauso wie ein wahrer Kahuna nie sagen würde, er sei einer.

Otha hat dieses Buch in meinem Hause auf meinem Computer an den Tagen geschrieben, die zwischen den Wochenenden einer gemeinsamen achtwöchigen Vortragstournee übrigblieben. Darüber freue ich mich sehr, seine Leistung ist hervorragend. Möge sein Werk gesegnet sein, um allen Lesern die Hunâ-Lehre zu ihrem Eigentum zu machen!

Henry Krotoschin

EINLEITUNG

»Ich werde euch ein Geheimnis verraten, wenn ihr dafür sorgt, daß es überall herumerzählt wird.« So hat Max Freedom Long seine großzügige Art zum Ausdruck gebracht, seine Forscherkollegen und jeden, der es hören oder lesen wollte, an allem, was er erfuhr, teilhaben zu lassen.
1917 ging er nach Hawaii. Nicht, um exotische Überlieferungen oder seltsame Praktiken zu erforschen, sondern einfach nur als Schullehrer. Er unterrichtete in einer kleinen Schule auf einer abgelegenen Plantage in der Nähe eines Vulkans auf Hawaii. Wenn er abends hörte, wie sich sein Kollege mit Freunden unterhielt und alte Geschichten von Familienmitgliedern und Praktiken der Kahunas erzählte, machte ihn das sehr neugierig. Als er nach drei Jahren Hawaii wieder verlassen und nach Kalifornien zurückkehren wollte, hätte er zu gern gewußt, ob an einigen jener erstaunlichen Geschichten etwas dran war oder ob es sich vielleicht nur um Übertreibungen oder sogar um Phantasiegeschichten handelte.
Er ging in Honolulu ins Bishop Museum, das damals wie heute dokumentarisch belegte Informationen über die Kultur und die Traditionen von Hawaii aufbewahrte. Dort traf er Dr. William Tufts Brigham – einen weltberühmten Pädagogen und Rechtsanwalt, der sich als Kurator des Museums zurückgezogen hatte – und stellte ihm seine Frage. Anstatt ihm sofort zu antworten, fragte ihn Dr. Brigham eingehend nach seinen Interessen, bisherigen Studien und Ansichten über verschiedene wichtige Forschungsbereiche aus. Da Longs Antworten ihm offensichtlich sehr zusagten, erzählte er ihm nun vertraulich von seinen Interessen an den Kahuna-Praktiken, die ihn privat schon über vierzig Jahre beschäftigten.

Die geheimen Methoden der Kahunas hatte Dr. Brigham nicht entdeckt, jedoch gab er Max Freedom Long den Schlüssel zu ihrer Entdeckung. »Halten Sie immer Ausschau nach drei Dingen«, sagte er, »wenn Sie danach suchen, woher solche scheinbar wundersamen Kunststücke wie Heilung kommen. Es muß ein Bewußtsein geben, das eine bestimmte Kraft lenkt und über eine Substanz wirkt. Entdecken Sie auch nur eines davon, bringt es Sie sicherlich auch zu den anderen.«

Max Freedom Long machte dieser eindeutige Hinweis darauf, daß an den alten Geschichten über wundersame Praktiken etwas dran war, derart neugierig, daß er noch vierzehn Jahre auf Hawaii blieb, um das zu untersuchen. In den darauffolgenden zweiundfünfzig Jahren widmete er sich der Erforschung einer überlieferten Weisheit, die fast schon verlorengegangen war. Ihm ging es nicht darum, uralte religiöse Bräuche, die nichts für Nicht-Hawaiianer waren, für Menschen der Jetztzeit wiederzubeleben, und auch noch nicht einmal darum, die Kultur zu bewahren. Das tat bereits das Bishop Museum. Er wollte das Geheimnis lüften, wie die Praktiken, die oft wie »Wunder« wirkten, ausgeführt werden, damit er und jeder andere Interessierte die Regeln zur Heilung und zur Erreichung eigener Ziele anwenden konnte. Die Geschichte seiner Forschungen wird in seinen Büchern erzählt.

Für die Praktiken und Methoden der alten Kahunas gab es keinen Namen. Da Long bei seinen Nachforschungen feststellte, daß er immer wieder auf eine undurchdringliche Mauer des Schweigens stieß, nannte er das System Hunâ, und das bedeutet auf hawaiisch »Geheimnis«. Hunâ gilt besonders für Familiengeschichte bzw. Familiengeheimnisse (vertrauliche Überlieferungen der *'ohana* bzw. der Großfamilie). Long war grundsätzlich davon überzeugt, daß für Geheimniskrämerei eigentlich keine Notwendigkeit mehr bestand, denn die Lehren, die er gefunden hatte, waren universelle Prinzipien, die jeder kennenlernen und benutzen konnte und bei denen es nicht um die Enthüllung vertraulicher Familiengeschichten ging. So wählte er den Namen Hunâ für das System von Psychologie, Philosophie und einigen religiösen Elementen, das er aus der wiederentdeckten, uralten Weisheit aufbaute. Trotz seltsamer gegenteiliger Behauptungen hat bisher jeder, der das Wort Hunâ für ein System benutzt, mit dem man Probleme lösen, Ziele erreichen und spirituell vorankommen kann, den Namen und das Grundsystem auf Max Freedom Longs Arbeit aufgebaut.

Ich erfuhr auf eine sehr einfache, aber doch ungewöhnliche Weise von Hunâ. Als Universitätsprofessor unterrichtete ich alte Sprachen (Griechisch und Latein) und Mythologie. Oft hielt ich Vorlesungen über die alten griechischen Orakel und benutzte Darstellungen moderner Methoden für Zukunftsvoraussagen. Ich brachte kleine »Astrologiespalten« aus Zeitungen mit in den Unterricht, machte darauf aufmerksam, wie lächerlich solche verallgemeinerten Voraussagen sind, und zeigte, daß die alten Orakel über Zeiträume bis zu tausend Jahren viel genauer waren. Ganz allmählich setzte sich in mir der Eindruck fest, daß an der Astrologie vielleicht doch etwas mehr dran sein könnte, wenn nur richtige Lehrbücher dafür aufzutreiben wären. Damals, Mitte der sechziger Jahre, bekam man ja solche Bücher in den meisten Buchläden nicht so wie jetzt. Ich mußte also schnell nach England schreiben, um sie zu bekommen. Danach studierte ich Tag für Tag eifrig in diesen Texten, bis ich überzeugt war, daß es eine echte astrologische Wissenschaft gibt, die ins Einzelne geht und genau ist, wenn man nur die richtigen Informationen findet. Die »Astrologiespalten« der Zeitungen waren eigentlich nur Unterhaltung. Seltsamerweise wurde ich schließlich Astrologe und brachte eine große Bibliothek mit Astrologiebüchern zusammen. Aber ich hatte damals

noch viele Fragen und mußte mich mit jemandem unterhalten, der sich in der Astrologie auskannte.
Durch Zufall – in Wirklichkeit wurde ich geführt, wie sich herausstellte – erfuhr ich von einem bekannten Astrologen in einer nahegelegenen Stadt und schrieb ihm. Er besprach die Sache mit einigen seiner Studenten und fand ein junges Pärchen, das bereit war, über hundert Meilen zurückzulegen, um meine Fragen zur Astrologie zu beantworten. Während ihres zweistündigen Besuches erwähnten die jungen Leute gleich mehrere Forschungsrichtungen, an denen sie interessiert waren. Darunter Hunâ. Das Wort selber hatte ich noch nie gehört. Ich notierte mir die entsprechenden Adressen und schrieb später an jede einzelne, um Informationen zu bekommen. Als ich an Max Freedom Long schreiben wollte, um ihn zu fragen, was man so an Veröffentlichungen bekommen könnte, stellte ich fest, daß ich kein Briefpapier mehr in der Schublade hatte, und benutzte daher einen Briefkopf von der Universität. Zu meinem Erstaunen antwortete Long unverzüglich, erzählte mir von seinen Büchern und den vervielfältigten Bulletins und sagte etwas, was mich sehr überraschte: »Seit vierzig Jahren warte ich schon darauf, daß Sie meine Arbeit übernehmen!«
Long hatte über fünfzig Jahre lang Hunâ-Forschungen betrieben und hielt nun Ausschau nach jemandem, der genügend Interesse und Engagement besaß, um die Arbeit seiner Organisation fortzuführen, das Hunâ-Wissen am Leben zu erhalten und es der breiten Öffentlichkeit zugänglich zu machen. Jedes veröffentlichte Buch hatte er regelmäßig verschiedenen Autoritäten auf dem Gebiet der Religion, der Philosophie und der Psychologie vorgelegt und war genauso regelmäßig von den meisten ignoriert worden. Unter den zahlreichen Mitgliedern seiner Organisation, die im Laufe der Jahre kamen und gingen, befanden sich sogar beeindruckend viele bekannte Persönlichkeiten. Einmal träumte

Long, er würde seine Forschungsergebnisse wiederum Autoritäten vorlegen. Diesmal einem Gremium backenbärtiger Universitätsprofessoren. Sie sahen sich seine Berichte an und meinten zögernd, sie enthielten durchaus etwas, das zumindest untersucht zu werden verdiente. Mehr wollte Max Freedom Long ja nie. Da ich zufällig (nicht versehentlich) einen Briefkopf von der Universität benutzt hatte, war ihm dieser Traum gekommen. Er machte schnell eine psychometrische Analyse meiner Unterschrift (fand, daß ich die Dinge genauso sehe wie er) und wußte sofort, daß ich derjenige war, den er als Nachfolger wollte.
Was er damals vorschlug, war nicht machbar. Ich sollte nach Kalifornien ziehen, bei ihm arbeiten und seine Arbeit nach seinem Tod fortsetzen. Er starb 1971, die Hunâ-Organisation wurde nach Cape Girardeau, Missouri, verlegt und quartierte sich im Untergeschoß meines Hauses ein, wo sie vierzehn Jahre blieb, bis 1985 das Gebäude der Hunâ-Zentrale gekauft wurde. Ich war damals noch Universitätsprofessor und hatte genug mit Vorlesungen und Veranstaltungen zu tun. Die Hunâ-Arbeit betrieb ich ausgesprochen freiwillig, wenn ich keine Vorlesungen oder andere Verpflichtungen hatte. Ich tat sie aus Liebe, und so ist es noch heute.
Ich freue mich deshalb, den Lesern diese systematische Studie über die Hunâ-Lehre vorlegen zu können. Hunâ ist in erster Linie ein psychologisches, aber auch ein philosophisches System und enthält Elemente, die etwas mit Religion zu tun haben könnten. Vor allem aber ist es eine Lebensweise, ein praktisches System, um Probleme zu lösen, Ziele zu erreichen und sich spirituell zu entwickeln .
Es ist meine Hoffnung, daß Sie die Hunâ-Lehren als genauso hilfreich empfinden wie ich und daß Sie Ihr Leben auf einem sehr hohen Niveau von Glück und Frieden, Erfolg und Erfüllung all Ihrer Wünsche führen können.

Zürich, 29. April 1993

KAPITEL 1

Was ist Hunâ?

Max Freedom Long hat das uralte Hunâ-System mehr als fünfzig Jahre lang erforscht und es als »psycho-religiöses System« bezeichnet, da es, wie er sagte, »so vieles enthält, das immer als Teil von Religion angesehen wurde. Ich jedoch betrachte Hunâ als Wissenschaft im strengsten Sinne des Wortes.«

»Wissenschaft« bedeutet Wissen und läßt auf einen systematisierten Wissensschatz schließen, aus dem vermutlich Nutzen zu ziehen ist. Psychologie und »Seelenkunde« (»Psychismus«) gehören nicht zur Religion. Die hat mit Götterverehrung oder Gottesfurcht und mit Götterkult zu tun.

Es gibt Bereiche im Hunâ (beispielsweise den Hinweis auf Gebete), die »religiös« klingen. Max Freedom Long zitiert dazu eine Definition des Professors Paul Tillich von der Columbia University für Religion: »Religion ist die Beziehung zu etwas unendlich Hohem, Bedingungslosem und Transzendentalem. Religiöse Haltung ist ein Bewußtsein von Abhängigkeit, Hingabe und Akzeptanz.«* Hunâ kann man daher eher eine Wissenschaft als eine Religion nennen, denn es hat von einer derart definierten Religion fast nichts an sich. Hunâ gehört in den Bereich psychologischer Wissenschaften, das heißt, es studiert, wie der einzelne, die Psyche, aufgebaut ist und funktioniert. Was ich mit Hunâ-Psychologie meine, ist ein praktisches System von Wissen darüber, was Sie sind, woraus Sie als Mensch bestehen und wie Sie all Ihre Möglichkeiten entfalten können, wenn Sie

* Long, *The Secret Science Behind Miracles*, S. 310.

das Hunâ-Wissen verstehen und für ein inhalts- und ergebnisreicheres Leben benutzen.
Zur Hunâ-Psychologie wird es, weil wir als Bezugsrahmen die uralte Weisheit nutzen, die aus den Praktiken gründlich ausgebildeter Fachleute (Kahunas) des alten Hawaii stammt. Es ist ein Wissen, das in der modernen Psychologie nur von wenigen und erst in den letzten Jahren anerkannt wird. Dazu ein Beispiel: Niemand hatte anscheinend je vom Unterbewußtsein gehört (zumindest in akademischen Kreisen nicht), oder seine Existenz überhaupt vermutet, bevor Sigmund Freud von seiner »Entdeckung« schrieb. Die Kahunas des alten Hawaii dagegen wußten nicht nur von seiner Existenz, sondern auch von seinen speziellen und wichtigen Funktionen und wie man es mit den anderen Funktionen der Psyche in Harmonie bringt. Das Wort Hunâ bedeutet wie gesagt »Geheimnis« im Sinne vertraulicher Familiengeschichten und Überlieferungen; Sie studieren hier also die Geheimnisse uralter psychologischer Weisheit.
Obwohl Hunâ keine Religion ist – nicht einmal »religiös« im üblichen Wortsinne –, steht es ganz sicher nicht im Gegensatz zu allem, was Religion ist. Religion, »Rückbindung«, bedeutet ja auch eine Bindung in dem Sinne, daß jemand an ein System von Glaubensbekenntnissen gebunden ist, also an Dogmen, anerkannte Glaubenssätze, die nicht in Frage gestellt werden und den Gläubigen somit buchstäblich an seine Religion binden. Hunâ bittet nicht darum, daß Sie an die Hunâ-Lehre »glauben« bzw. dogmatische Behauptungen akzeptieren, weil ich oder Max Freedom Long oder wer anders dies sagt; Hunâ bittet einfach nur darum, daß Sie seine Prinzipien für sich einsetzen. Testen Sie sie, wenn ich darum bitten darf! Und wenn Sie zu der Meinung gelangen, daß sie begründet und durchführbar sind, dann machen Sie aus ihnen bitte einen Teil Ihrer regulären, natürlichen Lebensweise. Dann haben Sie Wissen und nicht Glauben. Hunâ-

Wissen hilft Ihnen, sich selber zu verstehen, und zwar nach dem vielzitierten, aber so oft falsch ausgelegten Wort »Erkenne dich selbst«, das in der Vorhalle des Apollotempels von Delphi zu lesen war.
Wenn Sie sich selbst kennen, verstehen Sie jeden Teil Ihres Lebens sehr gut, d. h. Ihre persönlichen Beziehungen, Ihre berufliche Tätigkeit, Ihren Glauben, Ihre Familie und Ihre Freunde, Ihre Gesundheit (Körper, Verstand und Geist) und auch Ihre Erholung, um nur einige wenige der vielen Bereiche Ihres täglichen Lebens zu nennen.
In gewissem Sinne kann natürlich Hunâ als »Religion« betrachtet werden, und einige Leute, die Hunâ praktizieren, tun dies auch. Wird der Begriff »Religion« für eine Lebensweise und nicht als System dogmatischer Glaubenssätze oder als einschränkende bzw. exklusive Praxis benutzt, dann kann Hunâ so bezeichnet werden. Doch die Nebenbedeutungen für Religion sind in der allgemeinen Vorstellung orthodoxer Konfessionen und Kirchen derart tief verwurzelt, daß garantiert fast jeder Hunâ mißversteht, wenn man es als Religion bezeichnet.
Denken Sie bitte daran, daß Ihre wirkliche Religion das ist, was Sie eigentlich glauben, und nicht lediglich das, wozu Sie sich bekennen. Was Sie wirklich glauben, kommt aus Ihrer persönlichen Erfahrung. Diese Erfahrung braucht keinen Namen, von dem jeder weiß, daß er eine andere Art täglicher Praxis bezeichnet.
Gleich auf der ersten Seite, die Max Freedom Long für seine Hunâ-Forscherkollegen schrieb, sagte er: »Wie Sie wissen müssen, hebt Sie die bloße Tatsache, daß Sie sich an dieser Arbeit beteiligen wollen, unter Tausenden heraus. Nur sehr wenige sind in der Lage, auf eigenen Füßen zu stehen und mit Gelassenheit zu studieren, was im Gegensatz zu religiösen bzw. psychologischen Glaubenssätzen zu stehen scheint. Die allermeisten Menschen werden geistig in die

Schablonen der einen oder anderen Religion oder einer wissenschaftlichen Grundposition eingefroren. Und wenn ihr Geist erst einmal in jene Schablonen eingearbeitet ist, werden sie blind und leidenschaftlich feindselig gegenüber allem, was damit nicht übereinstimmt.«*

Man spricht zuweilen gern von »Hunâ-Magie« bzw. »Kahuna-Magie«. Das Wort »Magie« hat (außer bei Leuten, die von Berufs wegen andere damit unterhalten) derart negative Nebenbedeutungen, daß es schon fast ein Synonym für »schwarze Magie« geworden ist. Die 1965 erstmalig veröffentlichte deutsche Ausgabe von Max Freedom Longs Buch *The Secret Science at Work* heißt *Kahuna-Magie*. Sein erstes Buch über Hunâ – das erste je über die Hunâ-Lehre geschriebene Buch – hieß *Recovering the Ancient Magic*. Er definiert ganz klar, daß er *magic* als Begriff für etwas benutzt, mit dem Dinge vollbracht werden, die durch die Anwendung allgemein unbekannter Methoden und Kenntnisse uralter Weisheit »magisch« zu sein scheinen.

Es besteht keinerlei Verbindung zwischen Schwarzer Magie und Hunâ, das die Antithese solcher Praktiken ist. Die grundlegenden Lehrsätze des Hunâ lauten: »Füge niemandem Schaden zu, auch dir nicht« und »Diene anderen, und du verdienst dafür Gutes«. Das Motto der Hunâ-Lebensweise lautet:

»*Nie verletzen, immer helfen.*«

Das Wort »Magie« bezieht sich auf die Benutzung von »Kräften«, die man besitzt, um etwas Gewünschtes zu erreichen. Daher entstand die Vorstellung, der »Magier« habe sich gewisse »übernatürliche« Kräfte angeeignet, um damit gewaltsam von göttlichen oder »übernatürlichen« Wesen ge-

* *HRA-Bulletin I* (1. Februar 1948), S. 1.

wisse Vergünstigungen zu bekommen. Da man davon ausging, daß dies mit den gewöhnlichen Fähigkeiten eines Menschen nicht möglich ist, galt die Praxis als »magisch« oder »wunderwirkend«.
Hunâ ist ganz anders! Die »Kräfte« des Hunâ hat jeder, obwohl sie in vielen erst noch schlummern und nicht voll entwickelt sind. Mit ihnen kann man Wünsche erfüllen bzw. gewisse »Vergünstigungen« bekommen. Aber dabei werden keine »übernatürlichen« Kräfte gegen ein übernatürliches göttliches Wesen eingesetzt. Nur wer nicht versteht, wie dies bewerkstelligt wird, kann Hunâ »magische« Eigenschaften zuerkennen.
Für jeden, der noch mehr lesen möchte, wird auf Max Freedom Longs Arbeiten verwiesen. Selbst wenn Sie schon viele andere esoterische Bücher gelesen haben, wird dieses Buch alles bisher Gelesene erst zurechtrücken, und Sie können sehr praktischen und persönlichen Gebrauch von Hunâ machen.

KAPITEL 2

»Tief Luft holen!«

Wie oft sagen wir: »Tief Luft holen!«, oder wir tun es automatisch, wenn wir an eine wichtige Aufgabe gehen oder vor schwierigen Entscheidungen stehen. Das Hunâ-System, mit dem man Probleme lösen, Ziele erreichen und spirituell wachsen kann, ist eine der wichtigsten und praktischsten Studienrichtungen, die Sie je finden werden. Was Sie hier lernen, vermittelt Ihnen eine neue Einstellung zum Leben und befähigt Sie, all Ihre Möglichkeiten im Laufe Ihres Lebens voll zur Entfaltung zu bringen. Ich sagte, *befähigt* Sie, denn was immer Sie lernen, müssen Sie *benutzen*, wenn es Ihnen Vorteile bringen soll. Sie werden Prinzipien erlernen, die Sie einfach und praktisch tagtäglich anwenden können. Erwarten Sie keine überspannten Verheißungen hinsichtlich der Entwicklung übermenschlicher psychischer Fähigkeiten und der Ausführung phantastischer Wunderdinge durch übernatürliche Kräfte. Einiges von dem, was Sie lernen werden, wird Ihnen wie ein Wunder vorkommen; aber wenn Sie es tun, werden Sie seine Grundprinzipien verstehen und sehen, daß so etwas für jeden möglich ist, der die Grundlagen des Hunâ-Systems der Psychologie begreift.

Nun, wie ist es – haben Sie tief Luft geholt? Das war keine bloße Redensart oder nur ein Mittel, um Ihre Aufmerksamkeit zu erregen. Es war die Grundlage eines der Naturgesetze bzw. Prinzipien, die Sie benutzen können, um vieles in Ihrem Leben zu vollbringen, was Sie sich wünschen. Es wird Ihnen ganz einfach helfen, wenn Sie sich an dieses Studium machen. Warum es hilft, tief Luft zu holen, wird Ihnen erklärt werden, und ebenso auch, wie dieses Prinzip entwickelt werden kann, um weiteres zu vollbringen.

Auf das richtige Atmen wird auch in der chinesischen Akupunktur- und Meridiantherapie Wert gelegt.* Ein Mann sollte beim Atmen denken, daß der Atem von oben kommt, und eine Frau sollte sich vorstellen, er komme von unten. Das ist ein Geheimnis, dessen Wichtigkeit nicht genug betont werden kann. Als ich es zum ersten Mal hörte, fragte ich mich, ob man sich da vielleicht etwas einredet. Nachdem ich dann aber diese Idee an mir selbst und mit Studenten, die nicht wußten, worum es ging, überprüft hatte, wurde mir klar, daß es einen Grund dafür gibt.

Beginnen wir also noch einmal. Holen Sie tief Luft (bzw. tun Sie es noch einmal, wenn Sie die obigen Hinweise befolgt haben). Atmen Sie diesmal, so tief Sie können, sehr langsam, halten Sie die Luft an, ohne daß Ihnen schwindlig wird, und atmen Sie dann langsam aus.

Lehnen Sie sich zurück in Ihren Stuhl, und spüren Sie das kribbelnde Hochgefühl, wenn Sie die Verspannungen des Tages loslassen. In unserer schnellebigen Zeit entstehen ziemlich viel Verspannungen, selbst wenn man von Natur aus ruhig und gelassen ist. Das Stillsitzen in Ihrem Lieblingsstuhl entspannt. Aber auch dann haben Sie noch die gewohnten Geräusche in der Wohnung – das Motorengeräusch vom Kühlschrank, die Klimaanlage oder die Heizung, das Surren oder Ticken der Uhren, die entfernten Geräusche von Kraftfahrzeugen usw. Aber beim ersten tiefen Atemzug spürten Sie etwas von der Ruhe, die Sie brauchen. Nun sollten Sie sich entspannt fühlen, ganz schwach nur wahrscheinlich, aber ausreichend, um noch mehr davon haben zu wollen. Gleichzeitig werden Sie sich hellwach fühlen!

Sie müssen vielleicht noch ein- oder mehrmals langsam einatmen, bevor Sie die Wirkung verspüren. Gewöhnlich geht es leichter, wenn Sie erst ausatmen, bevor Sie wieder

* Vgl. Odum und Wingo, *Energy and Us* (1993), S. 12.

tief Luft holen. Halten Sie jetzt inne, und versuchen Sie folgendes:

1. Holen Sie *langsam* Luft, bis die Lungen gefüllt sind.
2. Halten Sie die Luft einige Sekunden an, bis es Ihnen etwas unangenehm wird.
3. Atmen Sie sehr langsam aus.

Das Ausatmen soll Ihnen das Loslassen von Verspannungen und unruhigen Gedanken symbolisieren, die Sie wenige Minuten zuvor noch geplagt haben.
Denken Sie wieder an das »Tiefluftholen«, wenn Sie etwas in Angriff nehmen, und beginnen Sie dann mit einem »Los geht's!« Redner, Schauspieler und Sänger sagen häufig, daß sie erst tief Luft holen müssen, bevor sie Vorträge halten, dramatische Szenen spielen oder etwas singen.
Letztens erzählte mir eine bekannte Opernsängerin, nach vielen Jahren intensiver Ausbildung hätte sie endlich das Geheimnis für richtiges Singen entdeckt. »Es ist alles nur eine Sache des Atmens«, sagte sie. Keine sehr neue Idee, nicht wahr? Aber es war ihr nicht um die übliche »Atemkontrolle« zu tun, um die es den meisten Gesangslehrern geht. Sie hatte gelernt, tief Luft zu holen, und fühlte sich jetzt so sicher im Gebrauch ihrer stimmlichen Mittel, daß sie sagte: »Wenn ich jetzt eine Note singe, weiß ich, daß es genau die wird, die ich singen will. Ich kenne sie schon, bevor ich sie singe. Früher wußte ich immer nicht genau, ob ich das mit den hohen Noten schaffe. Jetzt habe ich meinen Stimmapparat unter Kontrolle!«
Seien Sie jetzt aber durch die zwei oder drei tiefen Atemzüge nicht so entspannt, daß Sie schlafen gehen wollen! Seltsamerweise bringen ja gelöste Verspannungen auch noch eine geschärfte Bewußtheit mit sich. Aber Sie brauchen sich dazu nicht zu zwingen. Benutzen Sie also Ihre zusätzliche Be-

wußtheit, um aufzupassen, was wir besprechen. Ich möchte Ihnen versichern, daß Sie keinen intensiven, erschöpfenden körperlichen Bewegungen, tiefen Atemübungen oder anderem unterzogen werden. Es handelt sich hier nicht um ein »Yoga-System«, und uns geht es auch weder um »exaltierte Seelenzustände« noch um Halbtrance. Sie sollen ständig bewußt alles kontrollieren können, was Sie tun, die Prinzipien erlernen, nach denen die Gesetze des Lebens wirken, und wie Sie diese Informationen bewußt nützen können, um Ihre Möglichkeiten zur Entfaltung zu bringen und alles zu erreichen, was Sie sich wünschen. Jede psychische Entwicklung wird dann eine ganz natürliche Begleiterscheinung ihres Hunâ-Studiums, und die Grundidee des Yoga, d. h. die »Vereinigung«, wird auf faszinierende Weise mit behandelt.
In diesem Arbeitsbuch über die Grundlagen der Hunâ-Psychologie lege ich den Schwerpunkt auf die praktische Anwendung der Hunâ-Grundprinzipien. Diese Prinzipien muß man kennen, um zu verstehen, warum Hunâ funktioniert. Aber in erster Linie will ich Ihnen zeigen, daß es funktioniert und wie Sie Hunâ in Ihrem Leben benutzen können. Ich gehe sehr praktisch und gründlich dabei vor, so daß Sie das Hunâ-System der Psychologie dann benutzen können, ohne andere Bücher oder einen Lehrer zu benötigen.
Das Wort Hunâ bedeutete ursprünglich im Hawaiischen »Geheimnis«. Besonders seine Doppelung – *hunâ-hunâ* – bezeichnete vertrauliche Überlieferungen, Erzählungen, die Geschichte und die Praktiken der *'ohana*, der Großfamilie. In Verbindung mit dem Wissen und den Praktiken der Kahunas bezieht es sich auf uralte Weisheit, die einst nur an speziell ausgewählte Schüler der großen Meister alter Zeiten weitervermittelt wurde. Diese Art von Wissen ist daher eigentlich nicht ausschließlich »hawaiisch«, sondern alle Völker und Sprachen kennen es. Aber vieles von dem wiedergewonnenen »geheimen« Wissen war in der Sprache des alten

Hawaii verschlüsselt worden, und Max Freedom Long hat den Namen Hunâ gewählt, um das Psychologiesystem, d. h. das Wissen um die Psyche des Menschen, zu bezeichnen. Bei dem Wort Hunâ (»das Geheimnis«) sollte man jedoch immer daran denken, daß es jetzt keine Geheimnisse mehr gibt. Ich freue mich, von Freunden auf Hawaii zu erfahren, daß dort jetzt auch so gedacht wird. Die Menschen auf Hawaii schöpfen neues Wissen über ihre Sprache, ihre Geschichte und ihre Traditionen, und es wird allen anderen zugänglich gemacht, die aufrichtig daran interessiert sind. Sogenannte »okkulte« (= versteckte) Schulen versuchen noch, alles geheimzuhalten und es nur an ihre Anhänger weiterzuvermitteln. Aber alles kann jetzt gesagt werden, und wer Einsicht und Bewußtheit hat, kann es verstehen. Nichts in diesem Buch soll vor irgend jemandem geheimgehalten werden. Alle Ideen, Prinzipien oder Methoden, die Sie hier lernen, können Sie ungehindert weitererzählen. Hunâ ist nicht okkult, nicht mysteriös, ist kein »Geheimnis« mehr.

Vielleicht sollte ich Sie noch darauf hinweisen, in welchem Sinne manche Wissenssysteme sozusagen »geheim« sind: Für Leute nämlich, die deren Grundlagen nicht verstehen, sind sie es. Höhere Mathematik bleibt allen, die nicht einmal die Grundprinzipien der Mathematik kennen, ein dunkles Geheimnis. Kernphysiker können miteinander in einer »Sprache« reden, die der »Uneingeweihte« (in der Physik nicht Ausgebildete) nicht begreifen wird. Wer von Kernphysik nichts weiß, wird nicht verstehen, wovon sie reden. Der Dialog würde wie eine verschlüsselte bzw. eine Geheimsprache klingen. Jedes wissenschaftliche Spezialgebiet ist eine Art Verschlüsselung. Hunâ ist für alle offen, und seine Prinzipien können alle benutzen. Aber wer es nicht versucht, nicht erforscht, nicht einmal die Möglichkeit eines nützlichen psychologischen Wissens über bisher gemachte Erfahrungen hinaus in Betracht zieht, für den bleibt es ein »Geheimnis«.

Hunâ war ursprünglich ein derartiges spezialisiertes System von Wissen, und diejenigen, die es besaßen, haben es streng geheimgehalten. Die alten hawaiischen Kahunas, die »Hüter des Geheimnisses«, gaben das Wissen nur an speziell ausgewählte Schüler weiter, gewöhnlich an Söhne oder Töchter. Solche Schüler wurden schon in früher Kindheit ausgewählt und im Hause des Kahunas großgezogen. Sie lernten mehr durch Beobachtungen und Fragestellungen als durch Worte und Erklärungen. Die Grundideen waren verborgen in gewöhnlichen Worten mit verschlüsselten Bedeutungen, die in Gesänge, Gedichte und traditionelle Mythen eingearbeitet und auf diese Weise bewahrt werden konnten. Diese Geheimnisse waren schon fast verlorengegangen. Aber durch die Entdeckung der verschlüsselten Sprache wurde das Grundsystem der Hunâ-Psychologie wieder enthüllt. Das hat Max Freedom Long geleistet. Er fand heraus, daß die Bedeutungen der uralten hawaiischen Wurzelwörter Elemente der menschlichen Psyche sowie Erläuterungen dazu enthielten, wie der Mensch am effektivsten funktionieren kann, wenn diese Elemente harmonisch zusammenarbeiten.
Die Geschichte dieser Entdeckung ist faszinierend, wird jedoch hier nicht wiedergegeben. Den vollständigen Bericht dazu finden Sie in dem Werk *Geheimes Wissen hinter Wundern* von Max Freedom Long. Ich kann dieses Buch nur empfehlen und nehme an, Sie bekommen ein Exemplar und lesen es, weil es sehr interessante und wissenswerte Hintergrundinformationen liefert.
Ich war beeindruckt von einer Feststellung, die Max Freedom Long auf der ersten Seite seines ersten Bulletins* machte, das seinen Hunâ-Forscherkollegen vor mehr als fünfundvierzig Jahren zugesandt wurde: »Sie werden verständnisvoll lächeln, wenn ich in meinem Bemühen, Sie in

* *HRA Bulletin I* (Februar 1948), S. 1.

Ihrem Bereich des Hunâ-Versuchsprojektes auszubilden, Dinge als Tatsachen hinstelle, denn Sie werden erfahren, daß ich es tue, um das, was die Kahunas meiner Meinung nach als Tatsachen betrachteten, einfacher darzustellen. Als Ihr Lehrer erlaube ich mir dies, weil ich Hunâ länger und gründlicher studiert habe, und nicht weil ich möchte, daß Sie aufhören, gelassene Richter über all die Themen zu sein, mit denen wir uns gemeinsam befassen und die wir zu bewerten versuchen (meine eigenen besonderen Schlußfolgerungen zu Hunâ und meine vorläufigen Ergebnisse nicht ausgenommen).«

Auch ich werde mich positiv ausdrücken, denn man braucht nicht bei jedem Punkt innezuhalten, um eine Billigung bzw. Bestätigung zu bekommen. Wahrheit erkennen Sie intuitiv, wenn Sie bereit dazu sind. Anderenfalls werden auch noch so viele Argumente Sie nicht überzeugen. Wahrheit versteht man auf einer spirituellen Ebene, und wer dazu bereit ist, erkennt und benutzt sie sofort. Die vorliegende Beschreibung der Hunâ-Grundlagen ist wie das Ausbringen einer Saat (den Gedanken der »Saat« benutzen wir später noch in einer sehr bedeutungsvollen Weise). Einige Teile werden Sie unverzüglich begreifen, andere dagegen erkennen Sie erst nach einiger Zeit.

Daher bitte ich Sie eindringlich, nur das als Wahrheit zu akzeptieren, was Sie aus Ihrer eigenen Erfahrung kennen. Akzeptieren Sie nichts, was Sie nicht erprobt haben; doch wenn Sie weise sind, benutzen Sie die Anweisungen und Erfahrungen derjenigen von uns, die schon den Weg vor Ihnen gegangen sind. Seien Sie einen Augenblick lang bereit, daß ich Ihnen den Weg zeige. Folgen Sie den Zeichen und Wegweisern am Straßenrand, bis Sie die Wahrheiten, die ich Ihnen genau so vermittle, wie die vor mir Gegangenen sie an mich weitergegeben haben, sich selber beweisen können.

Vor allem werden Sie entdecken, daß Hunâ funktioniert! Ob

etwas funktioniert, ist die Nagelprobe für jedes Gedankensystem. Versuchen Sie es also, und sehen Sie zu, ob das bei Ihnen zutrifft. Potentiell funktioniert es für jeden! Sie werden lernen, das bei sich zu erleben, indem Sie das Wissen darüber, wie der Mensch, wie Sie geistig, körperlich und spirituell funktionieren, praktisch nutzen. Noch wichtiger mag vielleicht sein, daß Sie auch lernen werden, warum es möglicherweise manchmal nicht funktioniert, was dieses scheinbare Nichtfunktionieren bedeutet und wie es überwunden werden kann.

Durch Hunâ lernen Sie sich selber verstehen, und Sie erfahren, wie Sie effektiv und harmonisch leben können. Es ist mehr als eine Theorie bzw. Philosophie. Mit Hunâ können Sie sich so weit entwickeln, daß Sie Ihre Ziele erreichen, sich Ihre Wünsche erfüllen und Ihre Probleme und Schwierigkeiten überwinden (zwischenmenschliche und finanzielle Schwierigkeiten entwirren, persönliche Probleme lösen) sowie sich selbst und anderen eine bessere Zukunft aufbauen können. Deshalb wird Hunâ als Lebensweise betrachtet.

»Wenn Sie Hunâ nicht benutzen, machen Sie es sich nur unnötig schwer.« So hat Max Freedom Long den uralten Grundsatz formuliert, daß Wissen Macht ist. Hunâ hilft Ihnen, sich gründlich selbst kennenzulernen, und sein Hauptziel ist, nie zu verletzen, sondern immer zu helfen.

Experiment

Wir machen jetzt einmal ein Experiment, damit Sie die dargelegten Prinzipien überprüfen können. Wählen Sie einen kurzen Absatz aus einem Buch oder einer Zeitung, das bzw. die Sie gerade lesen. Suchen Sie sich dazu noch etwas Farbiges aus, vielleicht eine Blume oder ein Bild in Ihrem Zimmer.

1. Setzen Sie sich wie zum Lesen hin, und beobachten Sie, wie Sie atmen.
2. Nehmen Sie sich dann vor, einmal tiefer und langsamer zu atmen, und tun Sie dies.
3. Atmen Sie dann wieder wie immer. Prüfen Sie, ob sich Ihre Wachheit leicht verändert hat oder ob Sie sich ein wenig entspannt fühlen. Nehmen Sie kein spezielles Ergebnis voraus, sondern achten Sie nur darauf, ob tatsächlich Unterschiede auftreten.
4. Holen Sie jetzt noch einmal genauso tief und langsam Luft wie vorhin, suggerieren Sie sich aber diesmal folgenden Gedanken: »Wenn ich jetzt tief und langsam Luft hole, wird mein Vorrat an Lebenskraft stark vergrößert.«
5. Atmen Sie dann wieder wie immer. Prüfen Sie, ob zwischen dem jetzigen und dem vorherigen Atmen Unterschiede bestehen.

Wiederholen Sie das Experiment noch einmal, zuerst mit dem Lesen, und achten Sie auf die Unterschiede, d. h., wie klar Sie nun die Wörter, den Druck usw. erkennen. Wiederholen Sie das Ganze noch einmal mit der Blume bzw. dem farbigen Bild, und achten Sie auf die Unterschiede in der Leuchtkraft der Farben.

KAPITEL 3

Die drei von uns

Wenn Sie nun eine Minute lang entspannen, vorher tief und langsam Luft holen, dabei daran denken, woher der Atem kommt und wie die Lebenskraft gestärkt wird, werden Sie feststellen, daß die Prinzipien der Hunâ-Lehre viel leichter zu begreifen sind.

Hunâ ist, wie gesagt, ein praktisches psychologisches System, benutzt von den Kahunas des alten Hawaii, die es jahrhundertelang sorgsam als ihr Geheimnis gehütet haben. Mit »Hunâ« bezeichnete Max Freedom Long die psychoreligiösen Methoden, welche die Kahunas, die »Hüter des Geheimnisses«, anwandten, wenn sie gewisse »Wunder« vollbrachten bzw. »Magie« praktizierten. Einige dieser »Wunder« bestanden darin, Kranke zu heilen, finanzielle und soziale Schwierigkeiten zu überwinden, persönliche Probleme zu lösen und »die Zukunft zum Besseren zu verändern«. Max Freedom Long hat diese einst geheimen Methoden aufgespürt und sie durch seine Bücher und Bulletins weltweit bekannt gemacht. Sein erster Bericht über seine Entdeckungen erschien 1936 mit der Veröffentlichung seines Buches *Recovering the Ancient Magic* in England. Seitdem haben Hunderte von Hunâ-Forschern in der ganzen Welt, die mit ihm zusammengearbeitet und experimentiert haben, die Theorien und Methoden der alten Kahunas erforscht und ausprobiert. Was wir jetzt Hunâ-Lehre nennen, fußt auf mehr als siebzig Jahren Forschungstätigkeit und Experimentierarbeit, denen vierzig Jahre Untersuchungen durch den Kurator des Bishop Museums, Dr. William Tufts Brigham, vorangegangen waren.

Heute gibt es keine Geheimnisse mehr. Das kann nicht oft

genug betont werden. Die Hunâ-Prinzipien stehen allen offen, die sie untersuchen und benutzen möchten. Hunâ ist kein »okkultes« System, das nur wenigen begünstigten Anhängern zugänglich ist. Es fußt auf dem Wissen über die Psychologie des Menschen und über das Funktionieren der verschiedenen Teile der menschlichen Persönlichkeit. Wenn man versteht, wie die Psyche funktioniert, vermag man ihr zu helfen, dies richtig und mit größter Effizienz zu tun. Da gibt es keinerlei exotische, unheimliche oder seltsame Praktiken. Hunâ will vor allem »normales« Leben in jeder Hinsicht, meint jedoch mit »normal« ein Leben, dessen reguläre Bestandteile Glück, Harmonie und Erfüllung sind. Das ist kein gewöhnliches, sondern ein »reichhaltigeres Leben«.
Wie ich bereits sagte, ist Hunâ eigentlich kein »hawaiisches« System, zumindest nicht ausschließlich. Wir fallen nicht in eine alte Denkweise zurück, die primitiv und rückständig ist. Die Kahunas kannten Phänomene der Psychologie, welche die akademische Welt jetzt erst anerkennt. Einige Bereiche der uralten Weisheit sind noch gar nicht »offiziell« anerkannt worden. Was wir studieren, ist eigentlich ein sehr fortgeschrittenes Wissenssystem, das schon lange besteht und benutzt wird. Es wurde in verschlüsselter Form in der alten hawaiischen Sprache neu entdeckt. Max Freedom Long nannte es daher eher eine »Neuentdeckung« als eine »Entdeckung« überhaupt, und ausgedehnte Forschungen haben Spuren in den meisten Religionen und Literaturen der Welt zutage gefördert. Die von Long angedeuteten engen Parallelen zwischen Hunâ und den Essenern, die Sir George Trevelyan* erstmals untersucht und Henry Krotoschin** durch seine Forschungstätigkeit im wesentlichen bestätigt hat, ver-

* »Essene Teachings and Hunâ Wisdom«, Kapitel 9 aus *Operation Redemption* (Turnstone Press, Ltd.: London, 1981), S. 115-125.

** Verfasser des Buches *Hunâ-Praxis* (1990) und Direktor der Hunâ Forschungs-Gesellschaft, Zürich.

weisen auf eine frühe Geschichte. Wir benutzen die Überlieferungen der Hawaiianer, insbesondere die der Kahunas, als Bezugsrahmen für die Techniken.
Ich werde oft gefragt, ob übersinnliche Fähigkeiten für den Gebrauch von Hunâ erforderlich seien. Vielleicht ist Ihnen diese Frage auch schon in den Sinn gekommen. Nein, es ist nicht erforderlich bzw. nicht einmal erwünscht, »übersinnliche Fähigkeiten« zu haben, um aus Hunâ die wichtigsten Vorteile zu ziehen. Das Hunâ-System zeigt, daß jeder von Natur aus solche Fähigkeiten hat. Bei einigen sind sie stärker entwickelt, während sie bei anderen noch schlummern bzw. noch nicht erkannt sind, obwohl sie in ganz natürlicher Weise genutzt werden. Was manche Leute im allgemeinen auf diesem Gebiet zu »entwickeln« versuchen, wobei es ihnen vor allem um Spektakuläres geht, sollte nicht gefördert werden. All unsere potentiellen – psychischen und sonstigen – Fähigkeiten sollten wir ganz natürlich entwickeln und aus ihnen kein Mittel machen, um Macht über andere auszuüben, nur weil wir »die Gabe dazu haben«. Dadurch mißbrauchen wir, was die Natur jedem einzelnen mitgegeben hat.
Da die Hunâ-Prinzipien mit dem Studium universeller Gesetze und Prinzipien zu tun haben, entdecken die meisten Menschen eine Verstärkung ihrer Intuition (ein Begriff, der wörtlich »der Lehrer in uns« bedeutet) sowie die Entwicklung einer Art »psychischer« bzw. spiritueller Bewußtheit. Diese ist das Nebenprodukt gründlichen Studiums auf solchen Gebieten wie der Astrologie, dem Tarot oder dem Hunâ. Das Hunâ-Studium wirkt besonders bei der Entwicklung natürlicher übersinnlicher Fähigkeiten, weil man auch verstehen lernt, wie solche Fähigkeiten funktionieren. Diese sind jedoch nicht *außer*sinnlich (liegen nicht außerhalb der Sinne), noch sind sie *über*natürlich (liegen nicht über dem Natürlichen). Die ASW wird jetzt viel genauer als »*a*usgedehnte *s*innliche *W*ahrnehmung« beschrieben.

Sie sind mehr als Ihr Körper

Da Sie sich Ihrer Existenz bewußt sind, erkennen Sie, daß Sie leben und daß ein Denkprozeß stattfindet. Sie sind sich Ihres Körpers und seiner verschiedenen – willkürlichen und unwillkürlichen – Funktionen bewußt. Durch den Teil von Ihnen, der dies bemerkt – Ihr reales Ich sozusagen –, können Sie sich der Tatsache bewußt sein, daß Sie als spirituelle bzw. psychische »Person« existieren, und zwar zusätzlich zu dem Körper, in dem Sie leben. Es ist daher ganz natürlich, von Ihnen und Ihrem Körper als von zwei Teilen zu reden, unabhängig davon, ob die beiden als getrennt voneinander gedacht werden oder nicht.

Bewußtsein und Unterbewußtsein

Zuweilen sprechen wir vielleicht davon, daß wir »in uns gehen«, eine »kleine Aussprache mit uns haben«, um uns über eine Entscheidung klar zu werden oder um uns Mut zu machen für eine schwierige, beängstigende oder zumindest unangenehme Sache. Es ist, als ob ein Teil von uns sich für die eine Seite einsetzt, während der andere mit Argumenten für die andere kommt. Ob wir nun der Ansicht sind, daß tatsächlich zwei Wesen in uns stecken oder nicht – es scheint uns zumindest im Augenblick so, als würden zwei voneinander getrennte Denkweisen bestehen. In so einem Augenblick funktionieren wir als Doppel- und nicht als Einzelwesen. Da die Psychologie einen unterbewußten Teil des Geistes – als Geist »für sich« oder als spezialisierte Funktion eines einzelnen Geistes – anerkennt, können wir daher ohne weiteres behaupten, daß es zwei Bewußtseinsebenen bzw. zwei »Selbste« gibt. Wir könnten bei der Psyche, auf die sich die als *Psycho*logie bekannte Wissenschaft konzentriert, vom bewußten und vom unterbewußten Selbst sprechen. Das, was die Psychologen als »bewußtes Selbst« bezeichnen, nannten die Kahunas *uhane* (Mittleres Selbst). Es ist der Teil des Menschen, der sich der individuellen Existenz bewußt ist, logisch denken und reden kann.

Das »unterbewußte Selbst« hieß *unihipili* bzw. inneres Selbst. Es ist das, mit dem wir »eine kleine Aussprache« haben. In Max Freedom Longs Schriften wird es oft als »unteres« Selbst bezeichnet, jedoch hat »unteres« nichts mit Rang oder Wichtigkeit zu tun, sondern nur damit, daß es »unterhalb« der Bewußtseinsebene liegt und sein Zentrum im Solarplexus (unterhalb des Kopfes) hat. Andere Bezeichnungen sind »inneres« Selbst, »grundlegendes« Selbst, »reales« Selbst oder »tiefes« Selbst und »Bruderselbst«. Wir benutzen weiterhin Max Freedom Longs Terminus »Unteres Selbst«, auch wenn wir uns – um genauer zu sein – vielleicht mehr an das hawaiische Wort *unihipili* gewöhnen sollten.

Der Gebrauch solcher Begriffe aus der Psychologie ist nur ein Kompromiß, denn sie sind keine exakten Äquivalente, um die Eigenschaften der drei Selbste im Hunâ zu bezeichnen. Die Bedeutungen dieser Begriffe stehen im direkten Bezug zu dem psychologischen System, dem sie entlehnt sind, und ihr allgemein üblicher Gebrauch kann die korrekte Bedeutung nur denen vermitteln, die Hunâ studiert haben und die drei Selbste aus eigener Erfahrung kennen.

Die Funktionen des Mittleren Selbst

Das Mittlere Selbst ist uns vielleicht vertrauter, denn wir sind uns seiner bewußt. Es ist unser Wachbewußtsein, das uns in die Lage versetzt, täglich unser Leben zu führen und auf unserer Arbeitsstelle oder in unserem Beruf tätig zu sein. Denken, Intelligenz und Argumentationsfähigkeit – sowohl als Beweisführung wie auch als Folgerung – gehö-

ren zum Mittleren Selbst. Die Sprache gehört daher zu seinen wichtigen Vorrechten.
Nur das Mittlere Selbst gebraucht Willenskraft, benötigt dazu jedoch die Energie, die bloß das Untere Selbst zur Verfügung stellen kann. Beschrieben wird der Wille als »Funktion, die uns zu Gebote steht und daher alle anderen Funktionen und Kräfte unseres Seins anregen, regeln und leiten kann, so daß diese uns zu unserem vorbestimmten Ziel führen«.*
Das Mittlere Selbst hat kein Gedächtnis. Diese Funktion kommt nur dem Unteren Selbst zu. Das Mittlere Selbst muß sich auf das Erinnerungsvermögen verlassen, um aus Gelerntem und Erfahrenem Nutzen zu ziehen. Deshalb müssen Mittleres und Unteres Selbst in allen Phasen des normalen Lebens freundschaftlich und harmonisch zusammenarbeiten. Wenn wir die jeweiligen Funktionen und Talente dieser beiden Selbste erkennen, werden wir mit größerem Nutzeffekt arbeiten können, um unsere Probleme zu lösen, unsere Ziele zu erreichen und in unserem spirituellen Wachstum voranzukommen.
Die wichtigste Funktion des Mittleren Selbst besteht darin, Verantwortung zu tragen. Das Mittlere Selbst ist für alles in unserem Leben verantwortlich, sei es, daß wir bewußt auswählen oder keine Verantwortung übernehmen. Wenn das Mittlere Selbst nicht in jedem Bereich unseres Lebens die Verantwortung übernimmt, sind wir bei Entscheidungen der Launenhaftigkeit des Unteren Selbst ausgeliefert. Dann beruhen unsere Beschlüsse auf wechselnden Wünschen und Phantasien. Viele Menschen sind wie ein Schiff ohne Steuermann, das durch Winde (Emotionen) hin und her geworfen wird und oft kentert.
Dieses Verantwortlichsein ist ein wunderbarer Vorteil, wenn wir ihn entsprechend zu nutzen wissen. An uns liegt es, was

* Roberto Assagioli, *The Act of Will* (1973).

wir im Leben tun und was uns zustößt. Wir können aus unseren Erfahrungen lernen und uns unterschiedlich entscheiden. Wir können bewußt entscheiden, wie unsere Zukunft aussehen soll, und können entsprechende Pläne machen, um sie Wirklichkeit werden zu lassen. Da das Mittlere Selbst für den Körper verantwortlich ist, können wir gesund und stark bleiben, wenn wir bewußt etwas für das Wohlergehen unseres Körpers tun. Um die automatischen Funktionen des Körpers kümmert sich das Untere Selbst. Das wiederum erfordert Zusammenarbeit zwischen beiden, wenn das Mittlere Selbst entscheidet, was für den Körper getan werden soll.

Das Mittlere Selbst ist dem Unteren Selbst Lehrer und Leiter. Es bringt ihm bei, mit anderen Menschen auf der Erde zu leben und bei der Erfüllung unseres Lebenszwecks mit den beiden anderen Selbsten zusammenzuarbeiten. Wir »programmieren« unser Unteres Selbst wie einen Computer und sind verantwortlich für seine negativen Reaktionen, die auf unklugen Handlungen und Entscheidungen des Mittleren Selbst beruhen. Wenn wir wissen, wo unsere Verantwortung liegt, können wir Bereiche unseres Lebens, von denen wir dachten, daß andere sie beherrschen, bewußt kontrollieren. Wir können kontrollieren, was wir sagen, denken und tun. Das Vorstellungsvermögen ist ein wichtiges Werkzeug des Mittleren Selbst, denn mit ihm können wir ein geistiges Bild von der Zukunft entwerfen, wie wir sie uns wünschen, und können es als Blaupause benutzen, um es durch die Hunâ-Gebetshandlung in unserem Leben Wirklichkeit werden zu lassen.

Die Funktionen des Unteren Selbst

Oft als Unterbewußtsein bezeichnet, ist das *unihipili* bzw. das Untere Selbst ein reales Wesen und ein sehr wichtiger Teil von uns. Um mit Ihrem Unteren Selbst zu kommunizieren, sollten Sie ihm einen männlichen oder weiblichen Namen geben. Fragen Sie es, was für einen Namen Sie benutzen sollen. Wenn Sie nicht sofort eine Antwort bekommen, wählen Sie einen zeitweilig zu benutzenden Namen, bis es Ihnen den richtigen nennt. So erfahren Sie vielleicht am schnellsten den wirklichen Namen Ihres Unteren Selbst, da es sein kann, daß es den von Ihnen gewählten nicht mag. Max Freedom Long hat als allgemeinen Namen für das Untere Selbst oft George benutzt, meinte jedoch, jeder solle selbst den Namen finden, den sein Unteres Selbst möchte. Akzeptieren Sie jeden Namen, der Ihnen in den Sinn kommt, ganz gleich, ob er männlich oder weiblich ist. Dann kann Ihre Kommunikation persönlich und freundschaftlich sein.

Das Untere Selbst hat die einmalige Fähigkeit, Gewohnheiten herauszubilden. Es ist ein Glück für uns, daß das Untere Selbst das autonome System sehr effizient handhabt, denn es hat die Fähigkeit, Handlungen als Gewohnheiten auszuführen. Niemand verlangt von uns, daß wir uns Gedanken machen über das Schlagen unseres Herzens oder das Fließen unseres Blutes. Aus körperlichen Handlungen, dem Ankleiden, dem Fahren eines Wagens oder aus Routinetätigkeiten in unserer Arbeit können wir Gewohnheiten machen. Das Untere Selbst kann auch unangenehme bzw. schädliche Gewohnheiten entwickeln. Dann bedarf es der Entscheidungsfähigkeit und Willenskraft des Mittleren Selbst, an deren Stelle wünschenswerte Gewohnheiten zu setzen. Da das Untere Selbst kein natürliches logisches Denkvermögen hat, kann es Gewohnheiten nicht bewerten und vermag nicht zu entscheiden, ob sie gut oder schlecht für uns sind. Starke

und immer wieder gemachte Suggestionen nimmt unser Unteres Selbst wörtlich, und so entstehen Gewohnheiten.
Im Unteren Selbst befinden sich alle Emotionen. Bei emotionalen Reaktionen auf Worte bzw. Taten können wir sicher sein, daß diese vom Unteren Selbst kommen. Zu oft verursachen Erfahrungen schmerzliche Gefühle, die im Unteren Selbst als negative Emotionen untergebracht werden. Wenn das Untere Selbst dann durch irgend etwas an die schmerzliche Erfahrung erinnert wird, haben wir diese Gefühle wieder. Da sie aber das Untere Selbst davon abhalten, dem Mittleren Selbst bei den Tätigkeiten des täglichen Lebens behilflich zu sein, und da sie viel Energie verbrauchen, sollten sie ausgeräumt werden, damit wir erreichen, wofür wir im Leben arbeiten. Später bekommen Sie in diesem Buch noch eine wirksame Methode an die Hand, wie man emotionale Blockaden ausräumt. Orientieren Sie sich bei allem, was Sie tun, auf positive Emotionen. Emotionen wie Liebe, Freude und Glück sowie starkes und positives Verlangen enthalten viel Kraft.
Das Untere Selbst kann sich an alles, was durch die Sinne und Erfahrungen zu ihm kommt, ganz genau erinnern. Direkte und bewußte Suggestion durch unser Mittleres Selbst oder andere Leute kann diese Erinnerungen verankern. Wenn das Mittlere Selbst um eine Erinnerung bittet, erhält es sie unverzüglich vom Unteren Selbst, es sei denn, störende Emotionen kommen dazwischen oder die beiden Selbste unterhalten keine angenehmen, freundschaftlichen und auf Zusammenarbeit gerichteten Beziehungen zueinander. Zuweilen sind Erinnerungen mit unangenehmen Emotionen verbunden, und es könnte zu schmerzhaft sein, sie wieder aufkommen zu lassen. Oder das Mittlere Selbst hat vielleicht einer Erfahrung nicht die volle, bewußte Aufmerksamkeit entgegengebracht, die notwendig gewesen wäre, um sie logisch zu speichern. Namen zum Beispiel. Manche Leute

haben Schwierigkeiten, sich die Namen anderer Leute zu »merken«. Es kann jedoch sein, daß das Mittlere Selbst einem Namen bei seiner ersten Erwähnung nicht viel Beachtung geschenkt hat. Wenn Sie jemandem vorgestellt werden, dann achten Sie bitte stets auf den Namen, und wiederholen Sie ihn; dann fällt er Ihnen wahrscheinlich eher ein, wenn Sie ihn brauchen. Das Untere Selbst nimmt Behauptungen wörtlich, und wenn Sie immer wieder sagen, Sie hätten Schwierigkeiten, sich Namen zu merken, machen Sie daraus die stärkste Suggestion für Ihr Unteres Selbst und verschlimmern die Sache nur noch. Das Motto lautet: Zusammenarbeit zwischen Unterem und Mittlerem Selbst. Wir wollen, daß uns jede Erinnerung zur Verfügung steht, sobald wir sie benötigen, wollen aber nicht, daß uns ungebetene Erinnerungen aufgezwungen werden, wenn wir sie nicht brauchen und wenn sie uns bei anderen Handlungen stören, sei dies nun eine wichtige Zusammenkunft mit unserem Chef auf der Arbeit oder wenn wir versuchen, nachts einschlafen zu wollen. Das untere Selbst liefert uns einen wichtigen Filter für Erinnerungen und andere Sinneseindrücke, so daß diese sich nicht alle zur selben Zeit in unser Bewußtsein drängen.
Die wichtigste Rolle des Unteren Selbst besteht darin, daß es direkten Zugriff zu unserem Hohen Selbst hat. Jegliche Kommunikation auf spiritueller Ebene erfolgt telepathisch, und das Untere Selbst hat die Fähigkeit, per Telepathie mit anderen unteren Selbsten zu kommunizieren. Als spirituelles Wesen, das direkt mit uns als Teil unserer menschlichen Persönlichkeit verbunden ist, kommuniziert unser Unteres Selbst per Telepathie mit dem Hohen Selbst. Diese Beziehung begreifen wir noch ganz klar, wenn wir besprechen, wie die drei Selbste eng miteinander zusammenarbeiten, um Gebetshandlungen Wirklichkeit werden zu lassen.

Der dritte Teil der menschlichen Persönlichkeit

Der dritte Teil ist das Hohe Selbst. Die Kahunas im alten Hawaii nannten es *aumakua*. Zuweilen wird es als »Überbewußtsein« bezeichnet, und Verfasser, die Hunâ nicht kennen, benutzen das Wort vielleicht auch zur Bezeichnung des unterbewußten bzw. des inneren Selbst. Die Wurzeln des hawaiischen Wortes lassen auf ein Selbst schließen, das wie ein Gott und auch wie die idealen Eltern ist. Das Hohe Selbst ist der »große, ausgesprochen vertrauenswürdige elterliche Geist«. In der Religion wird das Hohe Selbst zuweilen Gott genannt oder als eine Art Schutzengel betrachtet. Im Grunde ist das Hohe Selbst ein Teil von uns sowie ein Teil Gottes und vermittelt uns eine sofortige und ständige Verbindung zu Gott. Das mit dem Schutzengel stimmt bloß teilweise, denn das Hohe Selbst ist unser Schutzengel nur, solange wir noch Kinder sind. Wenn wir jedoch in das Alter kommen, in dem wir für unser Leben und unser Schicksal selbst verantwortlich sind, ermöglicht uns das Hohe Selbst den Einsatz unseres freien Willens, so daß wir aus Erfahrungen lernen können. Es hilft beim Absenden von Bitten, mischt sich aber nicht ungebeten ein. Das Hohe Selbst ist ein spirituelles Wesen und der dritte Teil unseres individuellen, aus drei Selbsten bestehenden Ganzen. Es ist zwar ein Teil von Gott, jedoch nicht Gott selbst bzw. eine Gottheit außerhalb von uns. Das Hohe Selbst als göttlicher Teil von uns hat direkten Kontakt zu Gott (oder zu anderen höheren Mächten, die wir brauchen). Beim Hunâ-Studium untersuchen wir die Psyche eines auf der Erde lebenden menschlichen Wesens.

Wenn Sie gern wissen möchten, was das Hohe Selbst ist, dann bedenken Sie einmal, was als »göttliche« Eigenschaften bekannt ist, um eine gewisse Vorstellung zu bekommen. Das Hohe Selbst verkörpert alle göttlichen Eigenschaften wie Mitgefühl, Geduld, Liebe, die Fähigkeit zum Vergeben usw.

Es ist das Ideal, das wir anstreben, und es ist ein Schritt vorwärts in geistigen Kräften und schöpferischen Fähigkeiten. Mit seinem höheren Niveau an geistigen Fähigkeiten hat das Hohe Selbst Zugang zu Wissen, ohne lernen oder fühlen zu müssen. Sein Symbol ist das Licht. Forschungen auf dem Gebiet von Nah-Todeserfahrungen* haben zum Beispiel gezeigt, daß ständig Lichtwesen erscheinen, bevor die Lebensfunktionen wiederhergestellt werden.

Wie bekommen wir nun Wissen über das Hohe Selbst? Wir könnten um ein Zeichen bitten, wie es Menschen zuweilen tun, wenn sie auf der Suche nach Gott sind; das heißt, wir könnten um einen Lichtblitz, einen Dufthauch oder herrliche Klänge himmlischer Musik bitten. Vielleicht. Aber wenn das Zeichen kommt, können wir sicher sein, daß es nicht vom Hohen Selbst stammt, denn das spricht ganz ruhig in uns. Wir können und sollten versuchen, das Vorhandensein des Hohen Selbst mit der emotionalen Kraft des Unteren Selbst zu erfühlen. Wir können und sollten all unsere Intelligenz und unsere Fähigkeit zum logischen Denken gebrauchen. Dann aber müssen wir aufhören, unser logisches Denken und unsere Intelligenz einzusetzen. Das mag für jemanden, der in einer Gesellschaft lebt, wo Logik, Vernunft und Intelligenz als wichtig gelten, wie ein erschreckender Ratschlag klingen. Um aber unser logisches Denken einzustellen, müssen wir es erst einmal gebrauchen! Zuerst verwenden wir Logik und vernünftiges Denken, um zu überprüfen, ob es das Hohe Selbst überhaupt gibt und was es darstellt. Dann hören wir mit dem vernünftigen Denken auf und gehen zu den emotionalen Funktionen des Unteren Selbst über. Aber selbst die gewöhnlichen Sinne reichen nicht aus, um das gottgleiche Hohe Selbst zu erkennen. Wir erfahren von seinem Vorhan-

* Dr. med. Raymond A. Moody, *Life after Life* (Bantam Books: New York, 1976), S. 58-64.

densein durch so etwas wie den sechsten Sinn, durch die Intuition, die der Lehrer in uns ist. Die gibt uns das Hohe Selbst, das stets zur Kommunikation mit uns bereit ist, um uns zu helfen und uns anzuleiten.
Das Hohe Selbst »gibt uns Gott als etwas in unsere Reichweite Gebrachtes«.* »Daß das Hohe Selbst bei, in und über uns als ein Gott und als Vertreter Gottes ist, gehört zu den großen Geheimnissen aller Zeiten. Wir brauchen nicht darum zu kämpfen, um uns vorzustellen, was Gott ist. Notwendig ist nur, daß wir das Hohe Selbst so anerkennen, wie es ist, und es in unseren Gebeten ansprechen. In seiner überragenden Weisheit könnte es angerufen werden, damit es Gebetswünsche oder Gebetskräfte an höhere Wesen auf der nach oben führenden Leiter von Wachstum und Evolution weitergibt...
Um zu *wissen*, müssen wir folgendes beachten: Logisches Denken und Emotionen als Grundlagen für unseren Glauben sind zwar unentbehrlich, können uns aber nie jenes endgültige, vollständige und unvergängliche innere ›Wissen‹ geben, das unsere Zweifel für immer so zerstreut, wie das Licht die Dunkelheit vertreibt. Dieses Licht kann nur vom Hohen Selbst kommen, denn es ist *das* Licht.«**
Im Idealfall müssen alle drei Selbste ihre Aufgaben in wechselseitiger Zusammenarbeit und als Team erfüllen. Was Sie glauben, ist Ihre Religion als Bestandteil Ihres Lebens. Mit dem Verständnis für die Hunâ-Psychologie bekommen Sie eine bemerkenswerte Einsicht in Ihre Religion, welche auch immer diese sein mag. Das Hohe Selbst läßt alle gewünschten Zustände Wirklichkeit werden und macht Ihnen bewußt, wer Sie sind. Alle drei Selbste haben im Leben eines jeden von uns ihren Anteil zu leisten und müssen zusammenarbeiten, um alle Wünsche zu erfüllen, sei es, daß ein Problem zu lösen

* Max Freedom Long, *Short Talks on Hunâ* (1978), S. 44.
** Max Freedom Long, *Growing into Light* (1955), S. 27, 59.

ist oder eine bessere Zukunft erarbeitet werden soll. Wenn alle drei harmonisch zusammenarbeiten, können Dinge geschehen, die Wunder zu sein scheinen. Aber wenn Sie die Funktionen der drei Selbste kennen und wissen, wie sie zusammenarbeiten können, erscheinen Ihnen die Wunder gar nicht mehr so »übernatürlich«.

Das unsichtbare Muster: Aka oder Die Schattenkörper

Stellen Sie sich vor, es gäbe eine Originalblaupause bzw. ein auf durchsichtigem Material gedrucktes Muster, das detailgetreu zu jedem der drei Selbste paßt, und Sie vergleichen dies mit den durchsichtigen Auflegemasken, die in manchen Enzyklopädien benutzt werden, um Skelette, Muskel- oder Nervensysteme des Körpers darzustellen. Die Kahunas des alten Hawaii beschrieben die drei Selbste des Menschen mit deren genauen Duplikaten bzw. Blaupausen und nannten sie *kino-aka* (unsichtbare, aber real vorhandene Schattenkörper). Die unsichtbare Aka-Substanz bildet eine Art Muster bzw. »Aura« um jedes der drei Selbste, so daß die Blaupause intakt bleibt. Da die drei Selbste als Einheit zusammenarbeiten, wenn sie harmonische Beziehungen zueinander unterhalten, sind sie direkt verbunden, wobei die Aka-Körper einander berühren. Sind sie aus irgendeinem Grunde voneinander getrennt, werden sie durch einen Faden bzw. eine Schnur aus Aka-Substanz miteinander verbunden. Wenn ausreichend Mana fließt, ist die Bindung stark – »ist die Aka-Schnur fest geflochten« – und muß zwischen dem Unteren und dem Mittleren sowie dem Unteren und dem Hohen Selbst stark bleiben, damit die drei harmonisch zusammenarbeiten. Da Aka klebrig ist und sich dehnt, ohne zu brechen, bildet sich bei der Kontaktherstellung zwischen zwei Menschen ein langer, klebriger Faden wie ein dünnes Spinnengewebe, und

die Verbindung zwischen den beiden Personen bleibt. Durch weitere Kontakte entstehen noch mehr Aka-Fäden, werden zu einer Aka-Schnur verflochten, und das führt zu einer starken Beziehung zwischen den beiden.
Das Symbol des Dreiecks macht die ausgezeichnete Kommunikation zwischen den drei Selbsten bei deren Zusammenarbeit anschaulich. Das ist das Herzstück des Hunâ-»Geheimnisses«. Wir als Mittleres Selbst mit unserem Bewußtsein, unserem logischen Denken und unserer Intelligenz haben in erster Linie zu lernen, bewußt und richtig mit dem Unteren und dem Hohen Selbst zu arbeiten.
Max Freedom Long* hat das so formuliert:
»Zum Glück für die Menschheit arbeiten alle drei Selbste bei einer normalen Lebensweise zusammen, und die Unteren Selbste ersuchen das Hohe Selbst um seinen entsprechenden Anteil bei der Bewältigung der Lebensaufgabe. Dabei bekommt das Hohe Selbst seinen Anteil an ›täglich' Brot‹ bzw. niederes Mana und wird gebeten, seine überragende Weisheit und Macht zu nutzen, um zu leiten, zu heilen und die Zukunft möglichst gut zu gestalten. Die größte Entdeckung im Leben eines Mannes bzw. einer Frau ist die, daß es ein Hohes Selbst gibt. Die zweitgrößte ist die, wie die Zusammenarbeit mit ihm erlernt und genutzt wird.«
Der Zusammenschluß der drei Selbste ist das, was mit Yoga gemeint ist, denn das bedeutet »Zusammenschluß« bzw. Vereinigung.
Moderne Psychologen erkennen zwar mehr als eine Bewußtseinsebene an, stopfen aber alle Funktionen außerhalb des Bewußtseins in das »Unterbewußte« (bzw. »Unbewußte«) oder »Subjektive« und übersehen dabei, daß sie die höchsten und die niedrigsten Eigenschaften des Geistes miteinander vermischen und in einen Topf werfen, während sie die

* *The Secret Science at Work*, S. 94 f.

mittlere Eigenschaft sich selbst überlassen. 1981 bekam Dr. med. Roger Sperry den Nobelpreis für Medizin, weil er entdeckt hatte, daß die Menschen zwei Wesen »in ihren Köpfen« haben. Dr. med. Irving Oyle, der jahrelang Schulmedizin betrieben hat, erzieht jetzt seine Patienten dazu, mit den drei Wesen in sich zu reden und herauszufinden, wer das jeweilige Problem verursacht hat. Er bringt es zu einer beeindruckenden Zahl von Fällen, in denen Heilung erfolgt. Hunâ erklärt, was für Eigenschaften die drei Selbste haben.

Mana oder Lebenskraft

Die Kahunas erkannten, daß die Lebenskraft bzw. Mana wie ein Magnet anzieht und auch abstößt. Beide Polaritäten finden wir in allen solchen Energien. Die genannte Kraft wurde als etwas erkannt, das mit allen Denkprozessen und körperlichen Tätigkeiten zu tun hat. Sie war die Substanz des Lebens.

Das Symbol der Kahunas für Mana war Wasser. Wasser fließt. Mana auch. Wasser füllt Dinge aus. Mana tut dies ebenfalls. Wasser kann entweichen, und Mana, wenn es nicht benutzt wird, kann das auch. Alles Denken hat mit einer Art »elektrischer« Tätigkeit der höheren »Voltzahl« der Lebenskraft zu tun. Natürlich sind solche Begriffe aus dem Gebiet der Elektrizität nur Analogien und keine speziellen Beschreibungen.

Die Kahunas brachten alle Denkprozesse mit Mana in Verbindung. Das Wort *manao* bedeutet »denken«, wobei das angefügte »o« zeigen soll, daß bei diesem Prozeß Mana zur Gedankenerzeugung benutzt wird. Jeder ausgeformte Gedanke bekommt seinen Schattenkörper (*aka*) und wird mit einem Faden aus derselben Substanz an Gedanken befestigt, die schon vor ihm da waren (Gedankenassoziationen im Sinne der modernen Psychologie). Das Untere Selbst ent-

nimmt Mana aus der Nahrung und der Luft, speichert es in seinem Aka-Körper, gibt jedoch auch dem Mittleren und dem Hohen Selbst etwas davon ab. Wird Mana als Lebenskraft des Mittleren Selbst benutzt, erfährt es eine subtile Veränderung. Die alten Kahunas symbolisierten dies als Teilung des Grund-Mana in zwei Arten und nannten die zweite Art Mana-Mana. Die Verdopplung bedeutet »Teilen der Wasser« und zeigt auch, daß das Untere Selbst Mana mit dem Mittleren Selbst teilt, damit dies denken, schlußfolgern, sich Vorstellungen machen und seine Intelligenz einsetzen kann. Die Verdopplung könnte auch bedeuten, daß die Mana-Kraft verdoppelt wird, so daß Mana vom Mittleren Selbst benutzt werden könnte, um das Untere Selbst zu überzeugen und zur Mitarbeit in gemeinsamen Bemühungen bei Problemlösungen oder zur Verbesserung der Lebenssituation heranzuziehen.
Das ist die Kraft, die wir in etwa aus der modernen Psychologie als »Willen« kennen, sowie auch die Kraft, die immer stark genug sein sollte, um das Untere Selbst zu überzeugen, jeden Vorschlag auszuführen. Sie wird selten ganz genutzt, und so entgleitet das Untere Selbst oder huscht von einer Tätigkeit zur anderen, ohne einen Vorschlag bzw. eine Weisung vollständig auszuführen.
Die charakteristischen Eigenschaften der drei Selbste und die drei Mana-Ebenen sind in der Tabelle der »Zehn Elemente der Hunâ-Psychologie« zusammengefaßt, damit wir sie leicht finden.

DIE ZEHN ELEMENTE DER HUNÂ-PSYCHOLOGIE			
Die drei Selbste	**UNIHIPILI** = Unteres oder eigentliches Selbst Eigentliches Selbst, inneres Selbst, reales Selbst, tiefes Selbst, »unterbewußtes« Selbst, »Anima«. Erinnerungsvermögen und Emotion, unlogisch (deduktive Schlußfolgerungen), exakt, nimmt alles wortwörtlich, ist suggerierbar Kontrolliert Aka-Fäden, Gedankenformen und autonome Körperfunktionen »Gewissen«, erzeugt alle Emotionen, ist auf die fünf Sinne angewiesen Telepathie	**UHANE** = Mittleres Selbst »Bewußtes« Selbst, rationaler Verstand, »Persönlichkeit«, volles Denkvermögen, Willenskraft, kein Erinnerungsvermögen, gewöhnliches Alltagsdenken, verantwortlich für das Wohlergehen des physischen Körpers Programmiert das »Gewissen«, nur das Mittlere Selbst kann »sündigen« (»Die einzige Sünde ist die vorsätzliche Verletzung anderer«) Rationalisierung, kontrolliertes Vorstellungsvermögen	**AUMAKUA** = Hohes Selbst »Ausgesprochen vertrauenswürdiger elterlicher Geist«, »überbewußte« Selbstverwirklichung (durch Wissen) einschließlich Vergangenheit, Gegenwart und dem kristallisierten Teil der Zukunft »Schutzengel«, symbolisiert durch einen Vogel, manifestiert sich als Licht Im Kontakt mit höheren Kräften (poe aumakua = große Vereinigung aller Hohen Selbste, »Gott« usw.)

DREI EBENEN DES MANA	**MANA** Lebenskraft, »Prana«, universelle Lebenskraft, vom Körper erzeugte Energie mit niedriger »Voltzahl«, kann über Aka-Fäden durch den Körper oder zum Körper eines anderen fließen	**MANA-MANA** Doppelt starkes Mana, Energie mit höherer »Voltzahl« Vom Mittleren Selbst bei allen Denktätigkeiten (manao) und »Willenstätigkeiten« benutzt	**MANA-LOA** Höchste Form von Mana, Energie mit höchster »Voltzahl«, physisches Mana vom Unteren Selbst, kombiniert mit »kosmischer« Energie aus dem Universum oder anderen höheren Quellen Umgewandeltes, aufgeladenes Mana wird benutzt, um das unsichtbare Muster zu verwirklichen

DREI AKAKÖRPER	**KINO-AKA von** ***unihipili*** Physischer Körper/»Ätherkörper«, Energiekörper des Unteren Selbst Aka bleibt an allem kleben, was es berührt, bildet einen dünnen Aka-»Faden« (Faden = *aka)*, leitet Mana	**KINO-AKA von** ***uhane*** Unsichtbares Muster oder Blaupause des Mittleren Selbst Nicht ganz so dicht wie das *kino-aka* von *unihipili*	**KINO-AKA von** ***aumakua*** Schattenkörper des Hohen Selbst In der Kunst als Heiligenschein dargestellt
	Der physische Körper: Fahrzeug und Werkzeug der drei Selbste		

KAPITEL 4

Die Quelle der Kraft

Mana bzw. Lebenskraft ist sehr wichtig, um Hunâ zu verstehen und zu nutzen. Was Mana ist, wurde im letzten Kapitel kurz beschrieben. Hier wird Ihnen nun erläutert, wie Mana verstärkt wird, damit wir es benutzen können. Im nächsten Kapitel bekommen Sie auf der Grundlage eines der ersten Bulletins* von Max Freedom Long ausführliche Anweisungen für das Ansammeln und Benutzen von Mana.

Eine Mana-Hochladung

Es ist nicht allgemein bekannt, daß wir gewisse körperliche Bewegungen dazu benutzen können, um im Bedarfsfalle jederzeit eine Hochladung, d.h. eine besonders große und kräftige Aufladung an Lebensenergie, vorzunehmen. Voraussetzung dafür ist, daß wir gesund und nicht ausgehungert sind. Diesen größeren Mana-Vorrat können wir auf unterschiedliche Weise verwerten, und zwar besonders beim Selbstheilen.

Eine bewußte Handlung

Die Kahunas glaubten, daß eine bewußte Handlung, ein »Willensbeschluß« des Mittleren Selbst, die bereits aus aufgenommener Nahrung und Luft geschaffene Mana-Menge erhöhen kann, indem der Extraktionsprozeß beschleunigt

* Der vollständige Text von Max Freedom Longs Instruktionsbulletin wurde 1981 von der Hunâ Research, Inc., als kleines Buch unter dem Titel *Mana or Vital Force* herausgebracht.

wird. Unsere Physiologen unterstützen diese Theorie. Sie haben festgestellt, daß unsere Nahrung beim Verdauen nicht gleich verwertet, sondern in Glykogen (Blutzucker) umgewandelt und mit Sauerstoff aus der eingeatmeten Luft vermischt (oxydiert) wird. So bekommen wir die Kraft und Stärke, die wir für unsere Arbeit benötigen. Um diese Dinge kümmert sich das Untere Selbst. Es kann zu jeder Zeit mehr Luft aufnehmen und dafür sorgen, daß mehr Blutzucker verbrannt wird, so daß ein Mehr an jener seltsamen, chemisch hergestellten Kraft entsteht, die wir Mana nennen. Das Untere Selbst lernt es, dies in den meisten Fällen recht mühelos zu tun.

Und nun fügen Sie das wichtige »Geheimnis« der chinesischen *Yin-Yang*-Philosophie sowie die mit *Ch'i* bezeichnete Energie hinzu. Ein Mann – sagen die Chinesen – hat seinen Ursprung im Himmel, eine Frau kommt aus der Erde. Ich habe das während einer Vorlesung an einer bedeutenden Universität in Illinois gehört. Daraufhin verließen mehrere Frauen den Raum, weil sie das als Herabsetzung empfanden. Es ist doch aber nur eine Abstraktion der Yin-Yang-Polarität und sollte nicht als Beleidigung von Frauen verstanden werden. Dieser Polarität zufolge sollten Männer beim Atmen daran denken, daß die Energie von oben, aus dem »Himmel« kommt, und Frauen sollten beim Atmen daran denken, daß sie von unten, aus der »Erde«, kommt.

Da ich selbst ziemlich skeptisch, von Hause aus aber »wißbegierig« bin, beschloß ich, diese Theorie zu testen. In einer großen Studentengruppe an der Universität, in der ich unterrichtete, bat ich darum, daß sich jemand freiwillig für ein kurzes Experiment meldet. Ich sagte, am liebsten wäre mir der Größte und Stärkste. Ein Fußballspieler meldete sich. Ich bat ihn, ganz normal zu atmen, seinen Arm auszustrecken und ihn nicht zu bewegen. Unter Benutzung eines Muskeltests aus der Kinesiologie drückte ich seinen Arm kräftig mit

meiner Hand nach unten und bat ihn, meinem Druck Widerstand entgegenzusetzen. Er war wahrscheinlich so stark, daß ich an seinem Arm einen »Klimmzug« hätte machen können, wenn ich die Kraft dazu gehabt hätte. Ich bekam seinen Arm nicht nach unten. Dann bat ich ihn, mehrmals tief Luft zu holen und dabei zu denken, die Energie käme von unten in seinen Körper. Danach konnte ich seinen Arm mit einem Finger nach unten und ganz an seine Seite drücken. Ich bat ihn, noch ein paarmal tief Luft zu holen, diesmal aber zu denken, die Energie käme von oben. Da konnte ich seinen Arm nicht mehr bewegen, obwohl ich beide Hände und all meine Kraft aufwandte. Dann erklärte ich das Yin-Yang-Konzept, auf dem das Experiment beruhte, und sagte, daß dies eigentlich allen aktiven Sportlern sowie auch anderen, die stark sein müssen, nützen könnte. Und das betrifft sicherlich alle von uns.
Die Hochladung mit Lebenskraft erfolgt ganz einfach so, daß man dem Unteren Selbst, dem *unihipili*, erklärt, was es tun soll, und es dann bittet, es zu machen. Um die Aufmerksamkeit des Unteren Selbst zu erregen, können wir die willkürlichen Muskel benutzen und tiefer Luft holen, als würden wir bewußt versuchen, zu entspannen oder uns an eine Aufgabe zu machen. Dadurch bekommt das Untere Selbst die zu benutzende Luft und erfährt auch, was getan werden soll. Es hält bereits Mana für gewöhnliche Tätigkeiten bereit, sofern wir normal essen und atmen. Was wir für andere Zwecke benötigen, muß über der Mana-Menge liegen, die gebraucht wird, um Körper und Geist gesund und kräftig zu halten. Das normale Mana sollten wir nicht für andere Zwecke nutzen, denn sonst werden wir schwach und krank.

Mana steigt wie ein Springbrunnen auf

Das Symbol für Mana ist Wasser. Wenn Sie einen reichlichen Mana-Vorrat zusammenbekommen wollen, holen Sie bitte tief Luft, und stellen Sie sich vor, daß Mana wie ein Springbrunnen immer höher steigt, bis es überfließt. Der Körper wäre dabei der Springbrunnen und Mana das Wasser.

Eine Körperbewegung...

Bei Körperbewegungen oder anderen Formen körperlicher Betätigung erzeugt das Untere Selbst stets automatisch mehr Mana bzw. Lebenskraft; denn sonst würden wir das, was wir haben, in wenigen Minuten aufbrauchen und uns dann schwach fühlen. Jeder Sportler weiß, daß er mit seinem »ersten Schub«, d. h. der Mana-Ladung, die er beim Start gerade im Körper und im Aka-Körper hat, nur eine bestimmte Strecke mit einer bestimmten Geschwindigkeit zurücklegen kann. Daraus ersehen Sie, warum man eine kurze Übung zum »Warmmachen« benutzt. Aber nach kurzer Zeit wird dem Sportler wieder Stärke geliefert – sein »zweiter Schub« –, und dann kommt er stetig und mit Höchstgeschwindigkeit voran. Natürlich müssen alle, nicht nur Sportler, »in Form« bleiben und immer für einen hohen Mana-Spiegel sorgen. Die geringste Muskelbewegung erfordert zwar Mana, aber nicht jedesmal ist bei körperlicher Betätigung deutlich verstärktes Atmen erforderlich, da das Untere Selbst den Körper immer normal mit Mana beliefert.
Wichtig ist ebenfalls, die Energie im Gleichgewicht zu halten. Hier können wir wieder von den chinesischen Ärzten lernen. Sie lehren, den Energiefluß durch die Meridiane so zu regeln, daß er nicht blockiert wird und Schwierigkeiten im Körper verursacht. Eine einfache Methode ist die, daß man die Fingerspitzen beider Hände aneinanderhält. Man kann auch

meditieren, um das Mana im Körper sowie die verschiedenen Energien rund um den Körper im Gleichgewicht zu halten.

... oder eine geistige Haltung

Anstelle einer körperlichen Bewegung können wir uns vorstellen, daß wir vor einem Wettlauf stehen. Wir sehen, wie wir uns zum Lauf vorbereiten, atmen schneller und straffen die Muskeln etwas. Das Untere Selbst mißversteht selten, worum es geht, und wird beginnen, die gewünschte Lebenskraft zu schaffen. Sie können sich jede körperliche Tätigkeit, die Ihnen zusagt, als geistiges Bild vorstellen. Solche Handlungen setzen ganz natürlich die Mana-Verstärkung in Gang, und wenn man an diese Tätigkeit denkt, geschieht das auch.

Ein Gefühl des Wohlbefindens

Wer normalerweise eine niedrige Ladung an Lebenskraft hat, wird nach einer Hochladung fast immer das Mehr an Mana verspüren. Es trägt zu einem Gefühl des Wohlbefindens, der körperlichen Stärke oder zur Willenskraft und Entschlossenheit bei, schärft den Geist, man prägt sich Dinge schneller und leichter ein, und auch die Sinneswahrnehmungen werden schärfer. Das kann man leicht überprüfen, indem man kontrolliert, ob man klarer sieht oder sich schärfer erinnert, nachdem man die Energiemenge erhöht und sie so ins Gleichgewicht gebracht hat, wie dies bereits dargestellt wurde.

Alle Beweise zeigen, daß Mana tatsächlich die Lebenskraft ist, daß das Leben mit ihm an Stärke gewinnt und ohne Mana seinen Glanz verliert. »Ohne Ch'i ist man tot!« sagen die Chinesen.

Am wichtigsten ist jedoch bei Mana bzw. der Lebenskraft folgendes: Wenn man gelernt hat, einen höheren Mana-Vorrat zusammenzubringen, kann man diesen mit Hilfe des Hohen Selbst benutzen, um »Wunder« zu vollbringen, die von langsamer und einfacher Heilung bis zu wundersamen Veränderungen in den Körpergeweben und sogar in der Zukunftsgestaltung gehen.

Das Hohe Selbst stellt von sich aus Kontakt zu uns her, wenn wir schlafen. Dabei benutzt es die Verbindungsschnur des Aka-Körpermaterials. Alle Gedanken, die wir am Tage haben, unsere Pläne, Hoffnungen, Befürchtungen, Liebes- und Haßgefühle werden überprüft und angenommen (vielleicht auch als noch einmal geschaffene Gedankenformen). Zugleich wird Lebenskraft aufgenommen, »auf eine hohe Voltzahl hochgetrieben« (um eine Analogie aus der Elektrizität zu benutzen) und vom Hohen Selbst dazu verwendet, aus Aka-Substanz einen Schattenkörper aufzubauen, der sich dann als Teil unserer Zukunft materialisiert. Solche Gedankenformen wurden »Saaten« genannt und als Saaten symbolisiert, welche das Hohe Selbst beleben und die sich zu Wirklichkeiten in der Zukunft entwickeln.

»Laßt den Regen des Segens fallen«

Das Hohe Selbst nimmt nicht nur Lebenskraft von uns, sondern gibt uns auch eine ausgleichende Kraft zurück, die für unsere Gesundheit und für unser Wohlbefinden lebenswichtig ist. Das wird als »Mana-Dusche« dargestellt, die als »Regen des Segens« von dem aufsteigenden Springbrunnen herabfällt. Dieser Rückfluß von Mana-Loa aus dem Hohen Selbst schließt das vollendete Dreieck des Zusammenwirkens der drei Selbste ab. Jeden Tag könnten wir zum Hohen

Selbst Kontakt herstellen und zu jeder Stunde Anleitung von ihm bekommen, wenn wir darum bitten.
Versuchen Sie es! Benutzen Sie die Techniken der Energieverstärkung im Körper durch das Atmen (von oben oder unten), und stellen Sie sich dabei einen Springbrunnen vor.

Folgende Grundsätze sind dabei zu beachten:

1. Sie müssen die Hunâ-Techniken gründlich verstehen,
2. sie in die Praxis umsetzen und
3. sie regelmäßig studieren und praktizieren.

Die Wichtigkeit täglichen Studierens und Praktizierens kann nicht genug betont werden. Man sollte lieber einige Minuten an jedem Tage dazu benutzen und allmählich die Gewohnheit als natürlichen Bestandteil des täglichen Lebens herausbilden, anstatt in unregelmäßigen Abständen viele Stunden darauf zu verwenden. Zum Praktizieren muß man täglich Zeit und einen ruhigen, friedlichen Ort finden, wo man nicht abgelenkt wird. Wenn Ihnen die Hunâ-Praxis zur Gewohnheit wird, werden auch die Hunâ-Prinzipien ein natürlicher Bestandteil Ihrer Lebensweise.
Das Wichtigste bei der Hunâ-Praxis ist, daß Sie jeden Tag etwas tun! Das Untere Selbst bildet sehr leicht Gewohnheiten heraus; aber wenn die sich erst einmal festgesetzt haben, dann sind sie schwer zu ändern. Wenn wir uns entschließen, eine neue Gewohnheit herauszubilden und unsere Willenskraft auszuüben – beides sind ja Funktionen des Mittleren Selbst –, praktizieren wir eine Zeitlang die neue Gewohnheit zufrieden und erfolgreich. Dann vergessen wir sie gelegentlich, bis wir fast unmerklich in die alte Gewohnheit zurückfallen. Wir sollten uns da keine Vorwürfe machen. Das ist etwas ganz Natürliches. Aber wir können wieder ansetzen und Mittel und Wege finden, um unser Mittleres Selbst immer

wieder daran zu erinnern, daß wir zu einer neuen Lebensweise entschlossen sind. Das vorliegende oder andere Hunâ-Bücher immer wieder zu lesen, hilft uns dabei, unseren Geist »in der Spur« zu halten. Das Buch *Growing into Light* von Max Freedom Long ist speziell zu diesem Zweck geschrieben worden, denn Hunâ-Schüler haben im Verlaufe vieler Jahre beobachtet, wie fest alte Gewohnheiten aus der Vergangenheit sitzen.

Sie werden feststellen, daß Sie nicht allein durch Ausdauer oder Willenskraft in die Lage versetzt werden, neue Gewohnheiten erfolgreich zu praktizieren. Das Mittlere und das Untere Selbst müssen freundschaftlich und harmonisch miteinander verkehren, um effektiv zusammenzuarbeiten, damit Probleme gelöst, Ziele erreicht oder Fortschritte in unserem spirituellen Wachstum gemacht werden. Dann können Sie Hunâ benutzen, um Ihr Leben in jeder Hinsicht produktiver und befriedigender zu gestalten.

KAPITEL 5

Die Mana-Hochladung

Max Freedom Long hat über dreitausend Seiten Bulletins geschrieben, die er vervielfältigen ließ und in denen er seinen Forscherkollegen über die Ergebnisse seiner Experimente mit Hunâ-Theorien Bericht erstattete. Er hat auch noch einige andere Schriften verfaßt, um Anweisungen zu Hunâ-Praktiken zu geben. Eine davon – 1949 geschrieben – erläutert, wie eine Mana-Hochaufladung vorgenommen und benutzt wird.* Durch die von ihm gesteuerte und angeleitete experimentelle Arbeit Tausender seiner Forscherkollegen in der ganzen Welt sind viele dieser Theorien feststehende Grundsätze geworden.

In den alten wie auch in den modernen »psychologischen Religionen« ist, außer im Hunâ, wenig zu finden, was uns eine klare Vorstellung von der Kraft vermittelt, die die Räder des Lebens dreht bzw. die Maschinerie des Gebetes bewegt. Im Christentum finden wir einen Bezug auf die »Heilkraft«, die Jesus ausübte, als jemand in einer Menschenmenge den Saum seines Gewandes berührte und geheilt wurde. Das Vaterunser im Neuen Testament schreibt die Kraft Gott zu (»Dein sei die Kraft«). Obwohl es zwar in entsprechenden Anweisungen heißt, man solle im stillen beten, wird nichts davon erwähnt, wie man die Lebenskraft bewußt lenken kann, um eine Antwort auf das Gebet zu bekommen.

Es wird viel von Prana als Teil der Yoga-Praktiken und der

* 1981 von der Hunâ Research, Inc., zusammen mit anderen Exzerpten über Mana als *Mana, or Vital Force* veröffentlicht. Alle Zitate in diesem Kapitel stammen daraus. Siehe auch *The Secret Science at Work* (De Vorss & Co., 1971), Kapitel 6: »Mana and the Surcharge of Mana«, S. 77-83; Kapitel 15: »The Breath of Life«, S. 161-168.

Religionen Indiens gesprochen. Möglicherweise kommen Prana und Mana ungefähr aus der gleichen Quelle. Prana galt in den frühen theosophischen Schriften als nützliches Werkzeug; jedoch später hat man den Schwerpunkt mehr auf das »Karma« gelegt und Prana nicht mehr zum Heilen benutzt, um das »Abarbeiten karmischer Schuld durch Leiden« nicht zu stören.

»Das leuchtende Beispiel einer Kraft dieser Art«, schrieb Long, »fand man in der legendären ›Schlangenkraft‹, die angeblich als Reaktion auf gewisse Bewegungen (des gereinigten Eingeweihten) am unteren Teil des Rückgrats entstand und spiralförmig das Rückgrat hinaufstieg, bis die Spitze des Kopfes erreicht war. Dort löste die Kraft das ›offene Bewußtsein‹ aus, und man ›sah Gott‹. Zu der älteren Idee, daß am Rückgrat und im Kopf Kraftzentren bestehen, ist viel hinzugekommen, so daß jetzt die Nervenzentren und die Drüsen als die Teile gelten, die in diesem Prozeß benutzt wurden, bei dem man aus dem Körper wie aus einem Fenster in den Himmel schaut. Ich habe mehrere Monate lang versucht, Beweise für diese Mechanismen zu bekommen, als ich jung und Mitglied der Theosophischen Gesellschaft war. Ich habe auch einige Jahre lang versucht, jemanden zu finden, der mir beweisen konnte, daß er gelernt hatte, diese Kraft zu erwecken und zu benutzen, jedoch ohne Erfolg. Zwar ist nichts abzustreiten, aber man kann ganz sicher zu dem Schluß gelangen, daß der Gebrauch der spezialisierten Kräfte, die in den indischen Überlieferungen anerkannt werden, vom Durchschnittsschüler kaum erwartet werden kann.

Die einfachere Theorie ist die, daß das Bewußtsein (als erste kreative Quelle) *Kraft* schafft und daß aus der Kraft (möglicherweise bei Begrenzung durch Raum und Zeit) *Materie* entsteht. Unsere Wissenschaftler meinen allmählich, daß alle Materie eine Form von Kraft ist, und wenn die Entwicklung in dieser Richtung weitergeht, wird man wahrscheinlich zu der Schlußfolgerung gelangen, daß Kraft ein Produkt einer gewissen Form von *Bewußtsein* ist.

Hunâ scheint da praktischer vorzugehen. Das Bewußtsein unseres Mittleren Selbst vermag die höheren Bewußtseinsformen nicht zu verstehen. Daher müssen wir uns auf die Kräfte konzentrieren, mit denen auf den unteren Ebenen umgegangen werden kann, d. h. auf die unteren und mittleren Schwingungen bzw. »Voltzahlen« von Mana.

Man kann das Leben als eine Kombination von Bewußtsein, Mana und der unsichtbaren Aka-Substanz, durch die Mana wirkt, betrachten. Befinden sich diese drei Elemente in und um einen stofflichen Körper, wird er lebendig. Er stirbt jedoch, wenn Bewußtsein, Mana und Aka abgezogen werden. Mana allein ist noch kein Leben, sondern nur die Lebenskraft, welche die drei Selbste benutzen, um Leben aufrechtzuerhalten. Zu diesen drei Wesenheiten gibt es drei Mana-Ebenen. Im Hawaiischen heißt »Leben« *ola.* Aus den Wurzeln *o* und *la* finden wir die Bedeutung »zum Licht gehören«. Das Wort »Licht« bezieht sich hier genau wie das Tageslicht auf menschliches Bewußtsein, und zwar im Gegensatz zum höheren Bewußtseinslicht, welches das Hohe Selbst symbolisiert. *La* ist das Sonnen- bzw. Tageslicht, und *la'a* ist das Höhere »Licht«, und das wird gewöhnlich mit »heilig« oder »göttlich« übersetzt. Diese Symbole des uralten Hunâ-Geheimnisses zeigen uns also, daß das Leben aus Bewußtsein und einem daraus entstammenden Element – der Lebenskraft bzw. Mana – besteht.

Long plädierte dafür, ein Wort für Reinkarnation zu finden, obwohl er bei früheren Gelegenheiten beobachtet hatte, daß es für einen Reinkarnationsglauben keinen Hinweis zu geben schien. »Das Wort scheint *o-la-ho-nua* zu sein, und das wird jetzt mit ›gründlich, vollständig bzw. zusammen‹ übersetzt. Die Wurzeln liefern uns ›Leben‹ plus ›vorangehend‹. Wenn wir *ho-nua* in *ho* (für *ho'o*, den Kausativ) und *nua* zerlegen, bekommen wir ›Staub auf eine Flugreise gehen lassen‹. Mit diesem malerischen Bild verwiesen sie auf ihr Symbol für den ›Weg‹ als Sinnbild für ein Wachstum über viele Bewußtseinsebenen hinweg sowie auch für den Aka-Faden und den durch ihn geschaffenen Kontakt mit dem Hohen Selbst (wie ich es jetzt verstehe).«

Wie wichtig es ist, Leben und Mana miteinander zu verbinden, macht das Wort *ola-ola* anschaulich, welches das verdoppelte Wort für »Leben« ist. Jedoch bedeutet es nicht »mehr Leben«, wie man aufgrund der Verdoppelung annehmen möchte, sondern »wie beim Wassergießen einen Plätscherlaut hervorrufen«. Das ist ein direkter Hinweis auf Mana, speziell auf Fließendes wie beim Wassergießen oder bei Wasser in einem Bach. Der wiederholte Gebrauch solcher Symbole in unterschiedlichen Wörtern zeigt dem Hunâ-Schüler, daß das entscheidende Lebenselement Mana ist.

Daß der niedrigere Mensch dem höheren, zu dem er betet, Lebenskraft zur Verfügung stellen muß, damit das Hohe Selbst genügend irdische Kraft hat, um auf die dichte und irdische Lebensebene einzuwirken, mag uns, die wir in dem Glauben erzogen wurden, daß alle Kraft von Gott kommt, seltsam erscheinen. Dieser Gedanke ist einmalig in den »psychologischen Religionen«. Nach Max Freedom Longs Ansicht war dies das größte Drittel vom verlorengegangenen Schlüssel zu sofortiger Heilung. Die anderen zwei Drittel sind die visualisierten Gedankenformen des Gebetsbildes und die durch die Hohen Selbste erfolgende Umwandlung der Gedankenformen in eine künftige Wirklichkeit des Betenden.

Die Analogie dazu ist die Saat, die in den vorbereiteten Boden gebracht und fortan nicht mehr gestört wird. Der Boden muß aber von Unkraut freigehalten und bewässert werden. Das Wort für Gedankenform lautet *hoana*, und das bedeutet auch »beten«. Ein anderes Wort dafür ist *ho'omana*, und das heißt

»Mana machen«. Die Wurzel *ano* bedeutet »eine Form, eine Ähnlichkeit, ein Bild von einer Sache«, und die miteinander verbundenen Wurzeln geben uns die wirkliche Bedeutung »eine Form hervorrufen bzw. umformen«. Das Gedankenmuster liegt in der Form der Sache, für die gebetet wird, und das beantwortete Gebet besteht in der Ähnlichkeit des Musters, das aus dem Gedanken zu Wirklichkeit umgeformt wird. Diese Arbeit erledigt das Hohe Selbst. Die verdoppelte Wurzel *ano-ano* ist das Wort für »Saat«. Eine andere Bedeutung ist »zu einem speziellen Zweck weihen« und »heilige Stille«. Das verweist auf die religiöse Seite des Kontaktes mit dem Hohen Selbst.

Je mehr Mana wir für die Arbeit liefern, um so schneller kann das Hohe Selbst unser Gebet beantworten, wenn die Gedankenformen richtig gebildet werden und die Arbeit nicht durch Schuldfixierungen verzögert wird. Das zugesandte Mana wird in Mana-Loa als Energie mit höchster »Voltzahl« umgewandelt. Das Hohe Selbst hat den Zugriff zu unbegrenzten Kraftquellen. Jedoch ist das Mana des Unteren Selbst erforderlich, damit Mana-Loa und andere Energien erst einmal fließen können. Da alle drei Selbste bei der Erzielung des gewünschten Ergebnisses zusammenarbeiten müssen, mag es einfach so sein, daß das Mana vom Unteren Selbst erforderlich ist, damit wir zum Licht, zum Hohen Selbst, gelangen und mit ihm in Verbindung bleiben, während die Arbeit des Hohen Selbst erledigt wird.

Sind die Gedankenformen gebildet, erfolgt eine Hochladung mit Lebenskraft, um sie zur Hand zu haben, nachdem der Kontakt mit dem Hohen Selbst über den Aka-Faden hergestellt und die Gedankenformen als Idee für die Handlung dargestellt wurden. Die vorbereitende Reinigung von Schuldgefühlen bzw. Schuldfixierungen heißt Kala-Reinigung. *Kala* bedeutet »Licht wiederherstellen« bzw. uns »zum Licht« (dem Hohen Selbst) bringen.

Eine Mana-Hochladung vornehmen

Denken Sie daran, daß das Untere Selbst das Mana, welches für die Tätigkeiten des Körpers benötigt wird, ganz natürlich hervorbringt und sammelt und daß wir diesen Grundvorrat nicht für andere Zwecke nutzen sollten. Um einen reichlichen Mana-Vorrat für eine Gebetshandlung zusammenzubringen, übernimmt das Mittlere Selbst die Kontrolle über die Funktion, für die gewöhnlich das Untere Selbst zuständig ist. Das geht folgendermaßen vor sich:

1. Sie bestimmen den Zweck der Hochladung als erfolgreiches Ergebnis der Gebetshandlung. Wenn Sie ein Gebet sprechen, das mit einem Mana-Fluß an das Hohe Selbst geschickt werden soll, benutzen Sie den zusätzlichen Mana-Vorrat anders, als wenn Sie Ihre Hände bei jemandem auflegen und ihm das Mana als Teil einer direkten Heilung geben. Wenn Sie nur eine Hochladung vornehmen wollen, dann machen Sie einen Test, um zu sehen, wie gut Sie aufgeladen sind. Es ist immer angebracht, Mana an das Mittlere und das Hohe Selbst zu schicken, damit diese ihre regulären Tätigkeiten in unserem Leben ausüben können. Zuweilen vergessen wir, Mana zur Verfügung zu stellen, welches das Mittlere Selbst beim intelligenten Denken, beim Beschlüssefassen, für die Willenskraft, das Vorstellungsvermögen oder einfach fürs Wach- und Aufmerksambleiben benötigt. Wenn Sie täglich Mana schicken und keine Gebetshandlung planen, genießen Sie die Vorzüge, die sich daraus ergeben, daß Sie Ihren normalen Vorrat an Lebenskraft auf eine höhere Ebene gehoben haben. Gedächtnisstützen, damit Sie nicht vergessen, Mana am Fließen zu halten, sind durchaus hilfreich. Ein Hunâ-Schüler sammelt zum Beispiel immer zusätzliches Mana, wenn er auf einen Zettel schaut, den er sich als Gedächtnisstütze an die Wand

geheftet hat. Ein anderer lädt beim Autofahren jedesmal neu auf, wenn er an einem Stopplicht halten muß. Während der Dusche am Morgen kann man auch gut Mana neu aufladen. Wenn Sie das praktizieren, können Sie viel länger und mit viel weniger Erschöpfung als vorher arbeiten. Das ist aber nur einer der vielen Vorteile.

2. Sie informieren Ihr Unteres Selbst, was getan werden soll, weil Sie es so wollen. Die eigentliche Arbeit bei der Hochladung erledigt das Untere Selbst; aber bei diesem Vorgang muß zusammengearbeitet werden.
3. Sie benutzen körperliche Reize, um Ihr Unteres Selbst auf sich aufmerksam zu machen und es zu veranlassen, mit dem Mana-Ansammeln zu beginnen. Dieses wichtige Prinzip ist einer der Schlüssel für eine erfolgreiche Gebetshandlung. Sie tun gut daran, sich dessen zu erinnern, wenn Sie einen Plan neu zu überprüfen haben, mit dem die erwünschten Ergebnisse nicht erreicht werden. Sie müssen eine Handlung wählen, die Ihr Unteres Selbst beeindruckt. Beispielsweise körperliche Bewegungen, Atemtechniken oder bestimmte Stellungen.

Wie erfahren wir, ob unser Mana-Vorrat ausreicht? Max Freedom Long schlägt dazu einen einfachen Pendeltest vor. Das ist etwas Leichtes für den Anfang, wenn Sie sich wohl dabei fühlen. Ansonsten benutzen Sie andere Methoden. Um den Unterschied zu erkennen, werden Sie wissen wollen, wie Ihre normale Mana-Ladung ist, oder zumindest, was Sie zu Beginn des Tests für einen Mana-Spiegel haben. Halten Sie eine etwa 7,5 Zentimeter lange Schnur oder Kette mit einem Pendel zwischen Daumen und Fingerspitzen. Drücken Sie Ihren Ellenbogen in die Seite, um Ihren Arm ins Gleichgewicht zu bringen, oder lassen Sie Ihren Ellenbogen auf einem Tisch ruhen. Lassen Sie das Pendel über der Innenfläche der anderen Hand schwingen.

Gewöhnlich schwingt das Pendel bald kreisförmig oder hin und her. Wenn nicht, bringen Sie es in Schwung, und lassen Sie es dann normal weiterschwingen. Zählen Sie die Ausschläge, bis sie sich verlangsamen oder ganz aufhören. Long berichtet, daß »fünfzig Schwingungen über der Hand vor der Hochladung bei vielen Menschen das Übliche ist. Nach den Anstrengungen der Hochladung könnte die Zahl der Ausschläge auf achtzig bis dreihundert ansteigen. Mein persönlicher Durchschnitt liegt bei etwa fünfzig und bei ungefähr einhundertundachtzig nach Aufladungen für Gebetsarbeit.« Das mag ein bißchen ungünstig erscheinen. Sie können den Unterschied auch feststellen, indem Sie sich aufschreiben, wie sehr Ihr Pendel vor und nach der Erhöhung Ihres Mana-Vorrates kreisförmig ausschlägt. Sie können das nicht messen, aber trotzdem zeigt es, daß mehr Mana da ist.
Über das Pendel können Sie mit dem Unteren Selbst kommunizieren. Wenn Sie es für andere Messungen benutzen, sollten Sie die Bedingungen festlegen, indem Sie herausfinden, welche Richtungen Ihr Unteres Selbst für »Ja«, »Nein« und »Ungewiß« bevorzugt. Es ist ja nur ein Werkzeug und wird lediglich zu Beginn der Praxis benutzt. Möglicherweise bekommen Sie die Antworten auf Ihre Fragen durch mehr intuitive Methoden. Wichtig ist, daß Sie sich nicht nur auf das Pendeln versteifen. Es gibt unzählige Gelegenheiten für Selbstbetrug, und das, was so alles entdeckt werden kann, wenn wir mit dem Unteren Selbst über das Pendel kommunizieren, hat auch seine Einschränkungen.
Einige Menschen können durch Benutzung eines Pendels über ihr Unteres Selbst mit ihrem Hohen Selbst kommunizieren. Obwohl man das Untere Selbst durch intensives Training dahin bringen kann, Informationen über die bereits festliegende bzw. kristallisierte Zukunft vom Hohen Selbst zu bekommen und uns positive bzw. negative Antworten auf unsere Fragen hinsichtlich der nahen Zukunft zu geben,

sollte dies sehr vorsichtig getan werden. Gehen Sie in den meisten Fällen ganz einfach davon aus, daß alle Antworten über die Pendelbewegungen vom Unteren Selbst kommen. »Nehmen Sie meinen Rat an«, sagt Long, »und setzen Sie nicht auf Pferde, nachdem Sie den Wettschein mit dem Pendel getestet haben. Wenn Sie so richtig davon überzeugt sind, daß Wetten nicht gut ist, wird Ihr Unteres Selbst wahrscheinlich alles in seiner Macht stehende tun, um einen Gewinn zu verhindern.«*

Die Ferson-Methode

Die von Baron Eugene Ferson gelehrte Methode, »universale Lebenskraft« anzusammeln,** ist brauchbar, weil sie einen körperlichen Reiz, eine Affirmation und einen Selbstbefehl enthält. Sie funktioniert bei den meisten Menschen sehr gut, unabhängig davon, ob wir glauben, daß die als »Mana« bezeichnete Kraft aus der Verwertung von Nahrungsmitteln in unserem Blutstrom kommt oder von äußeren Kraftquellen in der Luft bzw. im Äther bezogen wird.

Stellen Sie sich bei dieser Methode mit weit gespreizten Beinen und in Schulterhöhe ausgestreckten Armen hin, und halten Sie die Handflächen nach oben, falls Sie so leicht und bequem stehen können. Sagen Sie in dieser Stellung laut: »Die universale Lebenskraft (oder eben Mana) fließt nun in mich hinein… ich fühle es.« Wiederholen Sie dies ungefähr viermal langsam, jedesmal mit etwa zwanzig Sekunden Pause dazwischen. Gehen Sie davon aus, daß eine Hochaufladung erfolgt und Sie ein Prickeln in den Handflächen bzw. Handgelenken verspüren. Das soll Ihnen zeigen, daß eine

* Siehe *The Secret Science at Work*, Kapitel 2, »Getting Acquainted with the Low Self«, S. 14-32.

** Beschrieben in *The Secret Science at Work.*

zusätzliche Ladung erfolgt ist. Das Untere Selbst lernt es rasch, zu reagieren und auf Ihre ausdrückliche Bitte hin eine Hochladung vorzunehmen. Kaum einer kommt hier nicht zu Ergebnissen.
Ferson benutzte zur Mana-Aufladung auch etwas, das er den »magnetischen Ziehtest« nannte. Dazu sind zwei Personen erforderlich, gut funktioniert er in einer Gruppe:

1. Schaffen Sie so, wie es Ihnen am liebsten ist, einen möglichst großen Überschuß an Mana.
2. Bitten Sie einen Freund, der nicht so hoch aufgeladen ist, sich vor Ihnen hinzustellen, Ihnen dabei den Rücken zuzuwenden und seine Hände entspannt hängen zu lassen. Der Abstand zwischen Ihnen beiden sollte so sein, daß Sie Ihre Hände leicht auf die Schultern Ihres Freundes legen können, wenn Sie Ihre Arme heben.
3. Legen Sie Ihre Hände leicht auf seine Schultern, treten Sie ganz langsam einen Schritt zurück, und ziehen Sie Ihre Hände zurück.
4. Wenn Sie eine sehr hohe Aufladung haben und Ihr Freund hat eine kleine, normale, müßte er aus Ihren ausgestreckten und sich langsam zurückziehenden Händen ein deutliches Ziehen wie von einer magnetähnlichen Kraft verspüren. Wenn das Ziehen stark ist, müßten Sie Ihren Freund vielleicht festhalten, damit er nicht nach hinten fällt. Sie werden in Ihren Händen kein ziehendes Gefühl verspüren, unabhängig davon, wie stark diese »ziehen«. Jeder reagiert anders auf diesen Ziehtest, und Sie werden feststellen, daß in einer Gruppe von etwa einem Dutzend Personen einer oder zwei weit sensibler sind als die anderen und so bei diesem Test viel besser ansprechen.

Der Atem und seine Rolle bei einer hohen Aufladung ist von spezieller Bedeutung, weil er die Zusammenarbeit von Mitt-

lerem und Unterem Selbst erforderlich macht. Wie wir wissen, erzeugt das Untere Selbst zusätzliches Mana durch die Verbrennung von Nahrung, die zu diesem Zweck im Körper gespeichert wird. Eine solche Oxydation erfolgt ständig, aber wenn wir uns angestrengt körperlich betätigen, atmen wir immer schwerer und erhitzen uns, weil übermäßig viel Blutzucker verbrannt wird, um die Lebenskraft zu erzeugen, durch die wir uns körperlich betätigen können. Andere Quellen, aus denen das Untere Selbst Mana beziehen kann, sollten wir aber auch nicht ungenutzt lassen.
Während des üblichen Verlaufs einer körperlichen Bewegung bzw. während körperlicher Arbeit entsteht nur ein geringer Mana-Überschuß, und während vielleicht sehr große Mengen innerhalb weniger Minuten oder mehrerer angestrengter Stunden erzeugt werden, wird es nach und nach aufgebraucht. Da liegt der Unterschied: Erfolgt eine Hochladung ohne körperliche Betätigung, bleibt der Vorrat, anstatt durch die Muskeltätigkeit aufgebraucht zu werden. Er ist deshalb da und steht bereit, um in der Gebetshandlung oder beim Handauflegen zur Behandlung eines Kranken benutzt zu werden. Aber wir sollten nie versäumen, regelmäßig einen großzügigen Mana-Vorrat zu schaffen, um mehr als genug für unseren Körper und unsere Denkprozesse zu haben, damit unser hoher Normalvorrat nicht durch eine Gebetshandlung oder durch sofort zu beantwortende Hilferufe in Notfällen verbraucht wird.
»Das Atmen ist an sich eine Form der körperlichen Betätigung. Dabei treten die Brustmuskeln und besonders das Zwerchfell in Aktion. Die Erzeugung zusätzlicher Energie durch angestrengte Tiefatmung steht jedoch nicht im richtigen Verhältnis zur zusätzlichen Muskelbetätigung. Aus den Yoga-Praktiken haben wir gelernt, daß wir ein oder zwei Minuten lang tief Luft holen können und uns danach sehr erfrischt und angeregt fühlen. Wenn wir das Untere Selbst

anweisen, einen großen Mana-Überschuß zu schaffen und diesen im Körper und im unteren Schatten- bzw. Aka-Körper zu speichern, bringt uns das besonders viel. Das tiefe, langsame und gleichmäßige Atmen wird als körperlicher Reiz dienen, um dem Unteren Selbst einzuprägen, daß etwas Reales (nicht Eingebildetes) vor sich geht, und das zusätzliche Einatmen von Luft wird beim körperlichen Prozeß der Mana-Erzeugung behilflich sein.
Durch die Benutzung der Methode von Baron Ferson habe ich festgestellt, daß ich fast sofort beginne, tiefer zu atmen. Das gilt auch, wenn ich einfach stehenbleibe, weitergehe oder sitzenbleibe, wenn ich meinen ›George‹ anweise, zusätzliche Lebenskraft für eine Gebetshandlung oder für andere Zwecke wie beim telepathischen Kontakt und bei der telepathischen Weiterleitung von Lebenskraft und heilenden Gedankenformen anzusammeln. ›Das kann doch George machen!‹ ist lachend als Motto für die Hunâ-Forschungs-Gesellschaft vorgeschlagen worden, und es bringt die Idee so gut herüber, daß ich das Untere Selbst bzw. den Geist in uns immer mit ›George‹ anrede.«
Das Mittlere Selbst trägt die Verantwortung für den physischen Körper, das Untere Selbst dagegen ist für die autonomen Funktionen zuständig. Diese können von den meisten Menschen nicht bewußt kontrolliert werden. Bei langem und intensivem Training kann man den Blutdruck, das Fließen des Blutes und den Herzschlag kontrollieren. Für die meisten von uns ist das Atmen die einzige Funktion des Unteren Selbst, die wir mit unserem Mittleren Selbst bewußt kontrollieren können. Das so wichtige Denken, das vernünftige Überlegen und das Entscheiden des Mittleren Selbst, das beim täglichen Lernen und Leben notwendig ist, hängen vom Mana und von dem Erinnerungsvermögen ab, welches das Mittlere Selbst vom Unteren Selbst bekommt, um all seine Funktionen auszuüben.

KAPITEL 6

Mit Mana arbeiten

Ein Mana-Überschuß kann auf vielerlei Weise geschaffen werden. Es ist vorgeschlagen worden, sich vorzustellen, daß Mana wie bei einem Springbrunnen im Körper aufsteigt und dabei einen feinen Dunstschleier bildet. Beschrieben worden ist auch Eugene Fersons Methode, »universale Lebenskraft« in den Körper zu bringen.

Dr. Oscar Brunler, der Max Freedom Long bei vielen Experimenten mit Pendeln und anderen Instrumenten zur Messung von Mana und des Aka-Körpers behilflich war, hatte eine ähnliche Methode. »Er stellt sich in Richtung Norden und harkt mit gespreizten Fingern durch die Luft, als wolle er mit ihnen Lebenskraft aus der Luft holen… Die Hände werden über den Kopf gehoben, die Arme dabei voll ausgestreckt, und die Handflächen zeigen nach vorn. Die Arme bleiben ausgestreckt, und die Hände werden im Bogen hochgeschwungen, wobei die Finger durch die Luft harken. Gleichzeitig wird der Körper schnell weit nach vorn gebeugt, wobei die Hände ihre Kreisbewegung fortsetzen können und erst dann aufhören, wenn die Arme so weit nach hinten gebracht werden, wie es möglich ist. Das wird flott fünfzig- bis sechzigmal hintereinander wiederholt, wobei daran gedacht werden soll, das Untere Selbst anzuweisen, Lebenskraft anzusammeln. Da dies eine gute Übung ist, wird das Atmen automatisch schneller.«*

Die von den Kahunas benutzten Worte zeigen, daß die Mana-Hochladung notwendig ist. Die Benutzung eines Bildes für

* Zitate dieses Kapitels stammen aus *Mana, or Vital Force* von Max Freedom Long (Hunâ Research, Inc., 1981), wenn nicht anders angegeben.

einen körperlichen Reiz ist ganz deutlich in einem Wort enthalten, das die Bedeutung hat »wie Wasser in einem Springbrunnen aufsteigen, bis das Wasser überfließt«. Das war Max Freedom Longs Lieblingsmethode, und meine ist es auch. »Man sitzt oder steht und beginnt, tiefer Luft zu holen, stellt sich dabei bildlich vor, wie sich Mana im Körper ansammelt, bei den Füßen beginnt und aufsteigt, bis der ganze Körper fortschreitend gefüllt ist und Mana oben auf dem Kopf überfließt.«

»Das Überfließen oben auf dem Kopf ist ein sehr bedeutungsvolles Symbol, das ich benutze, wenn ich meinen ›George‹ anweise, Kontakt zum Hohen Selbst herzustellen, sofern die Mana-Ansammlung gut verläuft. Ist der Kontakt hergestellt, instruiere (und bitte) ich ›George‹, einen Mana-Fluß über die Aka-Schnur an das Hohe Selbst zu schicken. Dorthin, wo das Wasser über dem Kopf ›hinausspringt‹. Symbolisch gesehen«.

Wenn das Hohe Selbst das untere Mana akzeptiert und es in Hohes Mana bzw. Mana Loa (*waiola* bzw. Lebenswasser oder im Grunde »heiliges« Wasser, das kein Priester zu segnen braucht) umgewandelt hat, wird ein Teil davon für eigene Zwecke benutzt oder um anderen zu helfen, die um Beistand gebeten haben, und vielleicht auch um behilflich zu sein, bessere Bedingungen auf der Welt zu schaffen. Wir sollten solche Zwecke mit aufnehmen, wenn wir Mana an das Hohe Selbst schicken. Ein weiterer Teil könnte für Gebetshandlungen reserviert werden. Der Rest wird als herunterfallendes Springbrunnenwasser, als »Regen des Segens«, um den beim formalen Ende eines jeden Gebetes gebeten wird, an uns zurückgeschickt.

Ich sehe keine Schwierigkeit darin, das Bild vom Springbrunnen beim Ansammeln von Mana zu benutzen, und auch nicht darin, daß Männer sich vorstellen, Mana käme von oben bzw. aus dem Himmel. Das Mana kann aus der Quelle hereinkommen, nicht unbedingt durch den Kopf, und es kann von den Füßen durch den Körper und über den Kopf als Springbrunnen aufsteigen. Bei Frauen funktioniert die Springbrunnenmethode ganz natürlich und ausgezeichnet, ohne daß zusätzlich an die Quelle gedacht wird.

Denken Sie bei der Entscheidung für Ihre persönliche Methode zur Mana-Ansammlung an eine Tätigkeit, an der Sie wirklich Freude haben, und konzentrieren Sie sich darauf, wenn Sie Ihr Unteres Selbst bitten, genügend Mana für den jeweiligen Zweck zu sammeln. Wenn Sie gern Sport treiben, wird Ihre Lieblingssportart ideal dazu dienen, daß Mana schnell fließt. Bringen Sie sich selber in die Stimmung, solch eine Handlung zu beginnen, und Sie sind bereit, Mana anzusammeln.

Gewöhnlich spüren Sie, wie Mana durch Ihren Körper flutet. Machen Sie sich keine Sorgen, wenn es nicht geschieht, denn das Zusammenbringen von Mana ist eine natürliche Funktion Ihres Unteren Selbst, und es wird unverzüglich tun, worum Sie bitten. Sprechen Sie zu Ihrem Unteren Selbst, wenn möglich hörbar. Wenn Sie mit anderen Menschen zusammen sind, reicht aber die innere Vorstellung aus.

Long hat vorgeschlagen, ungefähr folgende Worte zu benutzen, wenn das Mana aufwärts fließt: »Wir strecken nun die Hände aus und stellen Kontakt zu unserem liebenden und ausgesprochen vertrauenswürdigen Eltern-Geist her, der uns Vater und Mutter zugleich ist. Wir schicken ihm über die Aka-Schnur eine große Gabe zusätzliches Mana. Das bieten wir als echtes Opfer an, damit es zu unser aller Wohl oder in entsprechender Weise genutzt wird. Ich mache hier etwa eine halbe Minute Pause, um mich zu entspannen, loszulassen und ›George‹ die Arbeit machen zu lassen, und sage dann: ›Es fließt nicht mehr. Die Aktion ist beendet. Laß den Regen des Segens fallen. *Au-ma-ma* (bzw. Amen).‹ Das ist die *reale* und effektive Andacht. Es ist das einzige Gebet, das zählt, wie wir aus dem Hunâ lernen.«

Wenn wir in Gebetshandlungen oder beim Heilen Mana verwenden, sollten wir dem Hohen Selbst einen Teil davon zur Benutzung anbieten. Das Wort *waipa* bedeutet »Wasser teilen« und auch »beten«. Für unser allgemeines Wohlbefinden wird uns die regelmäßige Erhöhung unseres Mana-Vorrates, den wir mit allen drei Selbsten teilen, in die Lage versetzen, die Energie und die Kraft zu haben, die wir benötigen, um Probleme zu lösen, unsere Ziele zu erreichen und Fortschritte in unserem spirituellen Wachstum zu machen. Idealerweise sollten wir das täglich und auch mehrmals am Tage tun, aber an einen starren Zeitplan oder eine genaue Zeit brauchen wir uns nicht zu halten. Wenn wir natürlich den Tag mit einem überreichlichen Mana-Vorrat beginnen, leisten wir mehr, sind wir stärker und wacher. Das regelmäßige Teilen von Mana mit dem Hohen Selbst ist das Geheimnis für die Trankopfer mit Wein oder reinem Wasser, der bzw. das von vielen alten Völkern vergossen wurde, bevor sie ihren Wein tranken oder ihre Andacht verrichteten. Alle Gaben und Opferungen in religiösen Praktiken haben ihren Ursprung im Prinzip des Mana-Teilens. Einen Teil des Opfers erhielten »die Götter«, der Rest wurde in einem »heiligen Fest« mit dem Volk geteilt. Mana ist das »lebendige Opfer«, von dem Paulus im Neuen Testament spricht. Dies ist auch das Geheimnis des »Tischgebetes« vor einer Mahlzeit.

»Wir dienen der Erde und den niederen Kreaturen, und sie ernähren uns. Wir dienen unseren Freunden, und dafür dienen sie uns. Wir dienen den Hohen Selbsten mit dem Ritual des ›Wasserteilens« und durch Unterstützung derjenigen unserer Mitmenschen, die die Lieblingsschützlinge anderer Hoher Selbste sind. Dient den anderen großzügig und freundlich, und ihr macht euch aus ihrem Wächter *aumakua* starke Freunde. Wenn ihr aber andere verletzt, könnten deren mächtige Wächter etwas unternehmen, um euch daran zu hindern, weiterhin unfreundlich zu sein. Seid immer freundlich!«

Wie wir jetzt verstehen, weisen die Hohen Selbste niemals aktiv unsere Gebetswünsche zurück, wenn die beiden Unteren Selbste verletzende Taten vollbracht haben. Solche Taten blockieren den Weg zum Hohen Selbst, da sich unser Unteres Selbst ihretwegen schuldig und unwürdig fühlt.

Beim formalen Abschluß der Gebetshandlung sollten keine zufälligen Gedanken und Ablenkungen durch die Sinnesorgane hereinkommen und das Gebetsbild verändern oder entstellen. Aber unmittelbar danach können Sie längere Zeit ruhen und entspannen, wenn Ihr Unteres Selbst beginnt, die Anweisungen auszuführen, und Mana-Loa vom Hohen Selbst zurückfließen läßt. Dadurch haben auch Sie Gelegenheit, ganz deutlich vom Hohen Selbst Anleitung zu erhalten, wenn Sie mit ihm in Kontakt bleiben und Ihnen Einsichten in den Sinn kommen. »Wenn wir beginnen, andere Dinge zu tun und an die Geschäfte des Tages zu denken, wird das Untere Selbst daran erinnert, sich an dieser Arbeit zu beteiligen, und die Gebetshandlung bleibt dadurch aller Wahrscheinlichkeit nach unvollendet.« Es ist nicht Sache des Mittleren Selbst, die Zeit zu bestimmen, wann das Untere Selbst dem Hohen Selbst das Gebetsbild liefert.

Das gilt besonders für spezielle Gebetshandlungen, bei denen gründlich geplant und auf das gewünschte Ziel hingearbeitet werden muß. Den meisten unserer täglichen Bedürfnisse können wir mit sehr kurzen Gebetshandlungen gerecht werden, die wir regelmäßig bis zur Erreichung der Ergebnisse durchführen. Solche täglichen Gebete sind nicht weniger wichtig, sondern ein Teil des üblichen Zusammenarbeitens der drei Selbste im täglichen Leben. Beim Fernheilen über die Arbeitsgruppe für gegenseitige telepathische Heilung brauchte Max Freedom Long nur wenige Minuten bei jeder Zusammenkunft. Für regelmäßige Bedürfnisse braucht man oft nur das Aufblitzen eines Gedankens, und die Gebetshandlung ist erledigt, weil sie zur zweiten Natur geworden ist.

»Man macht sich erst im Geist von dem jeweiligen Zustand ein klares und vollendetes Bild, das dem Hohen Selbst als Gedankenformen zur Benutzung bei der Zukunftsgestaltung dargeboten wird... Nachdem die Mana-Hochladung vorgenommen wurde, behalten wir den Befehlswunsch im Gedächtnis, um das Untere Selbst zu veranlassen, durch Aktivierung der Aka-Verbindungsschnur Kontakt zum Hohen Selbst herzustellen. Dann rufen wir das vorbereitete visuelle Bild vom erwünschten Zustand als *Erinnerung* ab. Dadurch gelangen die Gedankenformen des Zustandes in den Brennpunkt des Bewußtseins. Dann bitten wir darum, die visualisierten und erwünschten Zustände in die Zukunft einzubauen, so daß sie bald als Realitäten in der Gegenwart erscheinen. Zum Beispiel: ›Ich bitte darum, daß der Zustand normalen Sehvermögens in meiner Zukunft Realität wird. Ich werde dann in jeder Hinsicht ausgezeichnet und ganz normal sehen können, und das bleibt mein ganzes Leben lang so.‹ Man könnte den Zustand, den man sich in der Zukunft vorstellt, in allen Einzelheiten beschreiben und fast Wort für Wort dreimal gelassen, zuversichtlich und voll Vertrauen in das Ergebnis wiederholen.

In der Regel verspürt man bei dem Versuch, Kontakt zum Hohen Selbst herzustellen, zumindest einmal (vielleicht als Beweis dafür, daß der Kontakt hergestellt worden ist) plötzlich eine starke freudige Erregung, die sehr emotionsgeladen sein könnte, weil das Untere Selbst (das alle Emotionen kontrolliert) beteiligt ist. Tränen können einem vor Freude in die Augen kommen. Es ist ein ekstatischer Zustand, über den die Mystiker aller Länder Aufzeichnungen hinterlassen haben. Er ist sehr real, völlig unverwechselbar und an sich schon ausgesprochen lohnend. Er könnte eine Ahnung sein von einer höheren Oktave der Liebe, die wir auf dieser Ebene kennenlernen – der höheren, selbstloseren Liebe. Wenn eines Tages die Zeit der Übungen vorüber ist und man jedesmal sicher sein kann, daß die Gebetshandlung gründlich und richtig vorgenommen wird, mag eine einzige Bitte um etwas, das man begehrt, ausreichend sein und kann so stehenbleiben, während wir in Treu und Glauben darauf warten, daß das, was wir begehrt haben, erscheint. Als Anfänger können wir jedoch nur immer unsere Gebetshandlungen wiederholen und jedesmal versuchen, sie noch vollendeter durchzuführen, bis wir beginnen, durch Antworten Ergebnisse zu erzielen. Es dauert seine Zeit. Beginnt man mit einfachen Dingen, kommen die Antworten schneller. Ich kannte einen alten Herrn, dessen Uhr eigentlich schon abgelaufen war und der mit einer Hand die Hand seines *aumakua* fest umklammert hielt. Bei seiner Arbeit verlor er ständig seinen Hammer bzw. seine Werkzeuge. Da machte er jedesmal eine Pause, um zu beten, daß ihm beim Finden des verlorengegangenen Werkzeugs geholfen werden soll, und ich habe es nie erlebt, daß er das Werkzeug nicht auch bald darauf fand. Es scheint wohl eine Tatsache zu sein, daß wir um fast jede kleine Hilfe bitten dürfen.«

Wenn Sie das Pendel zur Kommunikation mit Ihrem Unteren Selbst als angenehm und natürlich empfinden, können Sie es benutzen, um auf Ihre Fragen korrekte positive und negative Antworten zu bekommen. Sie könnten bei Ihrem Unteren Selbst erfahren, ob es eine hohe Aufladung vorgenommen und Kontakt zum Hohen Selbst hergestellt hat. Machen Sie sich aber nicht abhängig vom Pendel. Entwickeln Sie Ihre eigene, intuitive Kommunikation, und Sie erhalten von Ihrem Unteren Selbst die Antworten unverzüglich, ohne ein Werkzeug benutzen zu müssen. Das beschleunigt auch Ihre spirituelle Entwicklung, die ja nicht von mechanischen Instrumenten abhängen kann.

Die Wichtigkeit des körperlichen Reizes

Nachdem Max Freedom Long die Arbeit mehrerer Heiler beobachtet hatte*, »kam er zu dem Schluß, daß für eine erfolgreiche Heilung mehr als eine große Hochladung von Mana notwendig ist«. Heiler nehmen große Mana-Hochladungen gewöhnlich ganz natürlich vor. Viele arbeiten mit dem Handauflegen oder halten zumindest ihre Hände dicht an den Körper des Patienten. Sie könnten auch das Vaterunser als Teil des Heilungsrituals beten. Tests haben gezeigt, daß ihre Mana-Ladung mehrfach höher sein mag als normal und daß sie diese Ladung danach noch eine Stunde oder länger speichern können. Die Heilungseigenschaften mögen zwar ausgezeichnet sein, aber gewöhnlich müssen die Behandlungen täglich über einen langen Zeitraum hinweg fortgesetzt werden. Zu oft dauert die Heilung nicht an, und die Krankheit kommt wieder. Andere Heiler haben das Problem, daß sie nach den Sitzungen erschöpft sind. Das kommt daher, weil sie ihren normalen Mana-Vorrat und keine hohe Aufladung benutzen.

Solche Heiler benutzen nur das Mana vom Unteren Selbst und nehmen keine vollständige Gebetshandlung vor, bei der das Mana-Loa des Hohen Selbst verwendet wird. Mana dient in erster Linie dazu, daß man sich körperlich, geistig und emotional wohl fühlt, hat aber auch Heilkraft, wenn es beispielsweise wie bei der Heilungsberührung direkt angewandt wird. Doch Heilung kommt vom Hohen Selbst und erfordert die uneingeschränkte, harmonische Zusammenarbeit aller drei Selbste.

* *HRA Bulletin* 27 (1. März 1950), S. 8.

Die Arbeit von Heilern »könnte durch Training und Praxis bedeutend verbessert werden, indem man das richtige Bild der Gedankenformen vom geheilten Zustand schafft und es auf den Strom zum Patienten projiziert. Bis jetzt wurde der Anteil des körperlichen Reizes fast gänzlich ignoriert, und dadurch war die Effizienz der Heilung sehr eingeschränkt. Wenn der Heiler den Patienten mit Mana füllt, geschieht wenig, wenn nicht dem *unihipili* des Patienten sehr gründlich und deutlich bewußtgemacht wird, was mit jenem Mana durch Korrektur der körperlichen Mißstände zu tun ist. Alle Rituale der älteren Kirchen und der Kahunas waren darauf gerichtet, dem Unteren Selbst etwas einzuprägen. Es reicht nicht aus, die Hand aufzulegen und das Vaterunser zu beten. Der ›George‹ des Patienten hat normalerweise gelernt, das Vaterunser nur so herunterzurasseln und infolge dieses Herunterrasselns kein Ergebnis zu erwarten. Da das Vaterunser in der Vergangenheit keinerlei Erfolg gebracht hat, entsteht eine Barriere gegen die Hilfe, welche das Hohe Selbst unverzüglich bieten könnte.

Das Gebet ist kein ›Denken‹, sondern eine Verbindung zwischen dem Denken und einer Geste bzw. einer körperlichen Bewegung des Unteren Selbst – Mana wird geschaffen und gegeben.«

Die Entdeckung dieses Prinzips ist möglicherweise das wichtigste Ergebnis in Max Freedom Longs Erforschung der Hunâ-»Geheimnisse«. In der Diskussion darüber erklärte er: »Wir sollten ein körperliches Ritual erfinden, das so eindeutig ist, daß seine Durchführung die gesamte Konzentration des Unteren Selbst in Anspruch nehmen und es so daran hindern würde, ziellos mit Ihnen durch die Gebetshandlung zu gehen, während sein Verstand hinter den Kulissen in Wirklichkeit mit etwas völlig anderem beschäftigt ist.« Dann könnten wir mit der Hunâ-Gebetshandlung in der Tat Wunder vollbringen.

Zu Longs Verblüffung und Bestürzung forderten einige Hunâ-Mitglieder unverzüglich ein Exemplar mit der Beschreibung dieses Rituals an, um mit ihm für sich und ihre Freunde Wunder zu vollbringen. Ich habe die Erfahrung auch gemacht, als ich in einem Artikel über Hunâ diese Feststellung zitierte bzw. in einer Vorlesung die wesentlichen Bestandteile der Gebetshandlung beschrieb. Da haben Leser schriftlich um ein Exemplar mit der Beschreibung jenes »wundersamen Rituals« gebeten.
Solche Leute haben offensichtlich nicht begriffen, worum es geht.
Hunâ ist etwas sehr Individuelles. Das zeigt sich besonders am Gebrauch des körperlichen Reizes, um die Aufmerksamkeit des Unteren Selbst zu erregen. Was mein Unteres Selbst beeindruckt, bemerkt Ihres vielleicht nicht einmal. Über das, was mein Unteres Selbst ernst nimmt, lacht sich Ihres vielleicht tot. Rituale und Zeremonien, Opfer und Gaben, Fasten und Entbehrungen, Tribute und Gottesdienste benutzte man jahrtausendelang in religiösen Praktiken. Wir haben keinen Grund, weiter herausfinden zu wollen, warum einige seltsame Praktiken in Religionen benutzt wurden. Ohne zu wissen, warum, brauchten die Religionen solche Akte, um das Unterbewußtsein der Gläubigen anzusprechen, und das ist das Untere Selbst.
»Vorbereitendes Fasten mit aufrichtigem Bemühen um Wiedergutmachungen für Kränkungen anderer oder um allgemeine Wiedergutmachung für Mängel und Fehler gehören zu unserer Geste, um ein erfolgreiches Gebet zu beginnen. Ich weiß keine andere Möglichkeit, um das hartnäckig nüchterne Untere Selbst davon zu überzeugen, daß es und sein Herr nur dann eine Antwort auf ein Gebet verdienen, wenn körperliche Akte als körperlicher Reiz benutzt werden. Man denke daran, Glaube ohne Arbeit… Wo Liebe und starkes emotionales Begehren beim Beten nicht zu verspüren sind, kann

man sicher sein, daß das Untere Selbst von sich aus nichts tut und das Gebet ergebnislos bleibt.«*

Vergleichbare Begriffe für Mana

Ich habe mich lange nach Hinweisen auf die Lebenskraft bzw. Lebensenergie, die wir Mana nennen, umgesehen. Das Konzept ist universell, aber viele, wenn nicht sogar die meisten Begriffe haben eine sehr spezielle, begrenzte Bedeutung und beruhen auf der Forschungstätigkeit desjenigen, der den jeweiligen Begriff wählt.

Einige stammen aus anderen uralten Traditionen, und andere werden von modernen Verfassern benutzt. Selbst das Wort Mana findet man in soziologischen Diskussionen über »primitive« Kulturen. Es wird gewöhnlich als mysteriöse Macht beschrieben, die lediglich gewisse Stammeshäuptlinge bzw. Religionsführer hatten. Es wurde durch außergewöhnliche Maßnahmen geschützt und nur an ausgewählte Nachfolger weitergegeben. Es gab eine Spur dieses Glaubens unter den polynesischen Völkern, sogar auf Hawaii. Es ist wieder einer jener Teile des »geheimen« Wissens, das vertraulich behandelt wurde, um zu verhindern, daß andere, insbesondere ausländische Feinde, die Macht an sich reißen könnten. Es war auch ein Schutz für diejenigen, die Macht über das Volk ausübten und nicht wußten, daß ihnen diese Macht ganz natürlich zustand und sie nur wissen mußten, daß sie sie nutzen konnten.

Wahrscheinlich eines der ältesten »Äquivalente« ist *Prana*, was im Hindi »absolute Energie« bedeutet. Da Yoga-Unterricht und Yoga-Praxis in allen Teilen der westlichen Welt beliebt sind, haben wir ein besseres Verständnis für Energie, die verstärkt und geleitet werden kann. Manche Leute prak-

* *Growing into Light*, S. 59.

tizieren Yoga ohne die geistige Disziplin und versäumen daher den Vorteil der von ihnen gewählten Techniken. Aus Indien kennen wir auch *Akasha*. Genauso alt und besonders wichtig als Grundlage für ein ganzes Gesundheitssystem ist *Ch'i*, das durch die Kanäle oder Meridiane im Körper fließt und mit Akupunkturstichen am Körper manipuliert werden kann. Die Chinesen kannten auch das *Wu li*. Die japanischen Äquivalente sind *Ki* und *Reiki*. Hippokrates, der »Vater der Medizin«, dessen Maxime ebenfalls »Niemals schaden« lautete, betrachtete die Heilkraft als *Vis medicatrix Naturae*, nämlich die Heilkraft der Natur. Das war seine Bezeichnung für die medizinische Wissenschaft, die er auch *Vis naturalis* nannte. Andere Begriffe aus früheren Zeiten sind das mysteriöse *Manna*, das Jahwe den Israeliten in der Wüste schickte; *Ruach* und *El* stammen ebenfalls von den Hebräern; Jesus besaß *Mana*, d. h. »Heilkraft«, mit der er eine kranke Frau heilte, die den Saum seines Gewandes berührte; *Ka* und *Sekhem* stammen von den Ägyptern; *Telesma* von Hermes Trismegistos; *Pneuma* (= »Atem« oder »Geist«) kommt von Galenus und den Griechen, die auch noch *Speira*, *Dynamis* und *Ambrosia* (= »unsterblich«) beisteuerten. Wir haben *Archaeus* (= »die Kraft zur Einweihung«) von Paracelsus, *Nous* (= »Geist«) von Plato, die *Causa formans* von Aristoteles und den Heiligen Geist (= »den ganzen Atem«) von den Christen, die ihn personifizierten.

Die Römer hatten *Numen* (= »die Zustimmung des Mächtigen«), die Sufis und die Berber in Marokko hatten *Baraka*, die Germanen *Wodan*, bei Galen war es die *Facultas formatrix* (= »die schöpferische Fähigkeit«); *Huaca* hatten die Peruaner, *Atua* (= »Götter«) die Maori von Neuseeland wie *Akua* im Hawaiischen.

Psychotronische (biotronische) Energie	Tschechen
Kerei	Indonesien
Tondi	Sumatra
Arunquiltha (Churinga)	australische Aborigines
Zogo	australische Stämme an der Torres-Meeresstraße
Badi	Malaya
Labuni	Gelaria von Neuguinea
Ani (Han)	Ponape-Inseln (Pazifik)
Andriamanitra	Melagasy (Philippinen)
Anut	Insel Kusaie (Pazifik)
Yaris	Insel Tobi (Pazifik)
Tinh	Annamiten in Vietnam
Megbe	Pygmäen am Ituri
Rlun	Kalahari-Buschmänner
Elima	Nkundu in Belgisch-Kongo
Mungo	Afrika
Wong	Afrikaner an der Goldküste
Mulungu	Yaps in Zentralafrika
Ngai	Masai in Afrika
Njom	Ekoi in Afrika
Ayik	Elgonyi in Afrika
Manitou	Algonkin
Wakan	Sioux
Wakonda	Omaha
Maxpe	Crow
Digin	Navaho
Dige	Apachen
Hullo	Chickasaw
Orenda	Irokesen
Sila	Eskimos

Elan vital	Henri Bergson
Mumia	Paracelsus
Vitalfluß	Alchemisten im Mittelalter
Magnetisches Fluidum (animalischer Magnetismus)	Anton Mesmer
Odische Kraft (Od, Odyle)	Baron Karl von Reichenbach
Nervenäther	Richardson
Biokosmische Energie (»di-elektrisch«)	Dr. Oscar Brunler, G. Patrick Flanagan
Orgon-Energie	Dr. Wilhelm Reich
Universale Lebenskraft	Baron Eugene Ferson
Lebenskraft	Luigi Galvani, Dr. med. Aubrey T. Westlake
Kosmisch-elektrische Energie	Dr. med. George Starr White
Äthertrizität (Traumkraft)	Gaston Burridge
Astrallicht (Jesod)	H. P. Blavatsky (Kabbalisten)
Spiritus	Robert Fludd
Entelechie	Hans Driesch
Arealoha	Frances Nixon
Kirlian-Effekt	Semjon Kirlian
Eloptische Energie	T. Galen Hieronymus
Vril	Bulwer-Lytton
Hormische Energie	Wm. McDougall
Vitalmagnetismus	Dr. Charles Littlefield
Formative Energie	Paul Kammerer
Bioplasma	Russen
Dynamis	Samuel Hahnemann (Homöopathie)

X-Kraft	E. E. Eeman
Kraft X	Col. Marcus McCausland
Magnale Magnum	Jan Baptista von Helmont
Gestaltung	J. W. von Goethe
Ektoplasma	Charles Richet
Motorkraft	John Worrell Keely
Neurische Energie	E. Barety
Libido	Sigmund Freud
Ätherische Bildungskräfte	Rudolf Steiner
N-Strahlen	Prosper Blondlot
Universion	Georges Lakhovsky
Mitogenetische Strahlung	Alexander Gurwitsch
Negative Entropie	Erwin Schrödinger
Psi-Kraft	J. B. Rhine
Quasi-elektrostatisches Feld	Henry Margenau
Synergie	Buckminster Fuller
Paraelektrizität	Ambrose Worrall
Neutrinomeer	Paul Dirac
Noetische Energie	Charles Muses
Magnet-Elektrizität	William T. Tiller
Die Kraft	»Star-Wars«-Filme

Fast alle diese scheinbaren Äquivalente für Mana haben eines gemeinsam: Die meisten von ihnen sind nur für die Forscher, deren unmittelbare Nachfolger und Schüler bzw. für die Kultur von praktischem Nutzen, in der diese Konzepte regulär zur traditionellen Praxis gehören. *Ch'i* und *Prana* scheinen Ausnahmen zu sein.

Mana, wie es im Hunâ-System benutzt wird, kann verstanden, erzeugt, verstärkt und speziellen Personen, Orten und Gegenständen zugeleitet werden. Es wird als Lebenskraft betrachtet und hat je nach den Erfordernissen der drei Selbste drei Schwingungsebenen. Es kann durch Gedanken gesteigert werden, und jedes der drei Selbste benutzt es in unterschiedlicher Weise.

Ohne Mana gibt es kein Leben. Wo der Mana-Vorrat beschränkt ist, gibt es keine Gesundheit, keine Stärke bzw. kein Wachstum in irgendeinem Lebensbereich. Wo Mana reichlich vorhanden ist, finden wir Glück, Gesundheit, Harmonie, und es herrscht Zufriedenheit über die effektive Erreichung von Zielen und den Fortschritt im spirituellen Wachstum.

KAPITEL 7

Die Zukunft bestimmen

Beginnen Sie damit, daß Sie annehmen, es gebe ein Hohes Selbst. Hunâ verlangt nicht, daß man an seine Lehren glaubt, da jedes Konzept erst durch eigene Erfahrung bewiesen werden muß. Betrachten Sie das Hohe Selbst daher als »Arbeitstheorie«, bis Sie wissen, daß es existiert, auf der Ebene über dem Bewußtsein immer bei Ihnen ist und daß über Ihr unteres Selbst Kontakt zu ihm hergestellt werden kann. Wenn Sie die richtigen »Betmethoden« kennen, wird ein gründlich geplantes Gebetsbild mit Mana aufgeladen und an Ihr Hohes Selbst geschickt. Das veranlaßt dann die Materialisierung dieses Bildes in Ihrem Leben. Die Bestätigung kommt von Ihrem Hohen Selbst, und dann werden Sie wissen und keinen Zweifel mehr haben. Wenn Sie erst Beweise verlangen, könnte es geschehen, daß sich das Wissen, welches Sie suchen, Ihnen entzieht.

Worum können wir beten?

Wir müssen prüfen, was für unsere Zukunft festgelegt und in sie eingebaut werden kann, sei es als langfristiges Aufbauprojekt oder für unmittelbare Bedürfnisse. Vielleicht sind uns gewisse Dogmen beigebracht worden, worum man beten darf. Wir glauben möglicherweise ganz fest, daß wir arm bleiben müssen und nicht um Reichtum oder andere gute Dinge für uns beten dürfen, wenn wir »spirituell« sein wollen. »Selbstsüchtigkeit« wird sehr angeprangert, und doch brauchen wir Gesundheit und finanzielle Mittel, um anderen besser helfen zu können. Um unseren »Nächsten wie uns selbst« zu lieben, müssen wir erst einmal uns selbst lieben.

Das Hunâ-Ideal eines Lebens, in dem wir nie schaden und immer helfen, kennt nur eine Einschränkung für unsere Zukunftsplanungen und für die Bitten, die wir in Gebetshandlungen an das Hohe Selbst richten: Niemand darf verletzt werden.
Hunâ ist ein einfaches und praktisches System und stammt von einem Volk, das in sehr natürlicher Weise nach seinen Grundsätzen gelebt hat. Wir bieten keine geistigen Höhenflüge bzw. übertriebene idealistische Versprechungen sowie auch keine Erwartungen, die wir später vielleicht zurücknehmen müssen. Unser Ideal ist es, ein glückliches, gesundes und produktives Leben auf so natürliche Weise zu führen, daß dies unser Normalzustand wird. Es ist dies kein gewöhnliches Leben auf gut Glück, bei dem wir akzeptieren, was gerade so kommt. Hunâ lehrt, unser Leben bewußt in die Hand zu nehmen und aus ihm das zu machen, was wir wollen. Wir stellen uns für unser normales Leben vor, daß wir kerngesund sind. Wir halten es für normal, daß alles, was wir im Leben brauchen, reichlich vorhanden ist. Wir stellen uns vor, daß wir in unserem persönlichen Leben, in unseren Beziehungen wie auch in unserem Berufsleben möglichst viel erreichen.
Um dorthin zu kommen, brauchen wir ein harmonisches und effizientes Verhältnis zwischen unseren drei Selbsten. Wenn diese wie ein Team zusammenarbeiten, ihre Aufgaben entsprechend ihren individuellen Talenten erfüllen, wird unser »Normalzustand« darin bestehen, jeden Tag eine sehr hohe Lebensqualität zu haben.
Bei der Arbeit mit unseren drei Selbsten bekommen wir eine wertvolle Einsicht, was wir als Ideal auf jeder Ebene erwarten sollen. Dieses Wissen verhindert Schuldgefühle und Ängste, durch die viele Menschen unglücklich werden. Die drei Selbste haben jedes einen anderen Bewußtseins-, Wachstums- und Entwicklungsstand. Was für das im physischen

Körper lebende Untere Selbst richtig ist, mag für das fortgeschrittene Mittlere Selbst und das weisere Hohe Selbst möglicherweise nicht richtig sein. Wir kritisieren uns vielleicht ungerechterweise, weil wir gewisse Gedanken und Handlungen von »uns« erwarten, ohne uns darüber im klaren zu sein, welches Selbst das tut, was wir nicht wollen. Wenn wir uns schelten, ein »schlechtes Gedächtnis« zu haben, nehmen wir uns möglicherweise vor, unserem Geist auf die Sprünge zu helfen, damit er effizienter arbeitet. Das Erinnerungsvermögen ist eine natürliche Funktion des Unteren Selbst, und wir haben ein vollendetes Erinnerungsvermögen. Das Untere Selbst schreckt vielleicht zurück, wenn wir es mit Worten kritisieren; und falls es dieselbe Emotion später noch einmal verspürt, versteckt es sich vielleicht, wenn es wieder um eine Erinnerung gebeten wird. Das Mittlere Selbst hat überhaupt kein Erinnerungsvermögen und muß sich deshalb völlig auf das Untere Selbst verlassen. Das Mittlere Selbst kann »abrufen«, wenn es eine Erinnerung braucht. Wir haben den Falschen gescholten! Sie sehen also, wie wichtig es ist, daß das Untere und das Mittlere Selbst uneingeschränkt und harmonisch zusammenarbeiten, damit wir ein effizientes Erinnerungsvermögen haben.
Wir müssen entscheiden, auf welcher Ebene wir leben wollen und auf welcher Ebene die von uns erwünschten Zustände funktionieren sollen:

1. Dem unteren Selbst sollte beigebracht werden, andere nicht zu verletzen, und es muß ihm sein natürlicher Hang abtrainiert werden, bei allem, was es tut, danach zu gehen, ob es das mag oder nicht, sowie immer erst mit negativen Emotionen wie Gier und Ärger bzw. Schuldgefühl und Furcht zu reagieren. Das Untere Selbst, das anderen gewöhnlich nicht absichtlich weh tut, aber es doch macht, weil es eigene Wünsche zu befriedigen sucht, muß das

Ideal des Nichtverletzens erst erlernen. Es hat auch starke positive Emotionen wie Liebe, Verlangen, Freude und Glücklichsein. Diese sollen gepflegt werden, denn sie haben für das Gute in unserem Leben eine große Macht.

2. Das Mittlere Selbst kann einen Schritt über die Regel des Nichtverletzens hinausgehen und lernen, mit anderen hilfsbereit zusammenzuleben und zu arbeiten. Das ist das Prinzip des Dienens. Das Mittlere Selbst kann seine Logik und seine Intelligenz nutzen, um zu erkennen, daß es gut und wünschenswert ist, anderen zu Diensten zu sein. Es kann und muß Entscheidungen treffen und kann seine Willenskraft ausüben. Da es die volle Verantwortung für das Leben trägt, kann nur das Mittlere Selbst unser Leben bewußt kontrollieren und unsere Handlungen in die von uns gewünschte Zukunft lenken. Wenn es versäumt, die Kontrolle zu übernehmen oder Entscheidungen zu treffen, treiben wir wie ein Schiff ohne Steuermann hin und her. Dann darf das Untere Selbst, das von Leiten und Entscheiden nichts versteht, die Richtung bestimmen. Es wechselt abrupt und häufig, so wie die Emotionen wechseln.
3. Das Hohe Selbst ist schon so weit fortgeschritten, daß Lieben etwas Natürliches und uneingeschränktes Dienen die Regel für sein Dasein sind. Was immer wir für uns und andere erbitten, wird von ihm freudig gegeben. Das Hohe Selbst ist bereit und fähig, uns zu jeder Zeit in allem zu helfen. Wir brauchen nur darum zu bitten. Da wir um die hohe Daseinsebene wissen, die für das Hohe Selbst etwas Natürliches ist, können wir einiges von diesem Ideal für die beiden niedrigeren Selbste übernehmen, wenn wir durch unsere Erfahrungen während unseres Erdenlebens Fortschritte machen. Wir sind nicht dazu da, ein Hohes Selbst zu »werden«, wie ich das von einigen Leuten gehört habe. Das Hohe Selbst ist immer ein Teil von uns, und in diesem Leben streben wir nicht danach, nur eines von unseren

drei Selbsten zu werden. Wir wollen gern die Eigenschaften des Hohen Selbst in unserem Leben haben. Das erreichen wir, indem wir das Hohe Selbst immer in jeden Bereich unseres täglichen Lebens einbeziehen. Wir schikken nicht nur unsere sorgfältig entworfenen Gebetsbilder an das Hohe Selbst, damit sie in unser Leben eingebaut werden können, sondern wir trachten auch nach seiner Anleitung, wenn wir Entscheidungen für unsere Zukunft treffen.

Sie müssen die natürliche Lebensweise jedes der drei Selbste erkennen und versuchen, in Übereinstimmung mit den Idealen zu leben, die für jede Ebene gelten. Wir haben daher keine Erwartungen und werden uns nicht wundern, daß das Untere und das Mittlere Selbst andere Ideale befolgen. Dieses Wissen liefert uns ein wichtiges Werkzeug für Verbesserungen auf all diesen Ebenen und zur Verwirklichung des Ideals, nie zu verletzen und immer zu helfen.

Wir stellen fest, daß wir zum »normalen« Leben viele Dinge benötigen und uns wünschen. Darüber hinaus ist das Beten zu einer höheren Intelligenz »praktisch«, wenn wir versuchen, unsere Bedürfnisse zu befriedigen, denn wir brauchen Hilfe, um diese Dinge für uns, für unsere Familien und Freunde oder sogar für die Welt zu bekommen.

Im Lichte dieser Vorstellungen können wir unbesorgt und ohne weiteres um alles bitten, was normal und gut für uns und die Menschen um uns ist. Wir sollten nicht um Dinge bitten, welche die Lebensregeln der drei Selbste und ihre Lebens- und Wachstumsebenen verletzen würden. Das wäre ein Verstoß gegen die Regel des Nichtverletzens, der hilfsbereiten Zusammenarbeit in der Familie und im Gruppenleben bzw. des Liebens und der Bereitschaft, anderen zu dienen.

Wir müssen ein gerechtes Leben so führen, wie wir auf der Ebene des Mittleren Selbst Gerechtigkeit verstehen, und nicht, wie das Untere Selbst sie sich vorstellt. Das Hohe Selbst ist das Ideal, auf das wir in unseren gemeinsamen Anstrengungen um ein besseres Leben auf Erden und für unser spirituelles Wachstum zuarbeiten sollten. In diesem Leben sollen wir nicht die Frage vernachlässigen, welches der richtige Platz für unser Unteres und unser Mittleres Selbst ist. Wir trachten danach, daß jedes Selbst sein Bestes erreicht.

Wir wollen während unseres Erdenlebens genauso wenig Hohe Selbste werden, wie wir nur als Untere Selbste gänzlich auf der physischen, emotionalen Ebene oder als Mittlere Selbste ausschließlich auf der logischen, intellektuellen Ebene leben möchten. Unser Ziel auf Erden ist es, eine komplette Dreiheit zu sein, bei der die drei Selbste in einer Einheit für ein ergebnisreiches, ausgefülltes und glückliches Leben zusammenarbeiten. Hunâ bietet zwar Hilfe bei der Lösung besonderer, negativer Situationen, aber wichtiger ist die Hilfe, die es Ihnen gibt, damit Sie all Ihre Möglichkeiten als Einzelperson zur Entfaltung bringen können.

Wenn wir darüber entscheiden, was in unsere Zukunft eingebaut werden soll, müssen wir immer daran denken, daß wir bei möglichen Veränderungen, die andere mit uns tragen müssen, niemandem unseren Willen aufzwingen dürfen. Die Kahunas hielten es anscheinend für das Wichtigste, daß sich jeder um seine eigenen Angelegenheiten kümmert. Das Hohe Selbst nannten sie *aumakua*, d. h. »der ausgesprochen vertrauenswürdige, elterliche Geist selbst«. Man kann sich darauf verlassen, daß das Hohe Selbst dem Mittleren Selbst nicht den freien Willen entzieht und daß es erbetene Hilfe zu gewähren vermag. Das Mittlere Selbst kann sehr intelligente, logische und rationale Entscheidungen treffen, die nicht gut für uns sind! Es muß uns erlaubt sein, solche Fehler zu machen, damit wir aus Erfahrungen lernen können. Würde das Hohe Selbst automatisch jede falsche Entscheidung des

Mittleren Selbst oder jeden schädlichen Wunsch des Unteren Selbst verhindern, gäbe es kein Wachstum. Wir lernen aber nicht nur aus unseren Fehlern oder schmerzhaften Erfahrungen. Auch werden uns solche Erfahrungen nicht vom Hohen Selbst geschickt, um uns Lektionen zu verpassen. Unsere Erfahrungen sind natürliche Vorkommnisse in unserem Erdenleben. Viele von ihnen können wir kontrollieren, aber einige kommen ohne Vorwarnung zu uns. Wir sind hier, um aus angenehmen und unerwünschten Erfahrungen, aus Erfolgen und Mißerfolgen zu lernen. Wenn wir das Hohe Selbst um Hilfe bitten, beteiligt es sich an unseren irdischen Dingen. Dann können wir auf allen Ebenen besseren Fortschritt in unserer Entwicklung machen.

Wirkt sich das Handeln eines anderen Menschen nachteilig auf unser Leben aus, könnten wir darum bitten, die schlechten Auswirkungen des Umgangs mit ihm zu verändern. Wir könnten uns ohne weiteres vorstellen, künftig von diesen Auswirkungen befreit zu sein. Wir könnten darum bitten, daß andere geleitet und unterstützt werden, um bessere Möglichkeiten und Bedingungen zu bekommen, besonders wenn wir bereit sind, nach besten Kräften zu helfen, ohne anderen Menschen unseren Willen aufzwingen zu wollen.

Gruppen und Familien haben den zusätzlichen Vorteil, daß sich die Hohen Selbste der Gruppenmitglieder miteinander verbinden, um zum Gemeinwohl zusammenzuarbeiten. Sie alle zusammen kennen wir als *poe aumakua*, d.h. »Große Gemeinschaft aller Hohen Selbste«. Wenn Sie jemandem Hilfe anbieten, könnten Sie auch sein Hohes Selbst bitten, ihm bei der Erfüllung des Gewünschten zu helfen. Eltern könnten um die Hilfe durch ihre Hohen Selbste und durch die der Familienmitglieder bitten. Kollektives Arbeiten vervielfältigt die Kraft, die für Probleme oder Ziele von Gruppen eingebracht wird.

Wenn wir um etwas bitten, das einen anderen verletzt,

machen wir die Hilfe seines Hohen Selbst unmöglich. Das Hohe Selbst wacht zwar über uns, arbeitet aber nicht aktiv gegen jemanden. Wir können die Mitarbeit des Hohen Selbst eines anderen Menschen in Dingen bekommen, die von beiderseitigem Vorteil sind. Aber wenn wir ihm schaden, bekommen wir sie nicht.
Wenn Sie entscheiden, was in Ihre Zukunft eingebaut werden soll, beginnen Sie damit, daß Sie um Anleitung bitten, und ersuchen Sie das Hohe Selbst, sich an Ihrem Leben zu beteiligen. Während des Hunâ-Studiums stellen Sie vielleicht fest, daß Sie sich treiben ließen, die Dinge genommen haben, wie sie kamen, ohne bestimmte Ziele über die kleinen Pläne für die nächste Zukunft hinaus gehabt zu haben. Oder vielleicht sind Sie von einem Lehrsystem zum anderen gelaufen, hatten zwar gelegentlich Erfolge, haben jedoch kein System vollständig genutzt. Pläne für spätere Jahre sind den Problemen vielleicht nicht gewachsen oder sind so verschwommen und werden häufig verändert, da Sie wunderlicherweise meinen, sie hätten wenig Erfolg.
Stellen Sie sich vor, wie Sie vielleicht in zehn oder zwanzig Jahren sind. Das mag schwierig sein, aber es ist die Pflicht Ihres Mittleren Selbst, sich für eine Zukunft zu entscheiden und auf sie zuzuarbeiten. Der Hang, sich treiben zu lassen, jeden Tag ziellos dahinzuleben bzw. sich wenig Gedanken darüber zu machen, was es zu tun gibt, mag größer sein, als Sie erwarten. Alte Gewohnheiten müssen erkannt und bewußt verändert werden. Einige schrieben mir: »Es ist so leicht, ziellos in die alte Lebensweise zurückzufallen, selbst wenn man eine bessere kennt.« Wenn dies geschieht, wissen wir, daß wir die neue Gewohnheit nicht entschieden genug zu einem natürlichen Bestandteil unseres Lebens gemacht haben.
Oder vielleicht war die Notwendigkeit, Veränderungen in Ihrem Leben vorzunehmen, groß genug, so daß Sie ständig

daran gearbeitet haben. Aber selbst wenn Ihnen alles im Augenblick gut genug vorkommt, könnten Sie noch mehr Erfolg haben, wenn Sie eine fortgesetzte Verbesserung der künftigen Zustände planen. Da wir einen freien Willen haben, wird unsere Zukunft fast automatisch für uns im voraus aus unseren Gedanken, Plänen, Hoffnungen, Ängsten wie auch aus denen unserer Freunde und Familienangehörigen geformt. Wenn wir keine bewußten Entscheidungen treffen, treffen wir sie gedankenlos, ohne Vernunft oder Intelligenz. Durch mangelnde Entschlußfähigkeit werden unsere ungeprüften Gedanken in Verbindung mit Emotionen und Wünschen unser Lebensplan! Unsere Welt, unser Leben und unsere Zukunft hängen von den Plänen des Mittleren Selbst und den Wünschen des Unteren Selbst ab. Diese Pläne und Wünsche, einschließlich unserer Ängste, werden zu Gedankenformen aus Schattenkörpersubstanz, die das Hohe Selbst automatisch benutzt, wenn es die Zukunft für uns gestaltet. Wirre und widersprüchliche Botschaften an unser Hohes Selbst machen auch die Ergebnisse konfus und unproduktiv. Hunâ spricht von den Gedankenformen als von »Saaten«, die das auf der nächsthöheren Bewußtseinsebene arbeitende Hohe Selbst übernimmt und zu künftigen Vorkommnissen und Bedingungen unseres Lebens entwickelt.

»Die Kahunas hielten es für sehr wichtig, daß sich jeder möglichst oft Zeit nimmt, um über sein Leben nachzudenken und genau zu bestimmen, was er tun wollte oder was geschehen sollte, weil er es so wollte. Der Durchschnittsmensch ist zu sehr geneigt, dem Unteren Selbst das Steuer zu überlassen. Das ist gefährlich, denn das Untere Selbst lebt in einer Welt, wo die Dinge unlogisch und wie durch Zufall geschehen. Es ist Aufgabe und Pflicht des Mittleren Selbst als Führer des Unteren Selbst, seine induktive Urteilskraft und seinen Willen zu nutzen, um Pläne für die Lebensaufgabe aufzustellen und darauf zu achten, daß entsprechende An-

strengungen unternommen werden, um nach diesen Plänen zu arbeiten.
Der Durchschnittsmensch, besonders der emotional veranlagte (was darauf verweist, daß das untere Selbst bei ihm zu sehr zu bestimmen hat), ändert zu oft seine Pläne und wechselt seine Wünsche. Das Ergebnis sind widersprüchliche Gedankenformen von Plänen, Wünschen und Befürchtungen, aus denen das Hohe Selbst notgedrungen ein Gemisch künftiger Ereignisse macht, das auch unbefriedigend und unbestimmt ist.«*
Schauen Sie zurück auf Ihr Leben, und sehen Sie nach, wie oft es viel besser gewesen wäre, wenn Sie sorgfältig geplant und stetig in eine Richtung gebaut hätten, anstatt zuzulassen, daß vorübergehende Einflüsse Sie hin und her trieben. Versuchen Sie, bei der Entscheidung für Ihre Zukunft aus zurückliegenden Erfahrungen Nutzen zu ziehen.
Hierin liegt eines der wichtigsten »Geheimnisse«, von denen Sie erfahren werden. Wenn Ihre Gebetshandlungen Hilfe für andere einschließen, bekommen Sie von den Hohen Selbsten schnellere und großzügigere Antworten. An der heiligen Stätte von Lourdes und an anderen Wallfahrtsorten wurden am häufigsten und am wundersamsten immer diejenigen geheilt, die dorthin gegangen sind, um mehr für andere als für sich zu beten. Verlassen Sie Ihre gewohnte Bahn, um denen, die niemand mag, die völlig unwürdig sind, sowie auch denen, die Sie mögen und die es verdienen, in irgendeiner Weise zu helfen, und Sie erfahren die Dankbarkeit der Hohen Selbste, die endlos über diese Menschen trauern, aber nicht helfen dürfen – außer in unbedeutender Weise –, wenn sie nicht direkt darum gebeten werden. Nehmen Sie Kontakt auf zu zehn solchen Hohen Selbsten, und Sie bekommen Schutz und Hilfe für die Bittenden. Seien Sie bereit, zu tun,

* *The Secret Science Behind Miracles*, S. 169.

was Sie können, um der Welt zu helfen, und Sie haben das Ohr der Großen Gemeinschaft der Hohen Selbste. Aber Sie müssen sehr aufrichtig sein. Dienen sollte man nicht auf die leichte Schulter nehmen, und Worte ohne Taten bedeuten oft nichts.

Wenden Sie gesunden Menschenverstand an. Es ist nur vernünftig (so schätzt dies das Mittlere Selbst ein), das größere Bild von Weltfrieden und Verbesserungen, bei dem Sie, Ihr Heim, Ihre Familie und Ihre Freunde glücklich den Mittelpunkt bilden, in das Gebetsbild für Ihr Leben aufzunehmen. Mit dem schönen Gebet »Die Große Invokation/Das große Welt-Friedensgebet« kann man ausgezeichnet darüber meditieren. Tausende haben es weltweit in der Hoffnung benutzt, bessere Bedingungen für die Welt herbeizuführen. Es drückt auch die Hunâ-Vorstellung vom Licht als einem Symbol für das Hohe Selbst aus.

Die offizielle deutsche Übersetzung vom »Lucis Trust« in New York lautet:

Die große Invokation

Das große Welt-Friedensgebet

Aus dem Quell des Lichts im Denken Gottes
ströme Licht herab ins Menschendenken.
Es werde Licht auf Erden!

Aus dem Quell der Liebe im Herzen Gottes
ströme Liebe aus in alle Menschenherzen.
Möge Christus wiederkommen auf Erden!

Aus dem Zentrum, das den Willen Gottes kennt,
lenke plan-beseelte Kraft die kleinen Menschenwillen
zu dem Endziel, dem die Meister wissend dienen!

Durch das Zentrum, das wir Menschheit nennen,
entfalte sich der Plan der Liebe und des Lichtes
und siegle zu die Tür zum Übel!

Mögen Licht und Liebe und Kraft
den Plan auf Erden wiederherstellen!*

Wir können sicher sein, daß das Hohe Selbst seine Lektion hinsichtlich Integration und Zusammenschluß gut gelernt hat und daß es auf seiner Ebene mit all den anderen Hohen Selbsten vereint ist, auch wenn es integraler Bestandteil eines aus drei Selbsten bestehenden Menschen bleibt. Alles Gute, was wir im Leben tun sollen, haben die Hohen Selbste gelernt zu tun. Sie sind eine unversiegbare Quelle von Hilfe und Anleitung, wenn wir nur darum bitten.

Sich für eine neue Zukunft zu entscheiden ist eine sehr ernste Sache, aber es ist ganz so, als gehe man sich einen neuen Anzug oder ein neues Kleid kaufen. Nachdem Sie unter Ihren Freunden und unter denen, die als gut gekleidet gelten, festgestellt haben, wie die Tagesmode aussieht, versuchen Sie, sich vorzustellen, daß Sie auch so gekleidet sind. Nehmen Sie Anzug für Anzug, und stellen Sie sich in jedem einzelnen vor, bis Ihnen gefällt, was Sie sehen. So lächerlich dieses Beispiel auch erscheinen mag, ist es doch das richtige, um eine Zukunft zu finden, die zu Ihnen paßt. Stellen Sie sich eine vor, und probieren Sie sie aus. Betrachten Sie sich in Gedanken im Spiegel, und achten Sie auf die Wirkung. Vergessen Sie nicht, sich auch im emotionalen Spiegel des Unteren Selbst zu betrachten. Das ist ebenso wichtig. Tragen Sie den Anzug eine Zeitlang. Werden Sie der, den Sie sich vorstellen, und projizieren Sie sich lange genug in diesem »Anzug«, um zu sehen, wie er Ihnen gefällt. Stellen

* Verbreitet von World Goodwill, einer Organisation im Dienste von »Lucis Trust« in New York City, USA.

Sie fest, ob Sie sich in ihm längere Zeit wohl fühlen und zufrieden sind.
Ein Beispiel: Nehmen wir an, Sie möchten ein großer Künstler, Autor oder Lehrer sein. Stellen Sie sich als einen solchen vor, gehen Sie dann über den Höhepunkt eines erregenden triumphalen Sieges hinaus, und stellen Sie fest, ob die bloße Tatsache, daß Sie in der gewählten Richtung erfolgreich waren, an sich ausreicht, damit sich die Anstrengung lohnt. Denken Sie nun noch an einige der weniger angenehmen Teile solcher Laufbahnen – lange Vorbereitungen, Stunden und Tage mit zuweilen ermüdender Arbeit vor dem Vergnügen des Anerkanntwerdens in einer Galerie, dem Verkauf Ihrer Werke bzw. vor der Veröffentlichung eines Buches von Ihnen oder bevor Sie sehen, daß Ihre Schüler Erfolg in ihren Karrieren haben. Oder stellen Sie sich vor, Sie sind beeindruckt von der großartigen Möglichkeit, Arzt oder Heiler zu sein. Wenn dem so ist, dann tun Sie, als wären Sie es geworden. Sehen Sie sich in Ihrer Phantasie um, und betrachten Sie Ihr Sprechzimmer, oder erkennen Sie, daß Sie keines haben. Sehen Sie das Wartezimmer voller Patienten Tag für Tag, und hören Sie die Notrufe Nacht für Nacht. Stellen Sie fest, ob dieses Dienen Sie zum glücklichsten aller Menschen machen und Ihre besten Möglichkeiten zur Entfaltung bringen würde.
Es ist Platz auf der Welt für jede Art von Leben. Seien Sie sehr praktisch, aber folgen Sie auch Ihrem Traum. Seien Sie vor allem ehrlich zu sich selbst. Wenn Sie feststellen, daß Sie sich in einem Samtanzug mit goldener Borte oder im Ärztekittel unwohl fühlen, dann legen Sie sie beiseite. Treffen Sie Ihre eigene Wahl. Nehmen Sie sich dazu die Zeit, die Sie brauchen. Machen Sie sich Notizen, wenn Sie das wünschen, und ändern Sie sie immer wieder, bis Ihre Blaupause genau so ist, wie Sie sie wollen. Wenn Sie sich anfangs zu vielen Punkten nicht entscheiden können, entscheiden Sie sich

eben nur zu einigen wenigen und fügen andere später hinzu, wenn Sie in Ihrem Aufbauprojekt vorankommen. Wenn Sie auf einen Plan zugearbeitet haben, der nun eindeutig doch nicht der richtige ist, fürchten Sie sich nicht, neu zu beginnen. Machen Sie sich aber darauf gefaßt, einige bereits errichtete Strukturen niederreißen zu müssen, wenn Sie Änderungen in Ihrer Blaupause vornehmen. Unerwartete Schwierigkeiten, die aufzutreten scheinen, nachdem Sie sich klar dafür entschieden haben, positive Pläne für Ihr Leben zu machen, sollten Sie nicht mißverstehen. Geben Sie die Schuld nicht dem neuen System, das Sie sich ausgesucht haben. Aller Wahrscheinlichkeit nach handelt es sich um das Wegräumen von Trümmern der alten Struktur, die niedergerissen wurde, damit Platz wird für die, an der Sie bauen.

Bei einem sehr lieben, sehr verständnisvollen und sehr treuen Freund finden Sie vielleicht ein offenes Ohr, um über diese Sache zu reden. Seien Sie aber sehr vorsichtig. Wenn Sie wahllos mit Freunden und Bekannten darüber reden, besonders wenn diese nicht so gut im Hunâ bewandert sind wie Sie, kann es geschehen, daß diese Leute solch eine Mauer von Zweifeln, Fragen und Verwirrung um Sie errichten, daß Sie nie in der Lage sein werden, sich zu entscheiden. Statt dessen könnten Sie der Versuchung erliegen, den Versuch ganz aufzugeben.

Noch eine Warnung aus langjähriger kollektiver Erfahrung der Hunâ-Schüler: Wenn Sie sich in erster Linie deshalb ins Hunâ stürzen, weil Sie ein Problem haben, das sofort und mit absoluter Sicherheit gelöst werden muß, sollten Sie lieber versuchen, dieses Problem auf andere Weise zu lösen, und Ihre Beschäftigung mit Hunâ für Dinge vorbehalten, zu deren Vorbereitung Sie sich mehr Zeit nehmen können. Eine Situation, die Sie schon lange Zeit in Ihre Zukunft hineingebaut haben, kann oft nicht in sehr kurzer Zeit völlig niedergerissen und durch eine andere ersetzt werden, besonders dann, wenn Sie noch nicht gelernt haben, die Hunâ-Techniken effektiv zu nutzen. Verlassen Sie sich bei einem solchen Problem nicht auf schnelle »Wunder«. Es besteht die Gefahr, daß Sie Ihr Problem zu einem Testfall machen und zu falschen Schlüssen gelangen, wenn es sich nicht so entwikkelt, wie Sie's gern hätten. Worauf Sie sich vorbereiten, ist eine Lebensweise, die Ihnen zur Gewohnheit wird und in der Sie alles so machen werden, wie es Ihrer Natur entspricht. Da muß erst noch vieles zurechtgerückt werden.

Letztendlich hängen die Ergebnisse von Ihnen und von Ihrer Fähigkeit und Entschlossenheit ab, die notwendige Zeit an Übungen und Selbsterziehung aufzubringen. Es ist zwar immer hilfreich, sich mit anderen Hunâ-Schülern und -Praktikern zu unterhalten, aber es ist nicht immer möglich, welche zu finden. Jeder von uns steht oder fällt mit dem Schwung, der hinter dem Drang oder dem Bedürfnis steht.

Übung

Wenn Sie es bereits gewöhnt sind, Ihr Leben zu planen, Erfahrungen gründlich auszuwerten und Zukunftspläne so zu ändern, daß Sie zu dem Vorbild passen, welches Sie ausgewählt haben, bekommen Sie mit Hunâ eine durchschlagende Methode, um Ihre Effizienz zu erhöhen. Möglicherweise stellen Sie fest, daß die Hunâ-Grundprinzipien Ihrer augenblicklichen Lebensweise ähneln. Dann wird die Hunâ-Lehre Ihnen diese Prinzipien und Techniken klarmachen und Ihnen vielleicht noch neue vermitteln, die Ihnen behilflich sind, das Niveau Ihres «normalen Lebens« anzuheben. Haben Sie dagegen bisher in den Tag hineingelebt, wenig geplant und die Richtung Ihres Lebens bzw. alle Geschehnisse dem Zufall überlassen, können Sie nun mit Hunâ Leben und Schicksal bewußt kontrollieren. Das erfordert Übung, bis Ihnen Hunâ zur täglichen Praxis wird.

Das Mittlere Selbst

1. Wählen Sie für diese Übung ein Ziel, das Sie schon lange erreichen wollten. Seien Sie so genau wie möglich. Gehen Sie bei Ihrer Entscheidung von Gedanken aus wie »Ich wollte schon immer nach Hawaii« oder »Ich wollte eigentlich immer Künstler werden«.
2. Denken Sie immer daran, daß Sie dieses Ziel überprüfen, um zu bestimmen, ob Sie sich endgültig dafür entscheiden wollen, an seiner Erreichung zu arbeiten. Dann betrachten Sie das Ziel vom Standpunkt jedes der drei Selbste.
3. Benutzen Sie Vernunft, Logik und intelligentes Denken, um zu bestimmen, ob Ihnen das Ziel etwas bringt. Wägen Sie seine Vor- und Nachteile sowie auch seine praktische Seite ab.
4. Stellen Sie sich nun vor, daß Sie tun, was zu dem Ziel führt. Stellen Sie sich vor, wie Sie und andere, die auch mit diesem Ziel zu tun haben, dies tun. Sie bauen ein geistiges Bild dessen auf, wie etwas sein könnte, wenn das Ziel erreicht ist. Das Mittlere Selbst weiß, daß Sie das Ziel allerdings nur auf geistiger Ebene erreicht haben.

Das Untere Selbst

5. Lassen Sie den schon lange gehegten Wunsch stärker werden, wenn das Untere Selbst aufgeregt wird, als sei das Ziel bereits erreicht. Benutzen Sie Ihre Phantasie, um die Emotion realer zu gestalten. Das Mittlere Selbst behält die Kontrolle, so daß Sie wissen, es ist nur ein Tagtraum. Machen Sie ihn mit allen möglichen Emotionen und Sinneseindrücken noch realer. Denken Sie an die Erfahrungen, die Sie auf Ihren Wunsch gebracht haben. Erleben Sie noch einmal die damaligen Emotionen.

Das mittlere Selbst

6. Beobachten Sie die emotionalen Reaktionen auf alle Teile des Bildes, das Sie sich vorstellen. Stellen Sie fest, ob diese alle positiv sind und Sie sich dadurch glücklich fühlen und erregt sind. Stellen Sie fest, ob das Untere Selbst nicht vielleicht zögert, sich über das geschaffene Bild zu freuen. Hat es auch nur das geringste Angst- oder Schuldgefühl, oder meint es, das Gewünschte nicht verdient zu haben?
7. Notieren Sie alle Teile des Bildes, die positive bzw. negative Reaktionen haben, so daß Sie diese bei Ihrer Beschlußfassung auswerten können.
8. Bitten Sie Ihr Hohes Selbst um Anleitung bei der Beschlußfassung zu Ihrem Ziel. Das Hohe Selbst ist stets bereit, Ihnen bei allem, was Sie benötigen, zu helfen, jedoch ist das Mittlere Selbst verpflichtet, darum zu bitten.
9. Bleiben Sie ruhig, und lassen Sie Eindrücke von Ihrem Hohen Selbst über sich kommen. Gehen Sie davon aus, daß die Anleitung in Form einfacher Vorkommnisse Ihres Lebens zu Ihnen gelangt. Wenn Sie Anleitung erwarten, werden Sie sie schon erkennen.

Das Hohe Selbst

10. Die Anleitung kommt vom Hohen Selbst ruhig und subtil als Gedanke, Eindruck oder einfacher Vorfall.

Das Mittlere Selbst

11. Werten Sie die obigen Erfahrungen aus, und entscheiden Sie, ob Sie auf das besprochene Ziel zuarbeiten werden. Möglicherweise sind Änderungen erforderlich, oder aber es muß ein ganz anderes Ziel gewählt werden. Verschwenden Sie jedoch keine kostbare Zeit und Energie,

um über ein Ziel nachzudenken, das Ihnen nicht gefällt. Wenn Sie meinen, es sei das richtige Ziel, können Sie positive Schritte unternehmen, um es zu erreichen. Es beginnt damit, daß Sie es sich vorstellen. Nach der Entscheidung beginnen Sie mit der Hunâ-Gebetshandlung.

KAPITEL 8

Das Gebetsbild entwerfen

Der Gedanke des »Weges« ist ein sehr altes Symbol. Die Kahunas sprachen bei Fixierungen im Unteren Selbst vom »Blockieren des Weges« oder vom »zehrenden Begleiter«. Die Fixierungen konnten Krankheiten verursachen, oder – und das schien den Kahunas noch wichtiger zu sein –, sie »blockierten den Weg« der Aka-Schnur zum Hohen Selbst, über die Mana und Gedankenformen des Gebetes befördert werden. »Weg« heißt auf hawaiisch *a-la* und bedeutet »zum Licht«. Das Hohe Selbst wird als »Licht« symbolisiert, und so wird der Aka-Verbindungsfaden mit dem Wort »Weg« beschrieben. In der Gebetshandlung sind zuerst alle Kränkungen oder Ungerechtigkeiten, von denen man weiß, ungeschehen zu machen. Um den symbolischen »Pfad« für den Kontakt mit dem Hohen Selbst »klar und gerade zu machen«, wenden Sie sich an das Untere Selbst, damit seine Komplexe oder Schuldfixierungen beseitigt werden; dies gilt insoweit, als das Mittlere Selbst (nicht das Untere Selbst) davon betroffen ist. Die Fixierungen sind »Steine am Weg«, und ihre Beseitigung wird *ka-la* (»Wiederherstellung des Lichts«) oder Freimachen des Weges genannt. Beachten Sie, daß beide Wörter den Stamm *la* (= »Licht«) haben. Das ist wichtig. Erst muß die Vorbereitung kommen.

Ausschlaggebend für die Hunâ-Gebetshandlung ist, daß das gründlich geplante Bild der Gedankenform genau zu dem paßt, was Sie anstreben. Einmalig ist an dieser Idee, wie dieses Bild im Hunâ benutzt wird, um es Wirklichkeit werden zu lassen. Es ist wie ein Plan, den ein Baumeister verwendet. Mit dem Entwurf der Gedankenform vom erwünschten künftigen Zustand bzw. Ziel läßt das Hohe Selbst die Struktur in unsere Lebenssubstanz einbauen. Bekommt das Hohe Selbst aber nur lauter verzerrte Bilder, die wie Schnappschüsse einer unscharf eingestellten Kamera wirken, wird das Ergebnis verschwommen und unklar. Wenn Zweifel und Angst mit hineinkommen und die Details immer wieder geändert werden, wird auf der Ebene des Hohen Selbst kein endgültiger Plan für die Zukunft registriert. Da wir für das Mittlere Selbst den freien Willen haben, versucht das Hohe Selbst daher, jedes Bild und jede Abänderung auszuführen, und so ist das Ergebnis ebenfalls ein Durcheinander. Manchmal materialisiert sich das für die Zukunft Erhoffte und manchmal auch nicht. Je nachdem. Das hängt dann von unserem Plan bzw. davon ab, daß keiner da ist.

Beim ersten Schritt muß detailliert und präzise mit Worten beschrieben werden, wofür gearbeitet werden soll. Es ist endgültig zu entscheiden, was gewünscht wird, und dann sind alle Teile eingehend zu inspizieren, wenn Sie jedes Detail des Grundrisses klären wollen. Sie haben sich selbst in die Situation zu versetzen, auf die Sie zuarbeiten, und müssen überprüfen, wie dies auf Sie und jeden Betroffenen wirkt. Wenn noch andere betroffen sind, bedeutet dies, daß viel mehr in Betracht zu ziehen ist. Freiheit heißt niemals, in die Rechte anderer einzugreifen. Ein Problem zu lösen oder einen Wunsch zu erfüllen, der Sie allein betrifft, ist viel leichter, als die Einzelheiten eines Problems bzw. eines Wunsches zu erarbeiten, an dem eine bzw. mehrere andere Personen beteiligt sind. Wenn Sie allein leben und in eine größere, schickere Wohnung bzw. in ein Haus umziehen oder sich beispielsweise einen Sportwagen kaufen wollen, bleiben die notwendigen Vorkehrungen für die Anzahlung und die Ratenzahlungen meist Ihnen allein überlassen. Haben Sie jedoch eine Familie, sind mehrere Personen betroffen, und deren Wohlergehen ist auch mit zu berücksichtigen. Sie müssen sich fragen: Wie steht's mit der Nachbarschaft, den

Spielmöglichkeiten für die Kinder, dem Schulweg, den Lebensmittelgeschäften und anderen normalen Gegebenheiten, die das Familienleben erfordert? Wenn Sie eine Familie haben, werden Sie sich wohl eher einen Kombi- als einen Sportwagen anschaffen müssen. Oder was ist, wenn Sie auf Ihrer Arbeitsstelle befördert werden möchten? Wie wirkt das auf den, der die Stellung augenblicklich hat? Möglicherweise könnte er auf eine Stelle versetzt werden, die ihm lieber wäre? Oder vielleicht kämen Sie nur auf seine Stelle, wenn Sie ihn ausbooten! Das widerspräche dem Ideal »Niemals verletzen«. Versetzen Sie sich möglichst genau in das Bild, und sehen Sie sich die neue Situation so gründlich an, wie Sie nur können. Beschreiben Sie sie in Worten, und versuchen Sie dann, die Beschreibung in möglichst wenig Worte zu fassen, so daß sie Sie nur noch an das Gesamtbild erinnert. Nun beginnt der zweite Schritt, der im Grunde ein Teil des ersten ist. Bei der Ausarbeitung der Beschreibung zeichnen Sie im Geiste ein Bild von der erwünschten Situation. Der visuelle Grundriß könnte auch der Beschreibung in Worten vorangehen. Das wäre die »Arbeitszeichnung«. Dann käme die »Blaupause« (der Plan). Die kann als Bild der Gedankenform mit Mana aufgeladen und an das Hohe Selbst geschickt werden. Wenn dieses Bild mit ausreichend Mana aufgeladen ist, gibt es dem Hohen Selbst die Möglichkeit, aus ihm Realität zu machen. Das nennt man häufig Visualisierung und ist »Denken in Bildern und Worten«. Bildliches Denken ist etwas ganz Natürliches bei Kindern, und die Umsetzung in Worte muß erst erlernt werden. Seltsamerweise wird uns beigebracht, möglichst wenig in Bildern zu denken, da man das Schwergewicht in unserem Erziehungssystem auf Worte legt. Beide sind aber wichtig. Worte dienen als körperliche Reize, um dem Unteren Selbst das Bild einzuprägen, denn das Untere Selbst denkt ja in Bildern. Worte helfen uns, zu beschreiben, was wir vollbringen wollen, und festzustellen,

ob wir bei der Vorbereitung unserer Gebetshandlung Probleme haben.
Eine wichtige Voraussetzung für eine effektive Gebetshandlung ist das genaue Bild, das zu unserer sorgfältig in Worten ausgearbeiteten Beschreibung paßt. Beim Bau eines Hauses teilt man dem Architekten das, was man sich in der neuen Struktur wünscht, dadurch mit, daß man die verschiedenen Punkte mit Worten beschreibt. Das eine Bild hat vielleicht ein paar von den Merkmalen, die Sie wollen; aber den anderen Teil des Hauses stellen Sie sich möglicherweise ganz anders vor. Ein anderes Bild aus der Mustersammlung des Architekten beschreibt vielleicht annähernd, wie ein gewisses Zimmer Ihrer Meinung nach aussehen sollte, aber Sie können dann mit Worten beschreiben, wie es verändert werden soll. Schließlich bringt der Architekt mit Planung und Beschreibung alles zusammen in eine »Arbeitszeichnung«. Die müssen Sie dann noch im Detail durchgehen und dabei herausfinden, welche Bereiche doch noch nicht genau dem entsprechen, was Sie in dem Haus wollen. Endlich sind alle Entscheidungen getroffen, der Bauplan wird nach Ihren Angaben gezeichnet. Dann und erst dann können den Bauleuten die Pläne in die Hand gegeben werden.
So ist es mit Ihren Gebetsbildern. Gründliche Vorbereitung ist erforderlich, jedes Detail ist auszufeilen und dann an das Hohe Selbst zu schicken, damit gebaut werden kann. Das ist der große Unterschied zwischen der Hunâ-Methode und anderen Arten von »Gebeten«. Es erfordert Zeit und Arbeit, ist ein Gebet des Handelns, ein ganz anderes Gebet als die »vergebliche Wiederholung« des »Heiden«. Eigentlich ist es mehr wie das »inständige Gebet eines Gerechten« (d. h. ein machtvolles, Ergebnisse bringendes Gebet eines Mannes, der richtig betet). Manchen Leuten fällt das leicht, andere haben viel Schwierigkeiten. Eine lebhafte Vorstellungskraft kann beim Visualisierungsprozeß sehr nützlich sein. Sie müssen

sich in der gewünschten Situation sehen oder sich auf alles freuen, was Ihnen das Erhoffte bringt. Erinnerungen an Sachen oder Ereignisse enthalten deren Erscheinungsbild, Geschmack, Geruch, Gefühl, Temperatur und Platz in Raum und Zeit sowie den rationalen Bezug zu allen damit verbundenen Ereignissen. Deshalb sollte ein gutes geistiges Bild von einem künftigen Zustand all diese Aspekte haben. Lassen Sie bei der Vorstellung all Ihre Sinne mitarbeiten: Wie werden Sie sich fühlen, wenn Sie das neue Haus oder das neue Auto haben? Sie sollten ein Hochgefühl neuer Kraft verspüren, wenn Sie das Bild von sich projizieren, wie Sie wieder gesund und energiegeladen sind – die neue Arbeitsstelle – oder was immer Sie brauchen oder wollen. Wenn Ihnen das nicht leichtfällt, könnten Sie diese Fertigkeit mit einer Visualisierungsübung entwickeln.

Visualisierungsübung

Beginnen Sie mit einer sehr einfachen Form oder einem Gegenstand, den Sie sehen. Schließen Sie die Augen und versuchen Sie, die Form vor Ihrem geistigen Auge genau so zu sehen, wie Sie sie vorher gesehen haben. Denken Sie daran, daß der Verstand sieht. Nicht die Augen. Die registrieren nur den Impuls. Wählen Sie nun eine Farbe und sehen Sie sich diese an. Versuchen Sie danach, sich mit Ihrem geistigen Auge genau an den Farbton zu erinnern. Probieren Sie dasselbe mit dem Geruchsorgan aus. Denken Sie an ein wohlriechendes Parfüm, das Sie mögen, oder an den Duft Ihrer Lieblingsspeise. Nehmen Sie nötigenfalls eine kleine Prise davon, entfernen Sie sich dann aus der Reichweite des Duftes, und riechen Sie nun aus dem Gedächtnis. Wechseln Sie dann zu etwas Komplizierterem über, z. B. zu einer anderen Form, einer ganzen Szene oder zu einem Gemälde. Nehmen Sie etwas, an dem mehrere Sinne beteiligt sind, etwa eine Kerze, die vielleicht ein texturiertes Muster plus Farbe plus Flamme plus Duft hat. Sehen Sie sich kurz an, wie mehrere Gegenstände auf einem Tisch angeordnet sind, und versuchen Sie dann, die Szene im Kopf zu rekonstruieren. Während der Übung können Sie jederzeit die Augen öffnen, um zu überprüfen, wie genau Sie sich alles vorstellen, oder um Ihre Erinnerung aufzufrischen. Sie könnten sich auch vorstellen, eine große Filmleinwand vor sich zu haben, wenn Sie die gerade erst beobachtete Szene vor Ihrem »geistigen Auge« sehen wollen. Wir haben festgestellt, daß Fixierungen entstehen, wenn Erinnerungen mit Emotionen behaftet sind. Wenn Sie also versuchen, mit etwas zu üben, was Sie mögen und was mit einer Emotion behaftet sein kann – eine Lieblingsfigurine oder eine Fotografie –, ist das noch besser.

Wenn Sie die obigen Vorschläge ausprobieren und doch noch keine Bilder im Geiste sehen, gehören Sie möglicherweise zu denen, die sich an nichts in Bildern erinnern können. Das ist bei einigen Menschen ganz normal, und Sie sollten sich deswegen keine Sorgen machen. Arbeiten Sie ganz einfach mit der gründlich geplanten Beschreibung in Worten, und machen Sie sich nichts daraus, wenn Sie vor Ihrem geistigen Auge kein Bild sehen. Das klappt auch so. Mit einiger Übung können Sie Ihre Visualisierungsfähigkeit entwickeln. Je mehr Sinne Sie einsetzen, um so mehr kommt dabei heraus. Sie arbeiten ja daran, das gewünschte Bild bzw. eine Beschreibung in Worten durch starke Suggestion vermittels des Mittleren Selbst, Ihres bewußten Ichs, auf das Untere Selbst zu projizieren und es zu bitten, dies an das Hohe Selbst zu schicken, damit es Wirklichkeit werde. Je klarer das Bild, um so genauer die Ergebnisse. Vor allem haben Sie vorher zu entscheiden, was Sie erreichen wollen und müssen den Plan möglichst effizient wie eine Blaupause ausarbeiten.

Wenn Sie beispielsweise zu visualisieren versuchen, daß der teure Sportwagen Ihres Nachbarn in Ihrer Garage steht, dann nehmen Sie bitte nicht in Ihr Bild auf, daß ihm sein Wagen weggenommen wird und er ihn verliert. Wenn er Ihnen den Wagen verkaufen will, weil er sich einen anderen anschaffen möchte, können Sie sich auf ein Geschäft konzentrieren, das beiden Nutzen brächte. Denken Sie immer daran, daß Sie das, worum es geht, viel leichter erreichen, wenn Sie noch jemanden in Ihre Gebetshandlung mit einbeziehen. Wenn Sie wissen, daß Ihr Nachbar nach einem anderen Wagen Ausschau hält, können Sie das in Ihr Bild mit aufnehmen und visualisieren, daß der Wagen, den Sie gern haben möchten, aufgrund einer Abmachung, die Sie beide zufriedenstellt, in Ihrer Garage steht. Wenn Sie aber ein Haus bzw. einen Wagen erwerben wollen, die Ihre Mittel weit überschreiten, müssen Sie alle Details eines solchen Bildes in Ihre Visualisierung aufnehmen. Es mag Ihnen möglicherweise leichtfallen, sich den Sportwagen in die Garage zu stellen, aber können Sie denn auch die hohen Monatsraten aufbringen? Das bedeutet nicht, daß Ihre Ziele nicht sehr hochgesteckt sein sollten. Das sollten sie schon. Aber nehmen Sie in Ihr Gebetsbild auf, daß Sie den Wagen halten, die Raten zahlen oder genügend Geld aus einer unbekannten Quelle beziehen, so daß Sie ihn sofort bezahlen können.

In den meisten Fällen sollten Sie nicht bestimmen, wie das Hohe Selbst Ihr Bild zu Wirklichkeit macht. Ein Grundstücksmakler hat einmal versucht, ein teures Haus zu verkaufen, und hat mit Hunâ-Methoden das Haus als verkauft visualisiert. Er hatte einen Interessenten. Nun fragte er mich, ob es richtig und gut wäre, zu diesem Zweck Hunâ-Prinzipien zu benutzen. Ich versicherte ihm darauf, dies sei ausgesprochen in Ordnung, solange bei dem Geschäft niemand verletzt werde, beispielsweise indem er starken Druck ausübt, damit der Käufer einen Vertrag unterzeichnet, den er vielleicht nicht einhalten kann. Der Grundstücksmakler visualisierte, wie der interessierte Käufer mit einem Scheck für die

Anzahlung auf ihn zukam und den Vertrag unterzeichnete. Er hat nie wieder etwas von diesem Mann gehört, und nun sollte ich mit herausbekommen, was er falsch gemacht hatte. Ich schlug ihm vor, sich nicht genau vorzustellen, wer das Haus kauft. Bei anderen Gelegenheiten mochte dies richtig sein, wie z. B. dort, wo Max Freedom Long berichtet, wie er sein Fotogeschäft an den einzigen in Frage kommenden Käufer verkaufte. Als mein Freund visualisierte, daß das Geschäft abgeschlossen war und er seine Provision in der Hand hatte, erschien unerwartet ein Käufer und kaufte das Haus, ohne es sich überhaupt erst angesehen zu haben! Der Grundstücksmakler hatte sich eben die richtige Familie vorgestellt, die dort lebte und die liebliche Umgebung genoß. Wie später berichtet wurde, schienen der Mann und seine Frau damit sehr zufrieden zu sein. In einer anderen Situation hat ein Freund, der etwas von Hunâ versteht, ein Haus an einen Grundstücksmakler übergeben, aber die ganze Zeit einen Käufer visualisiert, der kommen und sofort an dem Haus interessiert sein würde. Das Bild enthielt auch die Tatsache, daß es sich in dem Haus bequem und angenehm wohnen läßt und der Käufer sehr zufrieden sein würde, dort zu leben. Es kam genau so und gerade zu der Zeit, als die Transaktion dringend notwendig wurde. Die Wahl des richtigen Zeitpunktes ist etwas, woran das Untere Selbst große Freude zu haben scheint.

Das Gebetsbild als verwirklicht zu visualisieren bedeutet aber nicht, daß Sie versuchen sollten, Ihrem Unteren Selbst einzureden, Sie hätten das erwünschte Ergebnis bereits. Das Untere Selbst weiß sehr gut, daß das Gebetsbild eigentlich doch noch nicht verwirklicht worden ist. Aber während der Gebetshandlung müssen Sie das Bild so visualisieren, als wäre es verwirklicht, so daß Sie im Grunde mit dem Glauben beten, das Bild sei »erfüllt«. Ein Architekt zeichnet keine unvollkommene Blaupause und läßt die Bauleute damit arbeiten. Erst vollendet er das Bild in jedem Detail, und dann arbeiten die Bauleute Schritt für Schritt damit. Aber das Bild muß genau erklären, wie das fertiggestellte Produkt sein soll. In Gedankenformen aus Aka-Substanz machen Sie eine Gußform von dem neuen Zustand. Ungewollte Zustände werden Sie niederreißen müssen. Die alte Gußform muß aufgebrochen werden, bevor die neue an ihre Stelle treten kann. Wenn man eine neue Gußform bzw. Blaupause nimmt, ohne die alte beseitigt zu haben, wird ganz konfus ein Teil von der einen und ein Teil von der anderen aufgebaut. Sie müssen lernen, die Hunâ-Methoden sachverständig zu benutzen, sich möglichst gut konzentrieren zu können (das heißt, die Gußformen für die Gedankenformen zu machen) sowie die Mana-Aufladungen vorzunehmen und zu benutzen. Erst müssen Sie sich aber vorbereiten.

Sie müssen Geduld haben und sich darüber im klaren sein, daß körperliche Zustände, finanzielle Situationen oder in Jahren entwickelte Umstände, wenn wir sie einmal als Pflanzen betrachten, vielleicht sehr lange brauchen, bis wir sie im Garten der Zukunft ausgraben können. Kalkulieren Sie dazu Zeit ein. Das Bild vom Saatausbringen hilft Ihnen sehr, Hunâ zu verstehen. Der Boden muß vorbereitet werden; pflanzen Sie dann die Saat, und bringen Sie geduldig Wasser (Mana), damit das Hohe Selbst die zarte neue Pflanze gießen und sie für Sie so weit heranwachsen lassen kann, daß sie Frucht bringt. Zweifel stoppt den zarten kleinen Trieb, und neue Saat muß ausgebracht werden. Die Saat ist das Äquivalent für das Bild bzw. die Blaupause in den obigen Darstellungen. Der Glaube weiß, daß die Saat eingebracht worden ist, bereits potentiell die gewünschte Pflanze enthält, sich dazu jedoch erst zu einer bestimmten Zeit in der Zukunft entwikkelt. Er läßt die winzig kleine Pflanze im Boden und beobachtet, weil er weiß, daß sie Zeit zum Wachsen braucht, bevor man sie sehen kann. Der Zweifel jedoch reißt die Saat

heraus, um nachzusehen, ob sie keimt, und er wundert sich, warum sie nicht wächst, wenn die Wurzeln immer wieder gestört werden.
Die biblische Parabel* vom Ausbringen der Saat ist voller Hunâ-Symbolismus. Ein Mann bringt die Saat in den Boden. Dann geht er seinen Geschäften nach. Inzwischen keimt und wächst die Saat. Er weiß nicht, wie dies geschieht, und er macht sich auch keine Sorgen um die Saat, nachdem sie in den vorbereiteten Boden eingebracht worden ist. Die Erde läßt sie wachsen und Früchte tragen. Wenn die Ernte soweit ist, bekommt der Mann unverzüglich die Ergebnisse seines Säens. Die bekanntere Version** zeigt ganz deutlich, daß die Saat in guten Boden eingebracht werden muß, um Ergebnisse (Frucht) hervorzubringen, und daß die Qualität des Bodens die Menge des Produkts bestimmt. Aber die Qualität der Saat bestimmt, was für eine Frucht entsteht.
»Die Saat ist das geistige Bild vom Gewünschten und nicht von der gegenwärtigen Unvollkommenheit... Die erwünschte Zukunft muß visualisiert werden, als sei sie jetzt gegenwärtig, wenn auch nur im Bild der Gedankenform ›Saat‹«***

Zusammengefaßt sieht das Ganze so aus:

1. Der Boden wird vorbereitet. Durch Kala, Glauben, Arbeit und Dienen bereiten Sie sich vor.
2. Die Saat wird ausgebracht. Überzeugen Sie sich davon, daß Sie die richtige Saat für die Frucht haben, die Sie ernten wollen.
3. »Vergessen Sie sie.« Vergessen Sie die Saat, nachdem Sie sie gepflanzt haben.

* Markus-Evangelium 4, 26-29.
** Matthäus-Evangelium 13, 3-8, 18-23.
*** *The Secret Science at Work*, S. 100.

Der Sämann in der Parabel macht sich keine weiteren Sorgen um die Saat. Graben Sie die Saat (das Bild der Gedankenform) nicht aus, um nachzusehen, ob sie wächst. Sie kümmern sich jetzt um den Boden. Er wurde richtig vorbereitet, muß aber nun bewässert werden. Das ist im Hunâ das Symbol für Mana. Zweifelt man am Ergebnis (negative Mutmaßungen oder mangelnder Glaube) sogar dann noch, wenn sich die Ergebnisse schon zeigen, kann das den Ernteertrag zunichte machen oder verringern. Wenn die Saat gekeimt hat und über dem Boden eine Pflanze zu sehen ist, kommt die erwünschte Frucht nicht zustande, wenn sie jeden Tag herausgezogen wird, um die Wurzeln zu überprüfen.

4. Bewässern Sie die Wurzeln durch den Boden. Da wir »loslassen« und »die Saat vergessen« müssen, eignet sich die Zeit vor dem Schlafengehen gut für die Gebetshandlung. Da kann dem Unteren Selbst der Gebetswunsch übergeben werden, und fast unverzüglich danach wird das Mittlere Selbst durch den Schlaf inaktiv, so daß sich das Untere Selbst um seine Angelegenheiten kümmern kann. Aber achten Sie darauf, das Gebet richtig abzuschließen, bevor Sie einschlafen. Mit der Gebetshandlung wird die Saat ausgebracht und dann regelmäßig gegossen. Das Gebetsbild wird genauso wie die Saat, nachdem sie erst einmal in einer Gebetsaktion ausgebracht worden ist, nicht mehr gestört oder verändert. Die tägliche Wiederholung der Gebetshandlung ist das Gießen des Bodens.
5. Bringen Sie die Ernte ein. Sie bekommen, was Sie erwarten – und nur so, wie Sie gesät haben.

Beachten Sie, wie wichtig das Handeln ist. Sie müssen handeln. Der Sämann muß die Saat in die Erde werfen. Der Boden mag bereit und die Saat zur Hand sein, doch wenn die Saat nicht in den Boden eingebracht wird, kann weder

Pflanze noch Frucht entstehen. Handeln ist notwendig. Folglich benutzen wir den Begriff Gebetshandlung. Dabei handeln alle drei Selbste, und jedes leistet seinen Beitrag auf seiner Ebene.

Auf hawaiisch heißt »Saat« *ano-ano*. Das ist ein Gleichnis bzw. ein Bild von einer Sache und verweist damit auf das geistige Bild als Gleichnis für die Dinge, die das Hohe Selbst auf unser Bitten hin herbeiführen soll. Es bedeutet auch »verändern« oder »umgestalten« und meint damit, wie das geistige Bild dem Hohen Selbst dargeboten wird, damit es materialisiert werden kann und an die Stelle der ungewollten Sache bzw. des ungewollten Zustandes tritt. Das Bild Gesundheit soll beispielsweise an die Stelle der augenblicklichen Krankheit treten und gestaltet die Krankheit um. Eine andere Bedeutung ist »beiseite legen« oder »weihen«. Das geschieht ja mit dem Bild von der Saat, wenn es dem Hohen Selbst übergeben wird. Mana wird dabei geweiht und benutzt, damit die Saat wachsen kann. Mit der Parabel* von der Saat auf felsigem Grund ist die Vergeudung von Saat gemeint. Das wird allgemein immer mißverstanden. Gemeint ist die Verschwendung, indem wir falsche Gedanken denken und allem Ausdruck verleihen, was wir eigentlich gar nicht wollen. Wir senden den Hohen Selbsten ständig Saaten, die aus Verwirrung und Unruhe, aber auch aus unseren besten Hoffnungen und Wünschen bestehen. Allzu oft zeigen wir in unseren Gebeten Bilder von einem erwünschten Zustand, vermischt mit Elementen einer Sache, der wir entkommen wollen.

Bringen Sie die Krankheit, an der Sie leiden, nicht mit in das Bild, das Sie verwirklichen wollen. Dadurch gelangt die Krankheit auch mit in die Blaupause, kommen die unerwünschten Saaten unerwünschter Zustände genauso mit

* The Hunâ Code in Religions, S. 170-175.

hinein wie die »gute« Saat dessen, was Sie zu erreichen suchen.

Üben Sie die Kunst und die Fertigkeit des Vorstellungsvermögens und des Visualisierens, verbunden mit einer möglichst kurzen Beschreibung in Worten. Das ist bei der Erarbeitung des genauen Bildes der Gebetshandlung von unschätzbarem Wert und gehört mit zu den Grundlagen für die Hunâ-Gebetshandlung als ein Gebet, das Ergebnisse bringt.

Max Freedom Long hat folgendes vorgeschlagen:* »Beginnen Sie, das einzige große Werkzeug zu benutzen, das die Menschheit besitzt: *das Werkzeug der Vorstellungskraft*. Werden Sie ruhig. Bringen Sie Ihr Unteres Selbst zur Ruhe. Entspannen Sie sich, und schreiten Sie hinein in den Fluß, indem Sie Ihr Vorstellungsvermögen benutzen. Stellen Sie sich vor, wie Sie eine Sache nach der anderen loslassen. Ringsum sind Klänge. Stellen Sie sich vor, daß Sie sie nicht mehr hören. Stellen Sie sich vor, daß Sie inmitten von Duftwirbeln stehen und eine Vielzahl köstlicher Aromen erleben. Schieben Sie auch die beiseite. Stellen Sie sich all die Freuden vor, die Sie verspüren, wenn Sie Dinge berühren und Bewegung verspüren. Sie schreiten hinein in einen klaren, tiefen Fluß und genießen das Mitfließen... Dann schließen Sie die Augen. Ziehen Sie all Ihre Sinne ein, und bringen Sie jeden einzelnen davon in Ihrer Phantasie zur Ruhe. Wenn Sie die *Stille* geschaffen haben und in sie eingetreten sind, versuchen Sie, die Realität Ihres inneren geistigen Seins – Ihre zwei Selbste – zu fühlen.«

* Growing into Light, S. 17.

KAPITEL 9

Kala

Drei einzigartige Hunâ-Konzepte haben sich als die verlorengegangenen Schlüssel zur »Heilung« erwiesen. Ich meine nicht nur die Heilung von körperlichen Gebrechen, sondern auch die »Heilung« zwischenmenschlicher und finanzieller Schwierigkeiten, persönlicher Probleme und – was am wichtigsten und der eigentliche Zweck bei der Lösung der anderen Schwierigkeiten ist – ebenso auch die Entwicklung all Ihrer Möglichkeiten als Gesamtpersönlichkeit, die individuell und als Mitglied Ihrer Familie und der Gesellschaft wirksam wird. Dieses Ideal schließt auch Ihr spirituelles Wachstum mit ein.

Die drei Konzepte sind:

1. Das Untere Selbst muß dem Hohen Selbst Mana zur Verfügung stellen.
2. Die Rolle des Hohen Selbst beim Einbau der Bilder unserer Gedankenformen während der Gebetshandlung in die Wirklichkeit der Zukunft.
3. Es muß dafür gesorgt werden, daß die gründlich geplanten Bilder der Gedankenformen genau zu dem passen, was angestrebt wird.

In diesen Hunâ-Grundprinzipien steckt die Idee, daß dies die Grunderfordernisse für eine wirksame Gebetshandlung sind, »wenn andere Dinge ausgeglichen sind« bzw. »wenn davon ausgegangen werden kann, daß der Weg frei ist«. In den meisten Fällen jedoch sind die anderen Dinge gewöhnlich nicht ausgeglichen! Da ist alles möglich, angefangen bei kleineren Unebenheiten auf dem Weg bis hin zu ganz großen Steinblöcken oder – um eine andere Analogie zu benutzen – allerhand atmosphärische Störungen in der Telefonleitung zum Hohen Selbst bis hin zu einem totalen Kurzschluß und einem »Blackout« in der Kommunikation oder einer Leitung, die durch einen wütenden Sturm (beim Menschen beispielsweise ein emotionaler Sturm von Wut oder Ärger) unterbrochen ist.

Daher müssen Sie erkennen, was den Weg blockieren und die Erfüllung Ihres Gebetswunsches verhindern kann, und lernen, wie der Weg von allen Behinderungen zu säubern ist und wie nachgeprüft wird, ob der Kontakt hergestellt worden ist. Obwohl die obigen drei Konzepte dies enthalten, darf das Problem des blockierten Weges und die Notwendigkeit, ihn zu säubern, nie außer acht gelassen werden. Dieser Grundsatz kann nicht genug betont werden. Wenn Sie die Hunâ-Methode ausprobieren und wenig bzw. keine Ergebnisse erzielen, können zwei Gründe vorliegen. Entweder haben Sie die Grundprozeduren für die Gebetshandlung nicht richtig befolgt oder das Ritual nicht entsprechend vorbereitet, also sich selbst nicht vorbereitet. Im Hunâ nennt man die Vorbereitung *Kala*, d. h. »Reinigung« bzw. »Säuberung des Weges«. Sie werden sich daran erinnern, daß dies der erste Schritt bei der Vorbereitung der Gebetshandlung war. Die verschlüsselte Bedeutung des Wortes Kala lautet »zum Licht« oder »Das Licht wiederherstellen«. Licht bezieht sich immer auf das Hohe Selbst. Kala stellt uns wieder her, um den Kontakt mit unserem Hohen Selbst knüpfen zu können.

Die Hunâ-Lehren zeigen ganz klar – vielleicht zum ersten Mal und in einzigartiger Weise –, warum Gebete nicht erhört werden und wie dem abgeholfen werden kann. Da Hunâ den »Mechanismus« der Gebetshandlung erläutert, enthüllen die Hunâ-Prinzipien, wo die Schwierigkeit liegt und wie sie aus der Welt geschafft werden kann. Die Hunâ-Gebetshandlung funktioniert. Wenn das von Ihnen angestrebte Ergebnis nicht kommt, muß irgendwo im Gesamtvorgang einmal die Kommunikation versagt haben. Da es zur Vorbereitung gehört, bei unserer Zukunftsbestimmung und -planung nach Anleitung durch das Hohe Selbst zu streben, kalkulieren wir auch die Möglichkeit ein, daß das Ergebnis ein völlig anderes als das in der Gebetshandlung benutzte sein wird, da das Hohe Selbst sehen kann, wie unsere Bitte schließlich auf unser Leben einwirkt. Aber das unerwartete Ergebnis wird uns ausgesprochen angenehmer und vorteilhafter als alles andere sein, was wir geplant haben könnten.

Hier ist dann Ihre ganz besondere individuelle Natur von höchster Wichtigkeit. Sie werden die entsprechenden Prinzipien zu erlernen haben und herausfinden, wie Sie sie auf Ihr Leben anwenden. Die Prinzipien sind zwar für jeden dieselben, aber die Unterschiede in unserer Denkweise und in unseren emotionalen Reaktionen auf persönliche Erfahrungen machen uns zu Individuen. Die Handlung, die unser Unteres Selbst beeindruckt und zur Säuberung des Weges für uns führt, muß jeder selbst wählen.

Ein Erlebnis, das ich mit dem Telefon hatte, soll anschaulich machen, wodurch eine richtige Verbindung verhindert werden kann, so daß die Kommunikation schlecht ist. Ich hatte einmal ein Telefon in einem Wohnwagen, in dem ich als Student nach der Abschlußprüfung lebte. Der Wagen stand auf einer Erdaufschüttung, unter deren ganz normal aussehenden Oberfläche sich ein Autofriedhof befand. Es war im Sommer, natürlich heiß, aber ungewöhnlich trocken. Die Blumen im Garten mußten häufig gegossen werden, da der seichte Boden das Wasser schneller als gewöhnlich aufzusaugen schien. Nachdem das Telefon aufgestellt worden war, bekam ich immer ungewöhnlich schlecht Verbindung. Da waren atmosphärische Störungen, summende Geräusche, schwache Stimmwiedergabe und ein Kratzen in der Leitung.

Ein Mitarbeiter von der Telefongesellschaft kam und prüfte alle Leitungen, meinte jedoch, alles sei richtig angeschlossen. Es wurde aber nicht besser. Als sich schließlich der Handwerker den Boden in der Nähe des Telefonmastes ansah, wo das Bodenkabel an eine lange Metallspitze angeschlossen war, die man fast nicht mehr sah, sagte er: »Ich glaube, ich hab's. Bei Trockenheit gibt's zuweilen Schwierigkeiten, weil die Leitfähigkeit des Bodenkabels stark herabgesetzt ist. Gießen Sie doch einfach den Boden rings um den Mast.« Ich tat es, und die Störungen im Telefon hörten sofort auf!

Was für ein Beispiel für Hunâ-Schüler! Wässern ist genau das Symbol der alten Kahunas für den Mana-Vorrat, der geliefert werden muß, um die Aka-Schnur (die Telefonleitung) mit Energie zu versorgen, damit das Gebetsbild unverzerrt zum Hohen Selbst geschickt werden kann. Wir sehen dieses Symbol wieder, wenn wir besprechen, wie die »Saat« (das Bild der Gedankenform), die das Mittlere Selbst in den Boden (das Untere Selbst) »pflanzt«, mit Mana »bewässert« wird.

Ein weiteres einfaches Telefonbeispiel wird uns helfen, einige der Gründe zu klären, warum Botschaften an das Hohe Selbst nicht durchkommen. Das Telefon klingelte, und jemand war falsch verbunden. Der Anrufer glaubte das aber nicht und wollte mit »Mr. Brown« sprechen, denn er meinte, die richtige Nummer gewählt zu haben. Ich fragte ihn, und da stellte sich heraus, daß die von ihm gewählte Nummer mit meiner identisch war. Dennoch hatte er den Falschen erreicht. Ich mußte ihm die Situation noch mehrere Male erklären, bevor ich ihn davon überzeugen konnte, daß er tatsächlich einen falschen Teilnehmer erwischt hatte. Bei unterschiedlichen Nummern wäre es ja auch so gewesen. Worin lag nun das Problem? Er hatte das richtige Ziel im Auge gehabt, als er mit »Mr. Brown« sprechen wollte, bzw. er hatte – um in unserer Sprache zu reden – den richtigen wünschenswerten künftigen Zustand gehabt. Doch die Telefonnummer (für uns das aufgebaute Bild der Gedankenform bzw. die Blaupause) war in jedem Detail unrichtig. Blaupause (Telefonnummer) und fertiggestelltes Produkt (die Person, die er sprechen wollte) stimmten nicht miteinander überein. Wäre die Nummer sehr ähnlich gewesen und wären vielleicht nur die beiden letzten Zahlen vertauscht gewesen, hieße dies, daß sich auch eine fast richtige Nummer nicht fürs Telefonieren eignet. Genauso bringt ein zwar in allen Einzelheiten vernünftig aufgebautes Bild infolge Verwechslung eines Details oder Änderung des Planes ein wirres und unzulängliches Ergebnis. Diese einfache Analogie verdeutlicht, daß wir uns entscheiden müssen, was wir wollen, und daß wir dafür sorgen müssen, daß die Gedankenformen, aus denen unser Bauplan besteht, dem erwünschten Ergebnis entsprechen. Wenn wir zur Veranschaulichung die Errichtung eines Gebäudes heranziehen, ist es, als nehmen wir den Plan für das Haus aus dem maßstabgetreuen Modell bzw. aus der Zeichnung des Architekten für den abgeschlossenen Bau, würden dann aber achtlos einen falschen Satz von Blaupausen mitnehmen und uns wundern, warum der Bau, wenn er weiter fortschreitet, nicht dem ähnelt, was wir beabsichtigt hatten. Da er nicht richtig aussieht, beauftragen wir immer wieder die Zimmerleute, ein Fenster, eine Wand oder eine Tür woandershin zu bringen.

Wie Max Freedom Long betont hat,* kennt Hunâ nur eine »Sünde«: jemanden zu verletzen. Wenn man jemanden verletzt, muß das wiedergutgemacht werden. Ist das Untere Selbst nicht davon überzeugt, daß es nicht mehr schuldig ist, hält es an der »Schuldfixierung« fest, und die kann nicht beseitigt werden. Kala bzw. die »Reinigung« (das Vergeben

* *The Secret Science Behind Miracles*, S. 303 sowie Kapitel 14 und 15.

bzw. die Wiederherstellung des symbolischen Lichtes) wirkt nur, wenn das Untere Selbst davon überzeugt werden kann, daß etwas in Ordnung gebracht worden ist. Vergebung erhält man einzig und allein von dem, gegen den gesündigt wurde. Deshalb können manche fixen Ideen und Schuldgefühle, an denen das Untere Selbst festhält, nicht beseitigt werden, da derjenige, gegen den falsch gehandelt wurde, nicht mehr da ist, um zu vergeben. In solchen Fällen muß das Untere Selbst durch gute Taten und andere körperliche Reize davon überzeugt werden, daß Sie dessen, worum Sie bitten, würdig sind und daß Sie es verdienen. Hier wird Dienen so betrachtet, wie es eigentlich gemeint ist: »Dienen, um zu verdienen« wird zur vernünftigen zweiten Hälfte des Hunâ-Grundsatzes »Nie verletzen, immer helfen«.

»Es wird davon ausgegangen, daß das Untere Selbst kein Gefühl für richtig und falsch hat… Es bekommt alle Gedanken dazu vom Mittleren Selbst, durch dessen Denkkraft es weiß, was richtig und falsch ist. Da dem Unteren Selbst beigebracht wird, die Entscheidungen des Mittleren Selbst, ob Handlungen richtig oder falsch sind, einfach hinzunehmen, tendiert es dazu, in recht überraschender Weise Schuldfixierungen zu entwickeln. Hat das Mittlere Selbst erst einmal entschieden, daß eine Handlung richtig oder falsch ist, und geht diese Entscheidung als Gedankenform an das Untere Selbst weiter, um dort sicher verwahrt zu werden, verläuft der Fixierungsprozeß fast automatisch, denn das Untere Selbst war ja dabei und hat die starke körperliche Handlung, mit der jemand gekränkt wurde, verspürt. Das ist ein recht handfester körperlicher Reiz, und wenn der vom Unteren Selbst beobachtet wurde, fixiert er unverzüglich das Schuldgefühl und macht es zu einem recht bedenklichen Komplex. Um den zu beseitigen, muß das Mittlere Selbst schon davon überzeugt sein, daß Un-

recht wiedergutgemacht wurde, bevor man hoffen kann, daß das Untere Selbst von seinem fixierten Glauben abläßt.«*
Das Schuldgefühl kann jedoch auch entstehen, obwohl niemand gekränkt wurde. Durch Konditionierung in der Kindheit sowie durch mißverstandene Erfahrungen aus allen Lebensphasen hält das Untere Selbst (welches das »Gewissen« ist, sobald es Anweisungen vom mittleren Selbst hinsichtlich richtig und falsch bekommen hat) an falsch verstandenen Schuldgedanken infolge gewisser vermuteter Ungerechtigkeiten (unterlassene und begangene »Sünden«) fest. Was es da glaubt, ist nicht logisch, da es nur in Ableitungen (deduktiv) denken kann. Logik und Vernunft hat wenig damit zu tun, ob sich das Untere Selbst schuldig fühlt. Irgendwann wird ihm etwas suggeriert (sei es als bewußte Anweisung des Mittleren Selbst, oder es hört etwas von einem Dritten oder akzeptiert etwas irrtümlicherweise als falsch). Da dies als »etwas Falsches« angekommen ist, nimmt es das Untere Selbst als gegeben hin und hält daran fest, bis es vom Gegenteil überzeugt wird. Je kräftiger der körperliche Reiz und je stärker die Emotion ist, die mit der Suggestion einhergeht, um so stärker wird das Schuldgefühl fixiert. Wir sehen auch hier, was zur Beseitigung dieser Fixierung notwendig ist – ein beeindruckender körperlicher Reiz und eine ansehnliche Menge Emotionen. Die Situation, durch die das Schuldgefühl entsteht, mag so ernst sein wie ein Mord; der Kopfjäger bei den Wilden jedoch hält es für eine große Tugend, seinem Feind den Kopf abzuschneiden. Oder sie kann anscheinend so bedeutungslos sein wie der falsche Anschlag auf einem Klavier; aber ein perfektionistischer Klavierschüler, den sein Lehrer ständig und in aller Schärfe an das Ziel erin-

* *The Secret Science Behind Miracles*, S. 304.

nert, Perfektionist zu werden, könnte darin fast eine Sünde sehen, besonders wenn der Fehler an einem bedeutenden Konzertabend passiert.

Die schlimmste Sünde, jemanden zu verletzen (sei es körperlich oder durch einen geistig bzw. emotional verursachten Schmerz), ist diejenige, die böswillig, absichtlich und im vollen Wissen darum begangen wird, daß sie Schmerz und Kummer verursachen würde, vorausgesetzt natürlich, das Untere Selbst empfindet das Schuldgefühl und die sich daraus ergebenden Gewissensbisse. Das Untere Selbst schämt sich, Kontakt zum Hohen Selbst herzustellen, verkriecht sich in eine Ecke und hofft, nicht um den Kontakt gebeten zu werden. Wie ein Kind, das nicht von den Keksen naschen sollte. Die Versuchung war jedoch zu groß, das Kind hat einen Keks genommen und versteckt sich nun, um nicht von seiner Mutter entdeckt zu werden. Eine der verschlüsselten Bedeutungen des Wortes *unihipili* ist »etwas in aller Stille tun« bzw. »etwas aus einem Schuldgefühl heraus nicht tun«. Das Untere Selbst ist voller Emotionen der Schuld, der Scham und der Furcht und kann keinen Kontakt zum Hohen Selbst herstellen bzw. nicht einmal den Versuch unternehmen, ihm über die Aka-Schnur ein Gebet zuzusenden. Einige Fixierungen (Gewohnheiten oder eingeschliffene Gepflogenheiten) sind durchaus nützlich und gut, wenn wir uns durch sie gewisse Fertigkeiten aneignen, wie zum Beispiel das Spielen eines Musikinstrumentes oder automatische Funktionen beim Autofahren – es sei denn, uns wurde beigebracht (und wir halten daher noch immer an dem Glauben auf der Ebene des Unteren Selbst fest), daß es falsch sei, ein Musikinstrument zu spielen, oder daß alle Autos Sünde und Teufelszeug seien!

Deshalb ist es so etwas Individuelles, »den Weg frei zu machen«. Die Zahl der möglichen Schuldfixierungen ist unendlich, und die Variationen sind kompliziert. Es läuft ja doch auf folgendes hinaus: Was immer einem beigebracht

wurde und was immer man daraufhin für falsch hält (gewöhnlich auf der emotionalen Ebene des Unteren Selbst, obwohl es auch die Ebene des bewußten logischen Denkens vom Mittleren Selbst mit einschließen kann) – es ist für einen selbst eine »Sünde«. Wie stark das Schuldgefühl im Unteren Selbst fixiert ist und wie intensiv darauf emotional reagiert wird, ist ganz individuell und hängt voll und ganz von persönlichen Erfahrungen in einem früheren Abschnitt unseres Lebens ab. Alles, was Ihr inneres Selbst davon abhält, Kontakt zu Ihrem Hohen Selbst herzustellen und ihm die Gebetshandlung über die Aka-Schnur zuzuleiten, sprengt das Team der drei Selbste, verursacht Disharmonie, verhindert ein normales Leben und schneidet die beiden unteren Selbste von der Hilfe ab, die nur das Hohe Selbst als Führer und Wächter geben kann.
Vieles von den Lehren über »Sünde« in der religiösen Erziehung kommt aus der Bibel, insbesondere aus dem Neuen Testament. Ich war sehr daran interessiert, etwas Wichtiges über die »Sünde« zu entdecken, als eine Griechischklasse, die ich unterrichtete, Texte aus dem Neuen Testament lesen wollte. Die Klasse bestand ausschließlich aus protestantischen Geistlichen. Als wir das griechische Wort, das gewöhnlich mit »Sünde« übersetzt wird, auf seine wörtliche Bedeutung hin überprüften, stellten wir fest, daß es überhaupt nicht den Gedanken einer »Sünde gegen Gott« enthielt, sondern nur bedeutete, ein Ziel nicht zu erreichen. Die Klasse wollte nun alle Hinweise auf »Sünde« im Neuen Testament untersuchen. Man fand aber nirgends ein Wort für »Sünde«. Alle Wörter verwiesen nur auf »das Ziel verfehlen«, »vom Wege abkommen« oder »ein falsches Urteil abgeben«. Im Hunâ haben wir dieses Prinzip auch. Die einzige »Sünde«, um die wir uns Sorgen machen sollten, ist das, wodurch unsere Kommunikation mit unserem Hohen Selbst unterbrochen wird, so daß wir die Ziele unserer Gebetshandlung nicht

erreichen. Das kann auf die Vorstellung eingeschränkt werden, andere oder uns selber in Gedanken, Worten oder Taten zu verletzen.
Die Wahrheit ist, daß bewußte Überzeugungen oder Meinungen ein abgerundetes System von Ideen sein können, genauso wie das Uuntere Selbst sie hat. Denken Sie nur einmal daran, wie manche Leute auf Behauptungen reagieren, die ihren politischen Überzeugungen zuwiderlaufen. Und was ist erst mit denen, die eine Religion angenommen und ihren Verstand gegenüber möglichen Veränderungen ihrer Meinung vollkommen verschlossen haben, unabhängig davon, was für neue Fakten entdeckt werden! Fakten beeindrucken sie nicht im geringsten. Sie haben ein komplexes System von Überzeugungen oder Meinungen entwickelt, an denen das Untere und das Mittlere Selbst beteiligt sind. Wenn Sie wissen wollen, ob Sie oder jemand anders eine komplexe Überzeugung hat, die das Untere Selbst teilt, dann beobachten Sie einmal, ob auf Gedanken, die im Gegensatz zu dieser Überzeugung stehen, emotional reagiert wird.
Um Problembereiche zu orten, benutze ich eine Technik, die ich »Stichmethode« nenne. Das kann hilfreich sein, um beim Finden individueller Probleme oder Blockaden mögliche Fixierungen festzustellen. Das Uuntere Selbst ist allein verantwortlich für emotionale Reaktionen, und wenn das Mittlere Selbst in komplexe Ansichten verstrickt ist, funktioniert es auch nicht richtig, weil es durch emotionale Impulse des Unteren Selbst gestört wird. In vielen Fällen braucht man das Untere Selbst nur davon zu überzeugen, daß das, woran es als »Sünde« festhält, in Wirklichkeit gar nicht falsch ist, weil überhaupt niemand verletzt wurde. Bei anderen Gelegenheiten muß etwas in Ordnung gebracht werden, sofern das noch möglich ist. Wiederum andere Fälle machen es erforderlich, daß wir anderen irgendwie dienen (immer helfen). Das überzeugt das Untere Selbst, daß man trotz des Schuldge-

fühls infolge einer Kränkung oder einer erfundenen Sünde doch etwas wert ist.

Lassen Sie mich noch ein bißchen mehr über jene »Stichmethode« zum Aufspüren von Fixierungen und Blockaden sagen. Sie ist einfach jener seltsame, kleine Hinweis in der Magengrube – eine Art »plötzliche Leere« oder eine im kleinen erfolgende, unerwartete Wiederholung einer Reaktion aus Zeiten der Angst, des emotionalen Schocks oder der Gefahr, vielleicht auch zu Gelegenheiten, an die man sich nicht mehr erinnern kann. Die genaue Reaktion ist zweifellos bei jedem anders, und das Gefühl, das man zu der einen oder anderen Gelegenheit hatte, ist leicht wiederzuerkennen. Im Sonnengeflecht im Bereich der Magengrube sitzen die Reaktionen des Unteren Selbst. Die Kahunas nannten dieses Zentrum *na-nau.* Grundsätzlich bedeutet dies das »ruhige Selbst« und ist eine gute Beschreibung der automatischen und versteckten Handlungen des Unteren Selbst, die dort geschehen, wo das Mittlere Selbst sie nicht sehen kann. Es bedeutet auch »der Verstand«, »die Zuneigungen« und die »Emotionen« sowie im Bereich der Physiologie die »Eingeweide«. Die Verbindung mit dem Unteren Selbst ist daher sehr eindeutig. Die Prozedur ist wie bei den meisten »Meditationen«, hat jedoch ein besonderes Ziel. Setzen Sie sich an einer abgelegenen Stelle ruhig und entspannt hin. Sprechen Sie freundlich und sanft zu Ihrem Unteren Selbst, daß Sie beide zusammenarbeiten müssen, um einige Fixierungen und Blockaden zu beseitigen, damit Sie bei der Erreichung Ihrer Ziele erfolgreicher sein können. Sie bitten mit aller Bestimmtheit, zum Beispiel: »Such einmal in deinem Erinnerungsschatz nach, wann ich unter emotionalem Streß stand.« Mit Emotionen können Sie Ärger, Furcht, Schock oder Schuldgefühl meinen. Sie können das laut sagen und das Untere Selbst dabei mit einem entsprechenden körperlichen Reiz beein-

drucken, wenn Sie ganz allein sind. Warten Sie dann nach der Bitte ganz ruhig auf »Stichreaktionen«.
In diesem ruhigen Zustand muß jedoch auch gehandelt werden; diesmal ist der Geist an der Reihe. Die hawaiischen Wörter, die mit dieser Prozedur zu tun haben, sind sehr aufschlußreich. Das Wort *na-na-o* bedeutet »tief denken, wie in den Geist eindringen«, »der Hand vertrauen, in einem unbekannten und dunklen Behälter etwas suchen« und »festhaken«. Damit wird sehr malerisch genau das beschrieben, was wir versuchen zu tun: Etwas, wonach wir suchen, muß mit dem Geist »gepackt« und herausgezogen werden. Was jedoch herausgezogen werden soll, wird in weiteren Bedeutungen beschrieben: »schlüpfrig sein; vom rechten Wege abgebracht worden sein, abgewandt worden sein«. Aus diesen drei Bedeutungen ersehen wir, daß die versteckten Erinnerungen, die nie mit der Vernunft betrachtet wurden, sondern Fixierungen geworden sind, im »dunklen Behälter« des Unteren Selbst, einer Art dunkler Ecke im Keller, verborgen sind. Nach ihnen muß gesucht werden, nachdem der Geist beruhigt wurde (der Stamm von *na-na-o* bedeutet »beruhigen«), und zwar vom entspannten bzw. beruhigten Unteren Selbst. Wenn die Fixierungen gefunden werden, wird festgestellt, daß sie zu »schlüpfrig« sind, um gepackt werden zu können, daß sie jedoch vom Geist anstelle der symbolischen »Hand« erfaßt werden. Man muß sich das vorstellen, als wolle man mit den Händen »nach Fisch greifen«. Bei dem Versuch, die Erinnerungen zu finden und zum Vorschein zu bringen, mag uns das Untere Selbst oft »irreführen«, und es wird wiederholt »abgewandt werden«, wenn das Erinnerungsvermögen für die Fixierungen angesprochen wird, und es wird uns auf jegliche Art und Weise zu verstehen geben, daß es die ursprüngliche Situation, durch die sich die Fixierung gebildet hat, nicht in das Licht des Verstandes bringen will, damit sie dort vernünftig betrachtet (was zu-

weilen mehrmals getan werden muß) und so aus dem Wege geräumt werden kann. Ein bekannter Vorfall, von dem man vielleicht vermutet, daß er Teil einer Fixierung ist, wäre ein guter Ausgangspunkt für eine Jagd auf Erinnerungen.

Es ist folgendes festgestellt worden: Wenn das Untere Selbst daran gehindert wird, in Übereinstimmung mit einer festgefügten Überzeugung zu handeln, »übersetzt« es einen Komplex bzw. verändert ihn derartig, daß er mit dem ursprünglichen Komplex nur noch wenig zu tun zu haben scheint. Long erzählt von einem kleinen Jungen, der eine komplexartige Abneigung gegen den Besuch der Kirche entwickelt hatte. Man hatte ihn wahrscheinlich in die Kirche mitgenommen, als er krank, schwach oder anderweitig nicht auf dem Posten war. Er wollte aber seinen Eltern gefallen und ein »guter Junge« sein, und so versuchte er zu gehorchen. »Er versuchte, die Kirche zu lieben, wie es ihm beigebracht worden war, und er schien durchaus überzeugt zu sein, daß Gläubige verpflichtet sind, Gottesdienste zu besuchen. Das Untere Selbst jedoch, in dem sich die Abneigung gegen den Kirchgang als Komplex gebildet hatte, bewies eine Verschlagenheit, die den Psychologen und den alten Kahunas so gut bekannt ist. Es übersetzte seine fixierte Entschlossenheit, nicht zur Kirche zu gehen, in eine starke Abneigung gegen den Geruch von Weihrauch. Beim Geruch von Weihrauch wurde dem Jungen jedesmal übel, und so mußte er schnellstens aus der Kirche herausgebracht werden. Es kam dann so, daß das Kind zwar bereit war, zur Kirche zu gehen, aber nicht konnte. Das Untere Selbst hatte sich durchgesetzt«,* indem es eine emotionale Blockade entwickelt hatte.

Einige Komplexe beruhen auf so starken emotionalen Reaktionen, daß sie mehrmals übersetzt werden könnten. Dadurch kann man die ursprüngliche Erfahrung praktisch

* *The Secret Science Behind Miracles*, S. 256.

nicht mehr ermitteln, um sie zu rationalisieren und in Form normaler Gedanken und Ideen unter die Kontrolle des Mittleren Selbst zu bringen. Psychologen, die mit dem »inneren Kind« arbeiten, helfen ihren Patienten, sich zu traumatischen Kindheitserlebnissen, die in ihren Emotionen fixiert sind, zurückzuarbeiten. Durch diese Fixierungen reagieren die Patienten, als wären sie noch in dem Alter, als es zu dem traumatischen Erlebnis kam.

Alle Fixierungen beruhen auf etwas, das wir »abtrünnige« Erinnerungen nennen könnten. Erinnern gehört zu den Funktionen des Unteren Selbst. Die Kahunas symbolisierten Erinnerungen als Trauben, da das Untere Selbst jede Gedankenform sorgsam in einer Traube zusammenhängender Erinnerungen speichert. Es sind Erinnerungen, die durch die Verstandeskräfte des Mittleren Selbst Bedeutung bekommen. Aber einige Gedankenformen würden nicht zu der Erinnerungstraube passen, weil das Mittlere Selbst seine Aufgabe nicht richtig erledigt hat. Es hätte den jeweiligen Vorfall durch sein Rationalisierungsvermögen mit anderen Erfahrungen assoziieren müssen. Also ist an der Erinnerung etwas Abnormes. Beispielsweise kann sie nicht sofort abgerufen werden, wenn das Mittlere Selbst versucht, sich an sie zu erinnern. Das Untere Selbst weiß, daß etwas an ihr nicht in Ordnung ist; es schämt sich aber bzw. hat Angst und versucht, sie zu verstecken. Wenn das Mittlere Selbst in der Nacht schläft, holt das Untere Selbst die Erinnerungen aus ihrem Versteck und sucht herauszufinden, wo sie eigentlich hingehören, indem es versucht, sie mit seiner unlogischen, deduktiven (auf Ableitungen bedachten) Denkweise zu rationalisieren und die Verwirrungen rund um sie zu beseitigen. Vieles davon taucht in unseren Träumen auf. Das Untere Selbst kommt zu allerlei verzwickten, unlogischen und irrationalen Schlußfolgerungen, und in seiner Verwirrung bindet es die Erinnerungen dann schließlich mit einem Gewirr von

Aka-Fäden an allerlei Trauben, die nichts miteinander zu tun haben. Auf diese Weise sieht es dann so aus, als ob jemand, obwohl das mittlere Selbst keine Erinnerung an sich abrufen kann, automatisch auf gewisse Vorkommnisse und Umstände, die scheinbar irrational mit der abtrünnigen Erinnerung verbunden sind, irrational zu reagieren scheint. Er reagiert vielleicht mit unvernünftiger Furcht oder Ärger oder einer anderen unkontrollierten Emotion. Möglicherweise hat er Gedächtnislücken oder leidet an geistiger Verwirrung, stellt sich plötzlich seltsame Dinge vor oder entwickelt körperliche Symptome wie Zittern, Nervosität, hysterisches Lachen oder ernstere körperliche Leiden, die sich einer Diagnose entziehen. Wiederum bestimmt der Grad des emotionalen Engagements an der Stelle, wo die Erinnerung herkommt, die Energiemenge (Mana-Ladung), die verbraucht wurde, um sie zurückzuholen, jedoch wird durch all diese Reaktionen eine gewisse Mana-Menge aufgebraucht. Wer chronisch erschöpft, schlecht erzogen, ängstlich und mißtrauisch, ständig ärgerlich ist (oder es zu sein scheint), sollte die Gründe all dieser Belastungen für den Mana-Energievorrat herausfinden und zu jener neuen Art »normalen« Lebens zurückkehren, die den Weg sauberhält und immer für ausreichend Mana sorgt.

Die »modernen« Methoden, sich mit diesen Problemen auseinanderzusetzen (ausgedehnte Behandlungen auf der Couch des Psychiaters, Nervenheilanstalten, Schockbehandlungen usw.), sind unvollkommen und häufig unwirksam, denn die drei Selbste, die Funktion (oder überhaupt das Bestehen) von Mana bzw. das Konzept der Kala-Reinigung zum Freimachen des Weges und zum Loswerden von Schuldgefühlen, Zweifel und Furcht erkennen sie nicht an.

Hier müssen Sie Ihre Reaktionen auf all Ihre abtrünnigen Erinnerungen überprüfen. Wenn Sie »Stich«- oder Kribbeleffekte bemerkt haben sollten, als Ihnen verschiedene Ideen in diesem Buch dargelegt wurden, haben Sie bereits Fixierungen, von denen Sie nun genau wissen und an denen Sie zu arbeiten haben. Wenn nicht, ist jetzt Zeit, sich Bleistift und Papier zu holen (wobei Sie die Aufzeichnungen natürlich niemandem zeigen, es sei denn, Sie haben einen Vertrauten, mit dem Sie darüber reden) und alle fixen Ideen aufzuschreiben, die Sie stören.

Nehmen Sie sich nicht vor, all die abtrünnigen Erinnerungen, die vielleicht in Ihrem Unterbewußtsein versteckt sind, ans Licht zu zerren. Durch wahlloses »Festhaken« könnten mehr Probleme aufgewühlt werden, als Sie auf einmal bewältigen könnten. Einige allgemein benutzte Methoden sind aus diesem Grunde gefährlich und sollten gemieden werden. Sie wühlen die emotionalen Blockaden zwar auf, räumen sie aber nicht weg. Suchen Sie nach der abtrünnigen Erinnerung, die einem speziellen Problem zugrunde liegt, wenn Sie den Weg zu Ihrem Hohen Selbst blockiert finden, wenn Sie Ihre Gebetshandlung nicht vornehmen können oder wenn Sie emotionale Reaktionen haben, die Sie sich nicht erklären können. Falls Sie gern ein Pendel benutzen und festgestellt haben, daß es ein zuverlässiges Werkzeug zur Arbeit mit Ihrem unteren Selbst ist, dann könnte es hier behilflich sein, diese belastenden emotionalen Komplikationen aufzustöbern. Aber Sie könnten auch zu denen gehören, die das Pendel nicht »in Schwung bekommen« oder zumindest feststellen, daß es nicht das beste Instrument ist, und da möchten Sie sich vielleicht doch lieber etwas anderes suchen, um die fixen Ideen zu überprüfen. Die »Stichmethode« funktioniert da recht befriedigend. Jetzt ist die Zeit gekommen, sie so zu nutzen, daß sie voll wirksam wird, und dies zusätzlich zu dem experimentellen Gebrauch, zu dem es möglicherweise kam, als Sie darüber gelesen haben. Gehen Sie alles durch, was Ihnen einen Anhaltspunkt für eine Fixierung geben könnte, die Ihren Fortschritt bei einer Gebetshandlung behindert. Hier ist ein Anhaltspunkt, mit dem Sie beginnen könnten: Jede Gewohnheit muß vielleicht eingehend und argwöhnisch untersucht werden. Möglicherweise stellen Sie fest, daß es eine nützliche Gewohnheit ist, an der keine negative Emotion anhaftet. Aber bei anderen, die erst neutral wirken, könnten Sie feststellen, daß sie eventuell den Weg zu Ihrem Hohen Selbst blockieren. Sie sind einmalig und werden zu bestimmen haben, was für Sie »normal« ist.

KAPITEL 10

Den Weg frei machen

Den Weg frei machen bedeutet, sich vorzubereiten. Das muß der Darstellung des Gebetsbildes vorangehen und ist genauso wichtig wie das sorgfältige Formulieren der exakten Beschreibung Ihres Zieles und deren Übertragung in ein deutlich umrissenes Bild. Prüfen Sie zuerst gründlich, ob Ihr Unteres Selbst Denkgewohnheiten oder tiefsitzende Vorurteile hat, die es vielleicht nur ungern ändern möchte. Genauso wie emotionale Reaktionen (der »Sticheffekt«) signalisieren, daß das Untere Selbst das obige Bild (oder eines, das dazu paßt) mit einer großen Mana-Ladung versehen hat, können Sie auch die emotionale Reaktion des Unteren Selbst während der Gebetshandlung überprüfen.

Denken Sie nicht irrtümlicherweise, »Emotion« sei »etwas Falsches«. Emotion bedeutet, daß das Untere Selbst gefühlsmäßig reagiert, weil vielleicht negative Gefühle wie Zweifel und Furcht oder aber Freude und Liebe vorhanden sind. Wenn wir den Weg zum Hohen Selbst frei machen wollen, halten wir natürlich Ausschau nach Emotionen, die uns behindern, und nicht nach solchen, die uns helfen. Emotionen sind ja in positiver Hinsicht notwendig, um dem Unteren Selbst klarzumachen, wie wichtig und nützlich die Gebetshandlung ist.

Wenn Sie mit der »Stichmethode« nach »Fixierungen« suchen, müssen Sie auf der bewußten Ebene des Mittleren Selbst beurteilen, ob eine von Ihnen aufgedeckte Emotion positiv (und daher eine für Sie nutzbringende und erhaltenswerte Gewohnheit) oder negativ (und damit eine zu beseitigende Blockade für eine effektive Kommunikation) ist. Liebe ist eine Emotion, und ohne sie wäre das Leben schal. Die positiven Emotionen Freude, Eifer und Liebe *müssen* vorhanden sein, damit wir erwarten können, daß das Untere Selbst seinen Beitrag zur Arbeit leistet. Daß Ihr unteres Selbst am Werke ist, wissen Sie, wenn Sie sich wohler und behaglicher fühlen und sich auf etwas freuen. Wird Ihre Aufmerksamkeit leicht abgelenkt, wenn Sie Ihr Gebetsbild hinaufreichen wollen, müssen Sie nach fehlenden positiven Emotionen suchen sowie auch nach störenden Emotionen wie unbestimmten Ängsten, Zweifeln und Entschuldigungen dafür, daß alles Unwichtige getan wird und nicht die Gebetshandlung erfolgt.

Alte Denkgewohnheiten und unbegründete Meinungen verursachen oft noch lange, nachdem Sie die Ebene des Mittleren Selbst besser verstehen, viele Schwierigkeiten. Hunâ hat nichts gegen Meinungen, die Ihnen angenehm sind, oder gegen religiöse Überzeugungen, zu denen Sie ohne Verwirrung und Zweifel stehen. Aber die meisten Menschen haben in sich eine Ecke, wo das Untere Selbst alle alten, dogmatischen religiösen Glaubensbekenntnisse aus früheren Lebensabschnitten, die schon lange bewußt ausrangiert worden sind, sorgsam hortet, weil sie sich nie die Mühe gemacht haben, den Schutt wegzuräumen. Diese Meinungen, diese Dogmen nie angezweifelter Autoritäten, die das Untere Selbst unter Druck zu akzeptieren hatte und an die es sich noch klammert, weil es nicht von ihnen befreit worden ist, müssen weg. Es ist festgestellt worden, daß das gedruckte Wort dem Unteren Selbst dabei sehr wirksam helfen kann.

Das Untere Selbst verläßt sich derart auf das gedruckte Wort, daß viele Leute bereit sind, alles zu glauben, nur weil es in einem Buch, einer Zeitschrift oder irgendwo anders gedruckt steht. Verfallen Sie nicht in dieses Extrem, benutzen Sie aber das gedruckte Wort zu positiven Zwecken. Helfen kann jede inspirierende Literatur, die schön, trostreich und beruhigend ist. Mit zum Besten gehört Max Freedom Longs *Growing into Light.* Es wurde speziell dazu geschrieben, Hunâ-Schüler immer wieder an die Hunâ-Grundprinzipien zu erinnern. Auch das mehrmalige Lesen anderer Hunâ-Veröffentlichungen dient diesem Zweck (siehe Bibliographie). Fortwährende Überprüfungen der Prinzipien und Anweisungen schärfen dem Erinnerungsvermögen des Unteren Selbst die Hunâ-Grundlagen ein und erinnern das Mittlere Selbst immer wieder daran, das Gelernte zu nutzen. Wer auf die Bibel als inspiriertes Buch baut, wird dort viele bekannte Stellen in einem neuen Licht sehen, weil Hunâ ihre tiefere Bedeutung enthüllt.* Beispielsweise bekommt der Satz »Was du dem geringsten meiner Brüder (an Gutem) angetan hast, das hast du mir angetan« eine neue Bedeutung im Lichte dessen, daß wir bei jemandem, der nicht mehr da ist, um uns vergeben zu können, etwas wiedergutmachen müssen. Wir können etwas allgemein wieder ins reine bringen, indem wir gute Taten vollbringen. Das wirkt dann als körperlicher Reiz, um das untere Selbst davon zu überzeugen, daß wir etwas wert sind und daß die gute Tat akzeptiert werden kann, da an dem, der eigentlich gekränkt wurde, nicht mehr gut gehandelt werden kann.

Auch die Macht des gesprochenen Wortes befreit das Untere Selbst von diesen Blockaden. Ein immer wieder angehörtes Tonbandprogramm beeindruckt es von Mal zu Mal stärker. Noch effektiver ist es, wenn Sie selber ein Tonband besprechen bzw. eines benutzen, das speziell für Sie gestaltet wurde. Wenn die Aka-Schnur zum Hohen Selbst ausreichend gereinigt worden ist – ganz gleich, wie –, wird die normale Beziehung zwischen den drei Selbsten automatisch wiederhergestellt. Und das Hohe Selbst eilt, um sich das benötigte Mana vom Unteren Selbst zu holen (wobei das Untere Selbst

* Siehe *The Hunâ Code in Religions*, passim.

die Aufgabe hat, gewissermaßen als »Dauerauftrag, den Vorrat ständig wiederaufzufüllen), und heilt bzw. bewirkt Veränderungen nicht nur im Körper, sondern auch in geistigen Haltungen und in den Lebensumständen der Menschen. Wie ist es mit einem speziellen Kala-Ritual? Sollen wir auch die *Ti*-Blätter verwenden, welche die Kahunas symbolisch benutzt haben, um alle negativen Einflüsse zu verscheuchen? Oder Ornat und Weihrauch? Oder Tanz? Oder »heiliges« Wasser oder ein paar Tropfen Opferflüssigkeit (Blut oder Wein)? Oder ein Opfer? All das hat man eingesetzt, um »Vergebung« zu erlangen oder den Weg für irgendwelche »Götteranbetungen« frei zu machen. Im Grunde müssen Sie sich eine Reinigungsprozedur, ein Ritual, das Ihr Unteres Selbst beeindruckt, selbst erarbeiten. Hunâ verlangt weder Äußerlichkeiten noch all das Brimborium traditioneller religiöser Praktiken. Wir brauchen keine »geheimen« Namen und Kennworte. Das »Geheimnis« gibt es nicht mehr, und das Beste, was wir tun können, ist, es überall zu verbreiten. Aber lassen Sie mich betonen, daß Zeremonien, Rituale, Mantren, Gesänge oder alles andere, was zu Ihrer einmaligen Persönlichkeit paßt, benutzt werden kann und für Sie durchaus akzeptabel ist, wenn Sie es dafür einsetzen wollen.

In der Gebetshandlung denken Sie nicht nur darüber nach, was Sie in Ihre Zukunft hineinbringen wollen. Diese Handlung verbindet Denktätigkeit, eine Geste bzw. eine körperliche Bewegung des Unteren Selbst in Ihnen, Mana-Bildung und eine Mana-Gabe. Wenn wir ein eindeutiges körperliches Ritual erfinden könnten, dessen Ausführung die Konzentration des Unteren Selbst voll in Anspruch nähme und diese Aufmerksamkeit bei der Gebetshandlung aufrechterhielte, ohne daß die Handlung mechanisch als Gewohnheit verrichtet werden würde, dann wäre die von uns gewünschte Zukunft gesichert. Einen Zauberstab bzw. eine magische

Formel für jeden Menschen bzw. für jedes Ihrer Gebete gibt es nicht. Aber es gibt ein »magisches« Prinzip, und das funktioniert, wenn Sie es benutzen. Alle drei Selbste müssen in das zu erreichende Ziel einbezogen werden. Das Hohe Selbst ist dazu immer bereit. Daher ist das Mittlere Selbst verpflichtet, das Untere Selbst nach Herstellung einer freundschaftlichen und harmonischen Arbeitsbeziehung durch eine Handlung oder Geste, die eine uneingeschränkte Mitarbeit am gemeinsamen Bemühen absichert, zu beeindrucken. Um das Untere Selbst, welches alles wörtlich nimmt, davon zu überzeugen, daß wir auf unser Gebet eine Antwort verdienen, wirken am besten körperliche Handlungen, die seine Aufmerksamkeit und Mitarbeit anregen.

Wenn ich versuchte, für jeden Leser ein Ritual zu erarbeiten, würden einige das zwar für nützlich halten, andere dagegen für lächerlich oder nicht für so bedeutungsvoll, daß sie etwas davon hätten. Man kann keine Rituale oder Zeremonien erfinden, die für immer gelten, unveränderlich sind und für alle passen. Dazu ist jeder Mensch zu einmalig. Angesichts der Unterschiede in unseren Persönlichkeiten, in unserem individuellen Werdegang und in unseren Erfahrungen würden die von mir gewählten Worte nicht für alle dieselbe Bedeutung haben. Vielleicht finden Sie Affirmationen und Lehrsprüche, die den Gedanken, den Sie gern benutzen möchten, richtig zum Ausdruck bringen. Oder diese Affirmationen und Lehrsprüche regen Sie vielleicht an, eigene zu schreiben. Manche der inspirierendsten Schriften der Welt sind für einige Leute ausgesprochen langweilig und uninteressant. Das Fasten sagt manchen Leuten als Möglichkeit zu, das Untere Selbst zu beeindrucken, während für andere nur Nachteiliges dabei herauskäme. Für manche könnte das Eingestehen von Sünden, die man einem Freund oder einem Priester beichtet (da solch ein Eingestehen nach Ansicht des Unteren Selbst »gut für die Seele«, wünschenswert oder

notwendig ist), gerade das richtige sein, um die erforderliche Vergebung zu bekommen.
Wenn wir dann bei der letzten Analyse den Müll angesammelter Verdrehungen und Irrtümer aus unserem »dunklen Keller« räumen, müssen wir unser Bewußtsein und Handlungen unseres Verstandes für die »Reinigung« benutzen. Die Rückkehr zur Einfachheit ist zwar das beste, jedoch nur möglich, wenn wir alles damit Zusammenhängende deutlich verstehen. Um Schuld loszuwerden, brauchen wir ganz »einfach« nur Kränkungen wiedergutzumachen. In einigen Fällen ist dies die einzige Antwort, bei anderen dagegen kann nichts getan werden, Kränkungen ungeschehen zu machen, wenn sie erst einmal zugefügt wurden. Bei Fixierungen infolge traumatischer Kränkungen, die auf religiöse und moralische Belehrungen der Kindheit zurückgehen (ich meine hier die irrationalen, die der bewußte Geist nicht mehr akzeptiert), oder bei solchen, die später durch »Schockreaktionen« verursacht wurden, ist es »einfach« ein Problem des Einsatzes von Handlungen des Verstandes und von körperlichen Reizen, um diese aus der Welt zu schaffen. Wir nehmen die emotionale Energie (Mana) aus der Erinnerung, an die sich das Untere Selbst noch klammert. Aber die eigentliche Arbeit, Fixierungen zu finden und zu beseitigen, ist so einfach nicht. Bei allen Fehlschlägen in der Benutzung der Hunâ-Methoden muß man danach Ausschau halten, und der Erfolg bzw. das Scheitern hängt letztendlich davon ab, wie gut Sie die Kala-Reinigung bei der Vorbereitung verstehen. Das Prinzip ist klar. Sein praktischer Einsatz erfolgt ausgesprochen personenbezogen und individuell.
Tatsache ist, daß die meisten von uns weder kapitale Verbrechen begangen noch vorsätzlich andere Menschen gekränkt haben. Probleme haben wir vor allem durch die kleinen Dinge, die sich in unseren Gedächtnisbanken als

generelle Schuldgefühle, Zweifel und nicht identifizierbare Ängste verdichten. Die regelmäßige Mana-Erzeugung zum Wohle unseres Körpers und zur regelmäßigen Benutzung durch unsere drei Selbste, verbunden mit etwas, das wir jeden Tag als Kala tun, schafft wahrscheinlich die meisten davon aus der Welt.

*Der kleine Komplex**

Unsere kleinen Komplexe kennen wir oft überhaupt nicht. Daß wir sie haben, kann jedoch vermutet werden, weil wir nicht die gewünschten Ergebnisse bei den Hunâ-Gebetsmethoden der »Hohen Schule« bekommen.
Hunâ kennt mehrere Methoden, Sünden- oder Schuldkomplexe zu beseitigen. Etwas bei anderen wiedergutmachen, wenn wir sie gekränkt haben, steht als erste auf der Liste. Danach kommt das abstrakte Vorgehen, bei dem wir verschiedene Arten vergessener »Sünden« wiedergutmachen.
Es gibt zweierlei Arten von Wiedergutmachungen. Die erste ist die *Durchführung* einer Handlung. Einer guten Tat. Einer Anstrengung der Liebe. Wir opfern oder geben etwas auf, das uns sehr viel bedeutet. Die zweite ist das Gebet um Vergebung als geistige und emotionale Handlung, in der *Logik* bzw. Argumente benutzt werden. Damit setzt man an die Stelle der jeweiligen konkreten *Tat* oder *Sache*, die als Opfer gegeben wird, einen körperlichen Reiz.
Unsere gemeinsamen Studien erbringen hier verschiedene Hilfsmöglichkeiten. Eine Forscherkollegin berichtete, daß ihr ein Gebet von Thomas à Kempis immer sehr geholfen hat, ihre vermuteten Komplexe loszuwerden.
Bei dem nachstehend angeführten Gebet steht das *logische* Element im Vordergrund. Das Gebet zeigt seinen Benutzern,

* Aus Max Freedom Longs *HRA Bulletin VI* (Februar 1949).

daß uns vergeben werden kann, wenn wir allen vergeben, die uns weh getan haben.

Wir wissen alle, daß wir in unserem geschäftigen Leben häufig nicht freundlich genug sind. Wir haben ein unbestimmtes Schuldgefühl, das wir selber nicht definieren können. Da wirkt ein Gebet wie dieses, das unser *aumakua* bittet, die Sache für uns zu erledigen. Es ist *gläubig* zu verrichten, fast mit der Haltung eines Kindes, das einen liebenden Elternteil mit einem verschmutzten Gesicht anschaut. Emotionen wie Liebe, Reue für vergessene Kränkungen, die wir anderen angetan haben, oder für Kränkungen, die wir anderen angetan haben, welche wir aber nicht mehr erreichen können, um sie wiedergutzumachen, müssen hier wachgerüttelt und eingesetzt werden.

Wie bei vielen anderen wirkungsvollen Ritualen ist auch hier die Wiederholung der Schlüssel zum Erfolg. Wir wiederholen und wiederholen es mehrmals am Tage, und schließlich lernt das untere Selbst zu reagieren, und die Handlung findet statt. Die kleinen Fixierungen werden ausgeräumt, und der »Weg« zum Hohen Selbst ist frei, so daß wir rasch und leicht den Kontakt herstellen können, den wir brauchen, um dem Hohen Selbst unsere Gebete im Hunâ-Sinne darzubringen.

Gebet von Thomas à Kempis

> Lieber Gott! Ich bringe dir [über mein *aumakua*] meine Gebete und Fürsprachen für diejenigen dar, die mich in irgendeiner Weise gekränkt, betrübt, für schuldig befunden, geschädigt oder beunruhigt haben. Ich vergebe ihnen vorbehaltlos und nehme alle Verurteilungen zurück.
>
> Wenn ich zu irgendeiner Zeit andere gequält und beunruhigt habe oder ihnen mit Worten oder Taten zur Last gefallen bin, sei es wissentlich oder in Unwissenheit, bitte

ich dich auch, mir diese Sünden zu vergeben, so wie ich den anderen vergeben habe, und gebiete meinem Herzen Einhalt, daß ich diese Kränkungen nicht wiederhole.
Nimm von uns… allen Argwohn, Unwillen und Zorn, alle Mißgunst, Eitelkeit und Streitsucht. Alles, was gegen die Barmherzigkeit verstoßen und die brüderliche Liebe schmälern mag – nimm es hinweg und mach es zunichte.

Die amerikanische Schriftstellerin Mary Austin hat die religiösen Glaubensbekenntnisse der Paiute-Indianer studiert und dabei festgestellt, daß diese das Hohe Selbst als »Wakonda« bzw. als »Freund der Menschenseele« kannten.
Sie erzählt,* daß sie einem Medizinmann folgende Frage gestellt hat: »Bekommt man auch immer alles, wofür man betet?« Darauf hat er geantwortet: »Sicherlich, wenn man richtig betet.« Aber dieses richtige Beten mußte er ihr erst umständlich erklären. Für die Paiute-Indianer bedeutete Beten, daß das innere Selbst auf etwas zugeht, das kein Gott ist, daß es eine Reaktion in der Außenwelt will. Sie führten körperliche Handlungen durch, tanzten und sangen und vollzogen ein ausgeklügeltes Ritual. Sie meinten, daß der Wakonda nicht umhinkonnte, in ihren Takt mit einzufallen und das Erwünschte zu geben, wenn das Gebetsritual mit den richtigen Körperhandlungen (dem Anteil des Unteren Selbst im Gebet) und dem richtigen Aus-sich-Herausgehen des inneren Selbst, d. h. des Mittleren Selbst, das die Hände nach dem Hohen Selbst ausstreckt, vollzogen wurde. Sie bekamen Regen, gute Ernten und vieles andere für ihr Volk, obwohl ihre Gebetsmethoden immer wieder von Dogmen gestört wurden.
In den Evangelien haben wir verschlüsselte Predigten in Form von Parabeln. In einer von ihnen spricht Jesus im

* Aus *Short Talks on Hunâ* (Hunâ Research, Inc. 1978), S. 91f.

Gleichnis vom Saatenausbringen und sagt: »Was ihr säet, werdet ihr ernten.« Er spricht von der Saat, die auf felsigen Grund gefallen war, und als die Sonne hochstieg, vertrockneten die jungen Pflanzen, und die Saat ging ein. So hat er verschlüsselt zum Ausdruck gebracht, daß die Saat in entsprechend vorbereiteten Boden gebracht und dann »bewässert« werden muß, indem man dem Hohen Selbst täglich Mana schickt, damit dieses es benutzen kann, bis die Zeit der Ernte herankommt und die Antwort auf unsere Gebete als Wirklichkeit und Materie zutage tritt. Das Schlüsselwort für »vertrocknen« heißt *lo-ha.* Dabei bedeutet die Wurzel *ha* »schwer atmen« wie beim Ansammeln von Mana, das dem Hohen Selbst geschickt werden soll.

Ich werde Ihnen ein Geheimnis verraten, falls Sie dafür sorgen, daß es überall herumerzählt wird. Wenn Sie noch eine oder zwei Personen in Ihr Gebet mit einschließen und sich vorstellen, wie diese an dem Guten, worum Sie bitten, teilhaben, können Sie auch um die Hilfe der Hohen Selbste dieser Personen bitten, und die Antwort kommt dadurch viel schneller und besser. Wir müssen immer darauf achten, daß wir nicht selbstsüchtig und gierig sind und daß es uns nicht an Liebe und Sympathie für andere mangelt. Hier liegt ein weiteres Geheimnis. Wenn Sie ein Schuldgefühl hegen, weil Sie einem anderen etwas angetan haben, könnte dieses Gefühl wie eine undurchdringliche Wand zwischen Ihnen und Ihrem Hohen Selbst stehen, falls Sie es mit ihrem Gebet erreichen wollen. Aber es gibt dagegen ein Mittel: Sie müssen Verletzungen anderer direkt oder durch Ersatzhandlungen wiedergutmachen. Fahren Sie mit diesem Wiedergutmachen fort, bis Ihr unteres Selbst überzeugt ist, daß es die Beantwortung seines Gebets verdient.

Und ein letztes Geheimnis will ich Ihnen noch verraten: Wenn Sie jemandem böse sind und ihn hassen, kommen Sie nie zum Hohen Selbst durch. Jesus lehrte uns, verschlüsselt zu beten. Wir lesen: »Unser täglich Brot gib uns heute. Und vergib uns unsere Schuld, wie wir vergeben unseren Schuldigern.« In der Hunâ-Verschlüsselung sind die »Schuldiger« all der Müll, den wir noch in uns haben und mit uns herumtragen, anstatt ihn wegzuwerfen. Reinigen Sie Ihr geistiges Haus; schrubben und scheuern Sie, als hinge Ihr Leben davon ab. Überprüfen Sie sich, ob Sie hassen, Mißgunst, Groll, Schuldgefühle und all die anderen Dinge hegen, die Sie doch nur vergiften. Machen Sie sich frei davon, ganz gleich, wie lange das dauert und wieviel Sie mit sich reden und argumentieren müssen. Arbeiten Sie daran, den Weg zum Hohen Selbst frei zu machen, damit Sie aus sich herausgehen können, wie es die Paiute-Indianer meinten. Setzen Sie sich ganz allein hin, und denken Sie lange über das Hohe Selbst nach. Lesen Sie in Büchern, die Sie für inspirierend und hilfreich halten. Dadurch kommt das Untere Selbst in Stimmung. Und seien Sie kein *haole*, d. h. kein »Atemloser«, wie die Hawaiianer die Weißen nannten, die nicht kräftig atmeten, Mana ansammelten und es dem Hohen Selbst schickten. Bereiten Sie sich vor. Machen Sie sich ein Gebetsbild von dem, was Sie und andere benötigen. Üben Sie, Ihr Gebet zu atmen und dem Hohen Selbst Mana zu schicken.

KAPITEL 11

Die Hunâ-Gebetshandlung

Was wir allgemein »Gebet« nennen, hat fast ausschließlich »religiöse« Nebenbedeutungen, die sich derart festgesetzt haben, daß das Wort Gebet in seiner ursprünglichen, eigentlichen Bedeutung (»eine ernsthafte Bitte«) kaum noch zu gebrauchen ist. Der Ausdruck »Gebetshandlung« kommt unserer Bedeutung näher. Das Hawaiische hat für Gebet zwei bedeutungsvolle Worte:

1. Das Wort *wai-pa* bedeutet wörtlich »Wasser teilen«. Wasser ist das Hunâ-Symbol für Mana bzw. Lebenskraft. Also bezieht sich Beten auf die Benutzung von Mana je nach den verschiedenen Funktionen der drei Selbste.
2. Der Begriff *pule* bedeutet, Gedankenformen mit dem Mana-Fluß über die Aka-Schnur an das Hohe Selbst zu »schicken«.

Wenn ich also von Gebet bzw. Gebetshandlung spreche, meine ich eine sorgfältig erarbeitete »Blaupause« für das, was unseren Wünschen gemäß bei entsprechender Umsetzung dieser Blaupause in unser Leben eingebaut werden soll. Die hier gelehrten Hunâ-Prinzipien sind leicht zu begreifen. Sie ähneln denen, die wir aus älteren und neueren Religionen sowie den gegenwärtig aktuellen psychologischen Richtungen kennen. Wir erarbeiten nun hier in allen Einzelheiten, wie ein effektives »Gebet« bzw. eine Gebetshandlung für eine höhere göttliche Macht, die ein Teil unserer aus drei Selbsten bestehenden Persönlichkeit ist, aussieht. Es folgt die notwendige Prozedur:

1. Die Vorbereitung des Gebetsaktes

Gründlich überlegt werden müssen die neuen Zustände, die hervorgebracht werden sollen, weil wir es so wünschen. Im Hunâ erfolgt eine Gebetshandlung nicht nur für ein augenblickliches Bedürfnis, sondern für das gesamte vor uns liegende Leben. Anstatt uns treiben zu lassen, nehmen wir uns die nötige Zeit und beschließen möglichst genau, was die Zukunft aufgrund unserer Wünsche für uns bereithalten soll. Ist es nicht seltsam, wie wenig Gebete in modernen Kirchen vorher durchdacht bzw. vorbereitet werden? Ein vorbereitetes Gebet ist ja schon fast etwas Verdächtiges. Sie können um Gesundheit, Glück und Wohlergehen bitten, können genaue Einzelheiten dazu mit aufnehmen, dürfen aber nicht vergessen, den Dienst an anderen mit in das Gebet einzuschließen. In den Kahuna-Idealen gibt es dazu viel Hilfreiches. »Die Kahunas lehrten, daß es einen Idealzustand gibt, dem der einzelne zustreben sollte. Es war ein Zustand, bei dem die Hilfe und die Anleitung des Hohen Selbst erbeten, erhalten und dann befolgt wurde. Eine Lebensregel mußte beachtet werden: Wir dürfen nichts tun, um jemanden ungerechterweise zu kränken. Für die schon weiter Fortgeschrittenen bedeutete diese Regel liebevolles Dienen. Liebe kann die Menschen einen und sie befähigen, große Werke zum Wohle aller zu vollbringen. Haß und Furcht können die Menschen nur für Krieg und Zerstörung zusammenbringen.«* Das Prinzip ist, daß wir über unsere Zukunft entscheiden, sie dann so detailliert wie möglich planen müssen und uns an den nächsten Schritt machen – den gewünschten Zustand zu verwirklichen.

* *The Secret Science Behind Miracles*, S. 188.

Training des Vorstellungsvermögens

Das mittlere Selbst muß sein Vorstellungsvermögen einsetzen. Das gehört zum Wichtigsten bei der Vorbereitung des Gebetsbildes. Stellen Sie sich vor, was Sie mit Hilfe Ihres Hohen Selbst werden oder vollbringen könnten. Stellen Sie sich verschiedene Zustände vor, in denen Sie der Mittelpunkt sind. Fragen Sie sich, ob ein durch das Gebet hervorgebrachter Zustand andere irgendwie kränken würde. Fragen Sie, ob jeder Zustand gut ist und ob es sich lohnt, daß Sie und Ihr Hohes Selbst sich anstrengen. Beginnen Sie damit jeden Tag Ihre Bemühungen, um Ihre Lebensziele oder deren Fehlen zu verstehen. Entscheiden Sie immer erst, worum Sie beten, wenn Sie dem unteren Selbst beigebracht haben, selbst ganz einfache Gebete, z. B. um Anleitung, Inspiration und Gesundheit, auszusenden. Diese Übung ist eine gute Vorbereitung auf die gesamte Gebetshandlung.
Wenn es Ihnen schwerfällt, ein Bild vor Ihrem geistigen Auge zu »sehen«, dann benutzen Sie einfach Ihre schon vorbereitete Beschreibung in Worten. Manche Menschen haben die natürliche Fähigkeit, in Bildern sehen zu können, und andere wiederum haben sie nicht. Letztere verfügen oft über einen schärferen Hör- oder Tastsinn. Wenn Sie leichter lernen, indem Sie etwas Gedrucktes vor sich sehen, gehören Sie wahrscheinlich zu denen, die sich Dinge bildlich vorstellen können, und haben dann keine Schwierigkeiten, vor Ihrem geistigen Auge ein klares Bild zu visualisieren. Wenn Sie leichter durch das Anhören von Erklärungen lernen, können Sie wahrscheinlich nicht in Bildern denken und haben möglicherweise Schwierigkeiten, ein Bild an Ihrem geistigen Auge vorbeiziehen zu lassen. Benutzen Sie beim Nachdenken über einen erwünschten Zustand die Methode, die für Sie die natürlichste ist. Wenn Sie jedoch Ihre Vorstellungskraft (das Sehen von Bildern mit dem geistigen Auge)

trainieren, entwickeln Sie viel wirksamere Gebetshandlungen. Es geht darum, möglichst viel Sinne zu mobilisieren. Diese sind die natürlichen Fähigkeiten Ihres Unteren Selbst, und wenn Sie mehrere davon benutzen, richten Sie die Aufmerksamkeit Ihres Unteren Selbst auf das, woran Sie arbeiten.
Max Freedom Long gibt uns aus seiner Erfahrung ein sehr lehrreiches Beispiel* dafür, wie dies gemacht wird. Die Methode der Hunâ-Gebetshandlung versteht man am besten, wenn man persönliche Erfahrungen überprüft. Wir entdekken auf unterschiedliche Weise, was getan werden muß, denn jetzt tun wir das für uns selbst. Wir haben die Fähigkeit, unser Hohes Selbst um Anleitung zu bitten und alle drei Selbste an der Verwirklichung der Gebetshandlung arbeiten zu lassen. Es wird auch Unterschiede in den Handlungen geben, die jeder einzelne zu unternehmen hat. Unsere unteren Selbste reagieren aufgrund unserer individuellen Erfahrungen unterschiedlich, und die Handlungen müssen für jeden angemessen sein.

»Eine ungewollte Zukunft in eine gewollte eintauschen«

»Ich möchte dieses Prinzip möglichst klar machen, denn es ist lebenswichtig. Die meisten Menschenleben sind ein wirres Durcheinander, und dieses aus der Welt zu schaffen, würde alles für uns bedeuten. Ich nehme dabei einen Fall aus meiner eigenen Erfahrung und kann versichern, daß jeder Schritt in der Arbeit vollständig und korrekt beschrieben wird. Ich kann mich für die Ergebnisse verbürgen, denn es gab sie in meinem Leben – und es gibt sie noch.«
1932 litt Longs Fotogeschäft in Honolulu sehr unter der wirtschaftlichen Depression und den ausbleibenden Touri-

* Zusammengefaßt aus *The Secret Science Behind Miracles*, S. 336 ff.

sten. Da seine Existenz bedroht war, wandte er sich an eine Kahuna-Frau um Hilfe. Er kannte sie bereits einige Zeit, und sie machte sich sofort daran, eine Lösung für ihn zu finden. Er erklärte ihr, daß er sein Geschäft mitsamt Lager und Inventar verkaufen müsse, da es sonst zum Bankrott käme. Er wußte, daß in Honolulu nur sein Freund und Konkurrent, der selbst ein größeres und älteres Kamerageschäft besaß, ihm seinen Fotoladen vorteilhaft abkaufen konnte. Dreimal hatte er ihm schon ein sehr niedriges Verkaufsangebot unterbreitet, jedoch sein Freund hatte kein Interesse gezeigt. Ein Makler hatte auch keinen Käufer finden können. Der Mietvertrag mußte erneuert werden, und an einen weiteren fünfjährigen Vertrag mit höherer Pacht war nicht zu denken.

»Als ich alles erklärt und einige Fragen beantwortet hatte, bat mich die Heilerin, einen kleinen Augenblick ganz genau nachzudenken und ihr zu sagen, was meinen Wünschen gemäß zu geschehen hätte. Ich dachte nochmals über alles nach und sagte ihr dann: ›Ich möchte mein Geschäft mit Lager und Inventar für achttausend Dollar an meinen Konkurrenten verkaufen.‹ Das wäre selbst in diesen schlechten Zeiten ein gutes Geschäft. Ich wollte meinem Konkurrenten helfen, sein Geschäft mit meinem zusammenzulegen, und danach wollte ich an die Küste zurück, um ein bißchen zu schreiben. Dazu war ich fest entschlossen.«

Die Heilerin fragte ihn noch weiter, bat ihn, selbst unbedeutende Details zu berücksichtigen und sich vorzustellen, wie alles im einzelnen funktionieren würde. Er hatte jeden Schritt abzuwägen, dessen voraussichtliche Ergebnisse in Betracht zu ziehen und zu überlegen, wie jedes die anderen Teile des Planes beeinflussen würde. »Es sollte das ›Gebet‹ an das Hohe Selbst vorbereitet werden. Die Gedankenformen des Gebetes durften nicht mit Zweifeln und Unsicherheiten vermischt sein. Sie mußten klar, scharf und mit aller Bestimmtheit herausgearbeitet werden. Alles Übersehene hätte später die Wirkung des Planes gestört.«

Die Heilerin erklärte, daß ihrer Erfahrung nach die meisten Menschen ständig ein Durcheinander widersprüchlicher Wünsche, Pläne, Befürchtungen und Hoffnungen an das Hohe Selbst schicken. Täglich und stündlich ändern sie ihre Meinungen zu dem, was getan, werden oder geschehen soll. Da das Hohe Selbst unsere Zukunft aus unseren Durchschnittsgedanken macht, zu denen es gewöhnlich Kontakt herstellt, während wir schlafen, ist unsere Zukunft eben ein heilloses Durcheinander von Ereignissen und deren Gegenstücken, von Mißgeschicken, von Gutem und Bösem. Nur wer klar entscheidet, stets in einer Richtung arbeitet, kann dem Hohen Selbst die richtigen Gedankenformen darbieten, aus denen die Zukunft so aufgebaut wird, wie man das wünscht, plant und erarbeitet.

Diese vorbereitende Diskussion dauerte eine Stunde. Dann erklärte die Kahuna-Heilerin, sie würde Kontakt zum Hohen Selbst herstellen und fragen, ob der Plan materialisiert werden könne. Dabei wird oft ein glatter schwarzer Stein in eine Kalebasse-Wasserschüssel gelegt. Diese Kahuna-Frau jedoch füllte ein Glas mit Wasser, schabte einen halben Teelöffel frische, gelbe Ingwerwurzel hinein, um das Wasser zu trüben, damit es als »körperlicher Reiz Geistereinflüsse abwehrt, zum Beispiel die von etwaigen, in der Nähe befindlichen Poltergeistern«.

Sie bat um einen Silberdollar als Vorauszahlung. Das wirkte als körperlicher Reiz auf ihr Unteres Selbst, da es ein Entgelt für Arbeit und Dienst darstellte und somit etwas Gutes für ihr Unteres Selbst war. Sie legte den Dollar unter das Glas, schirmte ihre Augen gegen das Licht ab, saß kurze Zeit so da und betrachtete das getrübte Wasser. »Sie begann bald Bilder zu sehen und von einer Art innerer Stimme Mitteilungen zu bekommen. Sie verblieb einige Augenblicke in einem tranceähnlichen Zustand, kam wieder zu sich, um mir zu erzählen, was sie gesehen hatte, oder um mir wieder Fragen zu stellen. Das dauerte vielleicht sieben oder acht Minuten.«

Als sie in das Wasserglas sah, hatte sie mehrere symbolische Visionen. Sie sah, »daß eine Tür geöffnet wird, und dann, etwas später, erblickte sie eine Weizengarbe«. Sie fragte Long, ob er an diese Dinge gedacht hätte und ob sie ihm etwas bedeuten. Sie wollte sichergehen, daß sie diese Bilder nicht von Long, sondern eindeutig vom Hohen Selbst bekommen hatte.

Sie erklärte, daß die Antwort günstig sei und das Gebet erhört werden könnte. Die Tür sei offen, aber nicht ganz. »Ihr Weg ist nicht sehr blockiert… Ich will jetzt fragen, was wir von uns aus tun müssen.« Sie starrte wieder in das Wasser und verfiel in einen leichten Trancezustand. Sie konnte den Konkurrenten sehen, der ein langjähriger Freund Longs war. Sie überprüfte, was sie sah, durch eine Beschreibung seines Äußeren und sprach auch davon, daß sich sein Büro hinter dem Laden befindet. Außerdem sah sie ganz genau den Makler, der keinen Käufer hatte finden können.

Dann fragte die Heilerin: »Haben Sie jemandem weh getan? Warum ist die Tür nicht weit offen, und warum ist Ihr Pfad etwas blockiert?« Long konnte sich nicht daran erinnern, jemandem weh getan zu haben, und das sagte er ihr auch. »Haben Sie das Gefühl, daß es Betrug wäre, wenn Sie Ihr Geschäft für achttausend Dollar verkaufen?« fragte sie. Er versicherte ihr, daß das Geschäft seiner Ansicht nach ausgesprochen fair sei.

»Dann sind es die kleinen Sündengedanken, die Sie von innen her anfressen. Wegen Ihrer Sonntagsschule oder der kirchlichen Unterweisungen«, schloß sie. »Die meisten guten Menschen, besonders wenn sie regelmäßig in die Kirche gehen, haben so etwas. Um das Schuldgefühl loszuwerden und den Weg zu Gott frei zu machen, müssen Sie drei Tage lang bis ein Uhr mittags fasten und dürfen in der Zeit auch nicht rauchen. Spenden Sie nach drei Tagen jemandem etwas, der es benötigt, oder geben Sie es einem Wohltätigkeitsverein. Die Gabe muß aber so groß sein, daß sie Sie schon ein wenig schmerzt. Es muß fast mehr sein, als Sie sich leisten können. Dadurch bekommen Sie innerlich das Gefühl, genug gegeben zu haben, um all Ihre kleinen Sünden auszugleichen. Kommen Sie wieder zu mir, nachdem Sie all das getan haben.«

Die Heilerin hatte ausgezeichnete körperliche Reize verschrieben, um Longs Unterem Selbst klarzumachen, daß es für Handlungen, die als sündig galten, etwas wiedergutmachte. Wir haben oft kleine Schuldkomplexe, die wir nicht identifizieren können und bei denen wir auch gar nicht herauszufinden brauchen, woher sie kommen.

Long führte die Anweisungen der Kahuna-Frau prompt aus und sah, daß diese Handlungen sein Unteres Selbst sehr stark beeindruckten. Als er wieder zu der Heilerin kam, fand sie mit Hilfe des Glases und des mit Ingwer vermischten Wassers, daß die Tür weit offen stand. Um sich zu vergewissern, fragte sie Long, ob er vielleicht seine Pläne geändert hätte und ob er sicher sei, daß alles so geschehen soll, wie er zuvor erklärt hatte. Da die Pläne klar und unverändert waren, sprach sie ihr Gebet an das Hohe Selbst.

»Wenn ein Kahuna zum eigenen Hohen Selbst betete und um Hilfe für einen Klienten bat, ging das Gebet automatisch auch an dessen Hohes Selbst, weil man glaubte, alle Hohen Selbste seien in einer Weise, die wir nicht verstehen und die wir uns schwer vorstellen können, miteinander verbunden. Sie sind ›viele in einem‹ und ›eines in vielen‹. Sie bilden trotz aller Trennung eine Einheit. Sie haben engere Bindungen zueinander als die Bienen in einem Bienenstock. Sie haben gelernt, als Einheit zu arbeiten, und doch arbeitet jedes für sich. Wir können das nicht begreifen, aber aus Ergebnissen durch

Kontakte mit den Hohen Selbsten verstehen wir die Sache wohl so am besten.
Um das Gebet durchzuführen, erhob sich die Heilerin, ging langsam hin und her und atmete stark. Einige Minuten später blieb sie am Tisch stehen, sagte ruhig, daß sie nun an den Gott für mich beten werde, und begann dann, wie in die Ferne schauend, langsam und eindringlich hawaiisch zu sprechen. Sie sprach das Gebet einmal und wiederholte es dann noch zweimal. Dieses dreimal gesprochene Gebet wurde Wort für Wort und Gedanke für Gedanke mit aller Suggestivkraft vorgetragen, damit das Untere Selbst dem Hohen Selbst die im sorgfältig und gründlich vorbereiteten Gebet gemachten Gedankenformen brachte.«
Das Untere Selbst hatte den Kontakt zum Hohen Selbst auf direktes und inständiges Bitten des Mittleren Selbst der Heilerin hergestellt. »Nachdem das Gebet dreimal gesprochen worden war, setzte sich die Heilerin wieder auf ihren Stuhl und nahm sich eine Zigarette. Sie rauchte und ruhte sich nach ihrer Anstrengung aus. Sie hatte zusätzliche Lebenskraft angesammelt und das Gebet als Kette von Gedankenformen auf einem Strom von Lebenskraft dargebracht.«
Sie benutzte das Wasserglas nun wieder, um Botschaften oder Anweisungen vom Hohen Selbst zu bekommen. In ihrer Vision sah sie, wie die alte Zukunft niedergerissen und die neue unverzüglich errichtet wurde. Der geschäftliche Fehlschlag, der unvermeidlich schien und solche Furcht und Sorge ausgelöst hatte, wäre wahrscheinlich Longs Zukunft gewesen, wenn das Hohe Selbst nicht das Schlechte gegen das erwünschte Gute eingetauscht hätte.
Die Bilder der Gedankenformen, die das Untere und das Mittlere Selbst schicken, benutzt das Hohe Selbst als Muster zum Aufbau der Zukunft. Die Gedankenformen sagen dem Hohen Selbst, was wir hoffen, befürchten, wünschen und planen. Unsere Zukunft wird aus diesen Gedankenformen

gemacht, weil wir um Hilfe bitten. Der freie Wille unserer beiden Unteren Selbste wird nicht beeinträchtigt. Auf der Bewußtseinsebene unseres Verstandes können wir uns nicht vorstellen, daß eine Zukunft aus unsichtbarem Material gemacht wird, aber auch noch all die Ereignisse und Zustände enthält, die von Minute zu Minute und von Stunde zu Stunde und von Tag zu Tag feste Gestalt annehmen. Das Hohe Selbst wirkt auf einer völlig anderen Ebene. Solange wir wissen, daß die Zukunft verändert werden kann und was wir tun müssen, um diese Veränderung herbeizuführen, ist das alles, was wir wissen müssen.

Die Heilerin sah, was Long tun sollte, um seinen Plan Wirklichkeit werden zu lassen. Diesmal wurden keine Symbole benutzt, sondern spezielle Handlungen, die »der Gott« der Kahuna-Frau zeigte. »Sie sah, wie ich mit einem Papier in der Hand zu meinem Konkurrenten ging. Sie sagte, auf dem Papier hätte ich mein Verkaufsangebot, den Preis und alle Einzelheiten festgehalten. Ihr Gott hätte ihr mitgeteilt, daß dieser Mann zu denen gehöre, die gern alles auf Papier geschrieben sehen möchten, weil er sonst aus Gewohnheit nein sagen würde.«

Sie instruierte Long, das Angebot auszuarbeiten und seinen Freund zu besuchen. »Am nächsten Dienstag um Viertel nach zwei... Er wird in seinem Büro am Schreibtisch sitzen, ohne etwas zu tun. Sie legen das Papier auf seinen Schreibtisch und sagen: ›Sehen Sie sich bitte diese Zahlen an. Ich komme in zehn Minuten wieder.‹ Dann gehen Sie und kommen nach zehn Minuten zurück. Er wird dann Ihr Papier gelesen haben und Ihnen sagen, daß er Ihr Geschäft kauft...« Das kam Long »unglaublich klar und detailliert vor. Ich fragte sie, woher sie das wisse, und sie sagte mir, sie sähe mich das in meiner Zukunft tun und Gott habe ihr zu verstehen gegeben, warum das Angebot niedergeschrieben werden müsse«. Verblüfft über die exakten Anweisungen, befolgte Long sie ganz genau.

Sein Konkurrent erklärte sich bereit, das Geschäft zu kaufen, und gab ihm einen Scheck. »So wurde das Geschäft mit Hilfe der Heilerin und des Hohen Selbst abgeschlossen. Der im Gebet festgesetzte Preis wurde mir bezahlt. Ich blieb noch, um zu helfen, mein Geschäft mit dem meines befreundeten Konkurrenten zusammenzulegen. Als das Geschäft abgeschlossen war, erstattete ich der Kahuna-Frau Bericht, zahlte ihr, was sie anzunehmen bereit war, und das war wenig genug angesichts des großen Dienstes, den sie mir geleistet hatte.«
Die obige Geschichte veranschaulicht in bemerkenswerter Weise, was bei der Anwendung von Hunâ getan werden kann. Wichtig ist, daß das Hohe Selbst alles für uns tut, vorausgesetzt, wir haben auf der Ebene des Mittleren und des Unteren Selbst alles Notwendige getan. Sollte sich zusätzliche Hilfe erforderlich machen, überlassen wir es dem Hohen Selbst, diese durch Kontaktherstellung zu den Hohen Selbsten anderer Menschen zu beschaffen. Das ist von besonderer Wichtigkeit, wenn wir anderen helfen wollen. Die Hohen Selbste arbeiten dabei zusammen. Möglicherweise suchen wir in sehr schwierigen Fällen nach der Hilfe von noch jemandem. Letztendlich aber macht das harmonische Wirken unseres Hohen Selbst in Zusammenarbeit mit dem Unteren und dem Mittleren Selbst, wobei alle ihren Beitrag leisten, die gewünschten Zustände zu Wirklichkeit. Ein Kahuna ist jetzt nicht notwendig. Diese Dinge können wir selbst erledigen. Das vorliegende Buch über das Hunâ-System soll Ihnen helfen, dies zu tun.

2. Ein System von Gedankenformen aufbauen

Der zweite Schritt besteht darin, ein vollständiges System von Gedankenformen über die neue Zukunft aufzubauen und durch Visualisierung und unter Verwendung eines körperlichen Reizes unser Unteres Selbst damit zu beeindrucken.

3. Mana ansammeln

Der dritte Schritt besteht darin, einen ausreichenden Vorrat an Mana bzw. an Lebenskraft zu sammeln, um die neugeschaffenen Gedankenformen über den unsichtbaren Aka-Verbindungsfaden an das Hohe Selbst zu schicken.

4. Jeden Tag etwas tun

Der vierte Schritt ist die Weiterführung. Hier überprüfen und bestärken wir jeden Tag die in unseren Gedankenformen verkörperte visualisierte Zukunft und bieten die Gedankenformen tagtäglich aufs neue mit einem frischen Vorrat an Lebenskraft dar, damit das Hohe Selbst mit ihnen das tut, was die Kahunas wie folgt symbolisierten: »Wachsen der Saaten (der Gedankenformen) durch Besprengen mit Wasser (Mana), bis sie als die jeweiligen Zustände Frucht tragen, wenn die Zukunft zur Gegenwart wird.« Um ein »Ausgraben der Saat« bei der täglichen Erneuerung unserer Gebetshandlung zu verhindern, ist es von großer Wichtigkeit, für jedes Gebetsbild ein einfaches Symbol zu wählen. Benutzen Sie aber keine Lieblingsgegenstände, sondern etwas, das für Sie nicht von spezieller Bedeutung ist. Auch danach wird es Ihnen nichts Besonderes bedeuten. Sie benutzen es einfach nur, um das Untere Selbst daran zu erinnern, an welchem Gebetsbild Sie arbeiten, ohne daß Sie in die Versuchung geraten, das Bild in irgendeiner Weise zu revidieren.

5. Kala

Um die genannten Schritte erfolgreich durchzuführen, werden Sie auch lernen, daß alle Blockaden zu beseitigen sind, die durch so etwas wie Schuldgefühle und Fixierungen (fixe Ideen des Unteren Selbst) verursacht werden.

Was ist an alldem neu? Man hört zuweilen, daß vieles »vertraut klingt«. Das mag sein, weil Sie erkennen, daß diese Prinzipien wahr sind, oder weil es sich um einfache Konzepte handelt, die vielleicht zum ersten Mal so gezeigt werden, wie sie sind. Hier hilft vielleicht die Darstellung einiger Hunâ-Ansätze, die sich von anderen unterscheiden:

1. Die Langfristigkeit der Gebetshandlung und die gründlichere Vorbereitung sind neu.
2. Daß mit Visualisierungen gearbeitet wird, mag bis zu einem gewissen Grade bekannt sein; daß sie jedoch benutzt werden, um bewußt ein System von Gedankenformen als Gußformen zur Materialisierung erwünschter künftiger Ereignisse zu schaffen, ist in seiner Bedeutung neu. Die Zugabe von Energie (Mana) zu dem visualisierten Bild war zwar etwas sehr Neues, als das Hunâ-System erstmalig gelehrt wurde, scheint aber inzwischen von einigen Lehren übernommen worden zu sein.
3. Die Bitte an das Hohe Selbst, Gedankenformen zu benutzen, um für uns eine neue und wünschenswertere Zukunft zu schaffen, ist neu.
4. Die Ansammlung zusätzlicher Lebenskraft und deren Übersendung an das Hohe Selbst, damit dieses sie bei der Schaffung der erwünschten Zukunft benutzt, ist neu. Die Umwandlung von Mana in die überaus bedeutsame Kraft Mana-Loa ist neu.
5. Der unsichtbare Aka-Faden, der uns mit dem Hohen Selbst verbindet, ist neu, obwohl die Bibel mit der »Silberschnur« auf ihn hinweist.
6. Die Benutzung eines Mana-Stromes, um die Gedankenformen telepathisch zum Hohen Selbst zu bringen, ist neu und von größter Wichtigkeit.
7. Daß der Aka-Faden zwischen dem Aka- bzw. Schattenkörper des Unteren Selbst und dem Hohen Selbst verläuft und

das einzige Mittel ist, um einen Kontakt zwischen dem Unteren und dem Hohen Selbst herzustellen, ist nicht nur neu, sondern im psychologischen und religiösen Denken dieses Jahrhunderts revolutionär. Dies erklärt uns endlich, warum das gewöhnliche gesprochene Gebet des bewußten Geistes bzw. des Mittleren Selbst nicht erhört wird. Das innere, das Untere Selbst wird nicht in Gang gesetzt, und die telepathische Übersendung des Gebets fehlt, ganz zu schweigen davon, daß Lebenskraft geliefert wird, die das Hohe Selbst benötigt und benutzt, und daß für diese telepathische Kommunikation Blockaden aus dem Weg zu räumen sind.

Das nachfolgende Gebet zeigt die Ähnlichkeit zwischen der amerikanischen Eingeborenentradition und Hunâ. Sie finden das vielleicht für Ihre Meditation recht effizient.

Amerikanisches Indianergebet

O Großer Geist,
Dessen Stimme ich in den Winden höre
Und dessen Atem die ganze Welt belebt,
Höre mich an! Ich bin klein und schwach.
Ich brauche deine Stärke und deine Weisheit.

Laß mich in Schönheit wandeln,
Und laß meine Augen immer
Den roten und violetten Sonnenuntergang erblicken.

Laß meine Hände die von dir gemachten Dinge achten,
Und schärfe meine Ohren, um deine Stimme zu hören.
Mache mich weise, damit ich
Die Dinge verstehe, die du meinem Volk gelehrt hast.

Laß mich die Lektionen lernen,
Die du in jedem Blatt und jedem Stein versteckt hast.

Ich suche Stärke,
Nicht um größer zu sein als mein Bruder,
Sondern um meinen größten Feind zu bekämpfen – mich selbst.

Mach mich stets bereit, zu dir zu kommen
Mit sauberen Händen und ehrlichen Augen.
Damit, wenn das Leben wie die schwindende Sonne vergeht,
Mein Geist ohne Scham
Zu dir kommen mag.

Sie werden Zeit brauchen, um die neuen Ideen und Ansätze zu verdauen und um alte Konzepte zurechtzurücken. Ich benutze Wörter aus dem alten Hawaiischen als Fachausdrücke für die Hunâ-Grundelemente, um die einzelnen Arten des *Bewußtseins** in den Funktionen der drei Selbste, die drei Arten von Energie bzw. *Kraft* und die unsichtbare *Substanz* (Aka), durch welche die Energie wirkt, zu verdeutlichen. Wenn möglich, benutze ich vertrautere Begriffe aus der Psychologie. Aber Sie müssen verstehen, daß Begriffe wie »bewußt«, »unterbewußt« und »überbewußt« nicht dasselbe bedeuten wie in der Psychologie, sondern Ihnen nur die vollständigen Bedeutungen der Hunâ-Begriffe vermitteln sollen. Sie müssen diese Wörter neu verstehen. Durch Nennung mehrerer Äquivalente und Erörterung der verschiedenen Bedeutungen für die Wurzeln der ursprünglichen Schlüsselwörter begreifen Sie besser die zur Beschreibung der Hunâ-Idee benutzten Begriffe.

* Diese drei von Dr. William Tufts Brigham vorgeschlagenen Elemente sollten zur Entdeckung des Geheimnisses der Heilung und anderer »Wunder« führen. Vgl. *The Secret Science Behind Miracles*, S. 13.

KAPITEL 12

Das Gebet, das Ergebnisse bringt

Die Hunâ-Gebetshandlung ist das Gebet, das Ergebnisse bringt, denn es ist »das inständige Gebet eines Gerechten«,* das »viel vermag«. Das bedeutet, daß jemand, der nach den richtigen (»gerechten« = richtigen) Grundsätzen lebt und seine Gebetshandlung durch die Intensität von Geist, Gefühl und Begeisterung (»inständig«) mit Energie füllt, sein Ziel erreicht (die erwünschten Ergebnisse zur Manifestation bringt). Einige Grundelemente dieser Gebetsmethode sind in den vorangegangenen Kapiteln dargestellt worden, so daß Sie nun die Hintergrundinformation haben, um selbst Gebetshandlungen vornehmen zu können. Es dauert länger, das zu erklären, als es zu tun. Die Gebetshandlung ist vor allem etwas, was Sie tun. Dieses Kapitel bringt Ihnen den gesamten Vorgang bei, so daß Sie ihn von Anfang bis Ende befolgen können. Werden die von Ihnen gewünschten Ergebnisse jedoch nicht erzielt, dann benutzen Sie dieses Kapitel als Checkliste, um festzustellen, ob Sie bei der Vorbereitung und Durchführung der Gebetshandlung auch alles richtig gemacht haben.

Erarbeiten Sie mit diesen Anweisungen als Richtlinie die Durchführung jedes einzelnen Schrittes. Hunâ ist nicht nur etwas, das Sie tun, sondern Sie tun es auf Ihre individuelle Art und gehen dabei von diesen Prinzipien aus. Wenn Sie erst einmal den gesamten Vorgang verstanden haben, nimmt die Durchführung der Gebetshandlung nur wenig Zeit in Anspruch. In der Lern- und Übungsphase mag es notwendig

* Neues Testament, Brief des Jakobus 5,16: »Viel vermag das inständige Gebet eines Gerechten.«

sein, diese Anweisungen hier langsam und sorgfältig durchzugehen. Ist Ihnen aber erst einmal alles zur Gewohnheit geworden, brauchen Sie diese exakte Prozedur nicht mehr. Alles, was Sie regelmäßig tun, bildet das Muster Ihres Lebens. Wenn Sie Gebetshandlungen nur gelegentlich zur Lösung besonders schwieriger Probleme oder zur Ausführung wichtiger Aufgaben vornehmen, kommen Sie möglicherweise zu dem Schluß, daß Sie sie nicht sachkundig genug durchführen können, um gewünschte Ergebnisse zu erzielen. Sie müssen regelmäßig üben. Das aber können Sie am besten in Lebensabschnitten, in denen es Ihnen ohnehin bessergeht, und dann werden Sie empfinden, daß Sie einen Erfolg nach dem anderen erzielen. Wenn Sie Erfahrungen dadurch sammeln, daß Sie kleine Ziele erreichen und leichte Probleme lösen, stärken Sie Ihr Selbstvertrauen, sich an größere Projekte heranzuwagen.

Sie haben ja nicht jeden Tag Riesenprobleme zu bewältigen, und Sie beginnen auch nicht mit einem neuen Ziel von gigantischen Ausmaßen. Aber jeden Tag sollten Sie mit den Hunâ-Prinzipien arbeiten, um in Übung zu bleiben und gewappnet zu sein, wenn Sie eine ganz wichtige Gebetshandlung benötigen oder wünschen. Tun Sie jeden Tag etwas, damit Sie immer einen hohen Mana-Spiegel haben. Schicken Sie regelmäßig Mana an Ihr Mittleres und an Ihr Hohes Selbst, damit diese es so verwenden, wie sie es brauchen. Entwerfen Sie ein Gebet oder eine Meditation, die Gesundheit und Schutz, gute Beziehungen, ein gutes Einkommen und Fortschritt in Ihrer spirituellen Entwicklung beinhaltet. Schließen Sie Familie und Freunde in dieses tägliche Gebet mit ein. Ebenso spezielle Bitten, die Ihnen in den Sinn kommen. Das Gebet wird jeden Tag mehr oder weniger dasselbe sein, bis auf die einzelnen Punkte, die sich nötigenfalls ändern. Sorgen Sie für eine reibungslose Kommunikation zwischen Ihrem Mittleren und Ihrem Unteren sowie auch zwischen Ihrem unteren und Ihrem Hohen Selbst. Denken Sie daran, daß die »leise, schwache Stimme« des Hohen Selbst Ihnen Anleitung gibt.

Wenn diese Praxis ein natürlicher Bestandteil Ihres täglichen Lebens wird, werden Sie bereit und fähig sein, bei größeren Erfordernissen und Plänen mit Ihrer gründlich erarbeiteten und in Übereinstimmung mit diesen Anweisungen vorgenommenen Gebetshandlung »Wunder« zu vollbringen. Mehr noch – wenn Notsituationen es Ihnen nicht erlauben, sich für ausgedehnte Vorbereitungen und die methodische Durchführung der Gebetshandlung Zeit zu nehmen, können Sie auch sofort auf dringende Gebete Antwort bekommen. Warum wird das möglich? Weil dann alle drei Selbste gewohnt sind, zusammenzuarbeiten, genau wissen, was zu tun ist, und die Bitte um rasche Hilfe hören, die vielleicht nur ein Gedanke oder ein dringendes Erfordernis ist.

»Ich bin immer noch der Meinung, daß die tägliche bzw. stündliche Übersendung von Lebenskraft an die Hohen Selbste das erste ist, um Veränderungen zu ermöglichen; das zweite ist die Übersendung der Gedankenformen von den gewünschten Zuständen, damit sie Gußformen zum Aufbau der neuen Zukunft sein können.«*

Grundprinzipien

Hunâ hat nur wenige Grundprinzipien, die leicht zu verstehen sind. Dr. Brigham hat die wesentlichen Elemente genannt, die Bestandteil jedes vermeintlichen »Wunders« in der menschlichen Geschichte sind: ein Bewußtsein, das eine Kraft vermittels einer Substanz lenkt. Max Freedom Long hat die drei Elemente wie folgt identifiziert: Die drei Selbste –

* *HRA Bulletin XIV* (1950), S. 2.

insbesondere das Hohe Selbst – sind das Bewußtsein, das die Kraft lenkt. Die Kraft ist Mana (die Lebenskraft) vom unteren Selbst, das vom Hohen Selbst in die höchstmögliche Kraft Mana-Loa umgewandelt wird. Die Substanz ist das gewöhnlich unsichtbare Aka, das die einzigartige Fähigkeit besitzt, Mana weiterzuleiten und Muster zu bilden. Versteht man die Funktionen jedes der drei Selbste, die Art und Weise, wie sie miteinander kommunizieren, wie ein großer Mana-Vorrat hervorgebracht und angesammelt und dieses Mana für spezielle Zwecke weitergeleitet wird, dann ist die Durchführung der Gebetshandlung einfach. Sie brauchen nur mit richtigen Gebeten zu üben, um das zu meistern.

Bei der Hunâ-Gebetshandlung wird davon ausgegangen, daß die drei Selbste harmonisch zusammenarbeiten. Wenn wir ihre Arbeitsweise erklären, konzentrieren wir uns oft nur auf die Eigenarten und Funktionen eines von ihnen. Wir betonen die Notwendigkeit, mit dem Unteren Selbst zu arbeiten und viele Übungen, Spiele und Erklärungen zu entwickeln, um unserem Mittleren Selbst zu helfen, effektiv mit unserem Unteren Selbst zu arbeiten. Wir beschreiben vielleicht auch das wichtige Werkzeug Vorstellungsvermögen, das dem Mittleren Selbst zur Verfügung steht, und zeigen, wie wichtig es ist, unsere Intelligenz, unsere Logik und unser vernünftiges Denkvermögen einzusetzen. Wir sprechen von der großen Macht des Hohen Selbst, alles für uns zu tun, daß wir aber um diese Hilfe bitten müssen und daß wir für alles, was wir zu entscheiden und im Leben zu vollbringen suchen, Anleitung vom Hohen Selbst bekommen können. Wenn wir uns zu Erklärungszwecken auf eines der drei Selbste konzentrieren, sollten Sie auch immer an die anderen Selbste als Teile des Arbeitsteams denken. Stellen Sie sich diese niemals getrennt voneinander vor, sondern als drei, die »wie ein Mann« zusammenarbeiten. Das Untere Selbst arbeitet nicht harmonisch mit, wenn negative Emotionen wie Schuldgefühle, Angst und Minderwertigkeitskomplexe seine Aufmerksamkeit ablenken, und das Mittlere Selbst arbeitet nicht mit, wenn es versäumt, zu denken, Entscheidungen zu treffen, das Vorstellungsvermögen bewußt einzusetzen, oder wenn es dic fixe Idee hat, Vernunft und Intelligenz seien alles. Das Hohe Selbst ist immer bereit, gewillt und fähig, zu helfen, wenn es darum gebeten wird.

Sie müssen das Vorhandensein des Hohen Selbst und seine Rolle bei der Erfüllung Ihrer Gebetswünsche erkennen. Die beiden Unteren Selbste haben bei der Zukunftsplanung, der Gebetshandlung und bei der Lieferung des benötigten und an das Hohe Selbst zu schickenden Mana wichtige Aufgaben zu erfüllen. Es ist das Hohe Selbst, welches das Gebetsbild in die Wirklichkeit unseres Lebens einbaut.

Sie müssen auch die große Wichtigkeit des Unteren Selbst erkennen, denn das Gebetsbild muß von ihm an das Hohe Selbst geschickt werden. Also müssen Mittleres und Unteres Selbst in Freundschaft und Eintracht als Partner zusammenarbeiten, und das Untere Selbst muß einen guten Kanal zur Kommunikation mit dem Hohen Selbst haben.

Ein anderes zu erkennendes Grundprinzip ist die Notwendigkeit, dem Hohen Selbst eine zusätzliche Mana-Gabe zu schicken. Wie wir gesehen haben, ist Mana keine mechanische Energie, sondern eine Lebenskraft, die den Körper am Leben und gesund erhält und die das Mittlere und das Hohe Selbst mit Energie versieht. Das ist das eigentliche »Opfer«, das Gott bzw. den Göttern in der Geschichte der Religionen dargebracht wird. Das ist auch die eigentliche Bedeutung der Ermahnung, »daß ihr eure Leiber gebet zum Opfer, das da lebendig, heilig und Gott wohlgefällig sei. Das sei euer vernünftiger Gottesdienst.«* Mana ist eine Lebenskraft, die an das Hohe Selbst geschickt und von ihm angenommen wird;

* Römerbrief, 12,1.

und zugesandt wird sie aufgrund einer vernünftigen Entscheidung des Mittleren Selbst.
Wenn wir das Hohe Selbst als Teil von uns erkennen, können wir ein intensives Liebesgefühl entwickeln, das die Verbindung stärken wird. Um andere zu lieben, müssen wir erst einmal uns selbst lieben. Gottes Liebe empfinden die Menschen zwar als etwas Natürliches, sie bleibt aber immer ein wenig abstrakt und unklar. Die Liebe unseres eigenen Hohen Selbst wird zur persönlichen Erfahrung und läßt keinen Zweifel. Dem Unteren Selbst braucht diese Liebe nicht beigebracht zu werden, doch vermag es diese natürliche Emotion nur zum Ausdruck zu bringen, wenn kein Schuld- oder Angstgefühl vorhanden ist. »Die Emotion bringt Mana hervor... und die Liebe trägt Mana zu den Hohen Selbsten... Wo keine Liebe und kein starkes emotionales Verlangen beim Beten zu verspüren ist, kann man sicher sein, daß das Untere Selbst seinen Beitrag nicht leistet und das Gebet nichts bewirkt. Um das Hohe Selbst zu lieben, brauchen wir es nur *kennenzulernen*. Nicht nur durch den Verstand und die emotionale Reaktion, die der Kontakt im Unteren Selbst auslöst, sondern auch durch die Intuition. Intuition ist etwas, das den Unteren Selbsten vom Hohen Selbst gegeben wird.«*
Das Mittlere Selbst fühlt sich vielleicht behindert durch die Ausbildung in akademischen Disziplinen, die die bewußte Kenntnis höherer Geistwesen ausschließen. Es muß sich zum Lieben entschließen, indem es dem Hohen Selbst eine zu Liebe umgewandelte Mana-Hochladung schickt.
Das Mittlere Selbst hat bei der Gebetshandlung ebenfalls eine wichtige Rolle zu spielen, denn es muß beschließen, was erreicht werden soll, muß das Gebetsbild visualisieren und dafür sorgen, daß es unverändert bleibt. Außerdem muß es das Untere Selbst anweisen, dies dem Hohen Selbst zu über-

* *Growing into Light*, S. 59.

mitteln. Wenn die drei Selbste zusammenarbeiten, hat auch das Mittlere Selbst seinen Beitrag zu leisten, indem es die Vernunftshandlungen auf körperlicher Ebene leitet.

Die Vorbereitung vor der Gebetshandlung

Bei gründlicher Vorbereitung ist der Rest leicht. Wir sind es ja eigentlich nicht gewöhnt, Gebete zu planen. Die Kirchen benutzen leise Musik, um die Menschen in eine andächtige Stimmung zu bringen. Rituale weisen oft darauf hin, daß Gebete gesprochen oder angehört werden sollen. Aber die Vorbereitung des einzelnen könnte ein Unterscheidungsmerkmal der Hunâ-Gebetsmethode sein. Bei ihr muß man eine Kala-Reinigung durchführen, das erwünschte Ziel gründlich planen, sich die Zeit nehmen und die notwendigen Anstrengungen machen, um das Gebet zu schicken und die Energie so lange fließen zu lassen, bis es erhört wird.

Die Kala-Reinigung ist der geistige und emotionale »große Aufwasch« im Hause, der den Weg zum Hohen Selbst frei macht. Das Wort *kala* bedeutet »zum Licht« bzw. »das Licht wiederherstellen«. Licht ist das Symbol des Hohen Selbst. Alles, was Blockaden geschaffen hat oder wodurch Knoten in der Aka-Schnur, die uns mit dem Hohen Selbst verbindet, entstanden sind, muß beseitigt werden. Wenn wir etwas Kränkendes getan haben, machen wir den Weg am besten dadurch frei, daß wir bei denen, die von uns gekränkt wurden, etwas wiedergutmachen. Ist das nicht möglich, muß man einem anderen Dienste leisten, um dadurch indirekt etwas wiedergutzumachen.

Kala heißt auch Vergebung. Wir bitten um Vergebung. Nicht bei Gott, den die Taten der Menschen nicht kränken können, sondern bei denen, die gekränkt wurden. Kala muß vom Mittleren Selbst getan werden; bewußt und mit voller Absicht. Um die Hilfe des Hohen Selbst kann gebeten werden.

Wir sollten immer bereit sein, anderen zu vergeben, wenn sie uns gekränkt haben. Das tun wir zu unserem eigenen Nutzen, nicht für die anderen. Groll (das »Wiederfühlen« der emotionalen Reaktion des Unteren Selbst) blockiert die Kommunikation sehr.

»Wenn du eine Gabe auf dem Altar opferst und wirst allda eingedenk, daß dein Bruder *etwas wider dich habe*, so laß allda vor dem Altar deine Gabe und gehe zuvor hin und versöhne dich mit deinem Bruder und alsdann komm und opfere deine Gabe.»*

Wir müssen auch uns selbst vergeben. Wenn wir schon immer »im voraus vergeben«, sind wir darauf vorbereitet, zu tun, was notwendig ist, wenn sich die Gelegenheit dazu ergibt. So können wir den Weg zu unserem Hohen Selbst frei halten.

Die genannte Reinigung ist als Vorbereitung zur Gebetshandlung von allergrößter Wichtigkeit. Sie muß auch ständig wiederholt werden, damit der Kanal zum Hohen Selbst frei bleibt und Mana fließen kann. Komplexe und Fixierungen müssen aus der Welt geschafft werden, um den Weg (Aka) zum Hohen Selbst frei zu machen. Spüren Sie die Schwierigkeiten mit allen erarbeiteten Kommunikationsmitteln auf, wenn Ihr Unteres Selbst auf sie hinweist. Lösen und beseitigen sie nur die Blockaden und Knoten in der Aka-Schnur, die die effektive Beantwortung Ihres Gebetes tatsächlich behindern. Sie brauchen nicht jedes versteckte Schuld- oder Angstgefühl auszugraben, solange sie Ihnen bei der Erreichung des Erfolges nicht im Wege stehen. Mehr zu tun, als Sie im Augenblick bewältigen können, würde nur Ihren Fortschritt behindern. Sie können sich mit diesen Gefühlen befassen, wenn Sie auf sie aufmerksam werden.

Kala kann ein Ritual, ein Wort oder eine Tat sein. Am besten

* Matthäus-Evangelium 5,23 f.

betreibt man die tägliche Kala-Reinigung mit dem »Hunâ-Gebet«, das Max Freedom Long 1949 geschrieben hat. Ich benutze es auch und empfehle, es regelmäßig zu verwenden. Wenn Sie es mehrmals gesprochen haben, werden Sie feststellen, daß Sie es leicht behalten und nicht mehr abzulesen brauchen.

Das Hunâ-Gebet
von Max Freedom Long

Sollte ich heute jemanden
Durch Gedanken, Worte oder Taten gekränkt
Oder einen anderen in seiner Not im Stich gelassen haben,
So bereue ich das jetzt.

Sollte ich das nicht wiedergutmachen können,
Tue ich morgen Gutes dafür
Und heile Verletzungen mit Liebe.
Das gelobe ich.

Wenn mich eine Verletzung tief getroffen hat
Und nicht wiedergutgemacht wurde,
Bitte ich das Licht, alles wieder auszugleichen,
Und betrachte die Schuld als getilgt.

Elterlicher Geist, den ich liebe
Und der mich liebt, wie ich weiß,
Komm durch die Tür, die ich weit öffne,
Und mach den Weg zu dir frei.

Die Vorbereitung auf eine Gebetshandlung macht eine Entscheidung erforderlich. Entscheiden Sie in allen Einzelheiten, was Sie wünschen. Ein Wirrwarr vermischter Wünsche kann nur zu einem Wirrwarr von Ergebnissen führen oder bringt überhaupt keine Ergebnisse. Bestimmen Sie genau, wie das

Ergebnis Sie und andere beeinflussen wird und welche Verpflichtungen es für Sie mit sich bringt. Fragen Sie, ob die Bitte vernünftig und angebracht ist, ob das Untere Selbst sie billigt. Sie müssen feststellen, wie das Untere Selbst emotional reagiert. Nicht weil das Untere Selbst unsere Wünsche zu billigen bzw. abzulehnen hat oder entscheidet, was zu tun ist, sondern weil das Mittlere Selbst bei ihm fixe Ideen darüber untergebracht hat, ob wir etwas verdienen bzw. ob etwas richtig oder falsch ist; und die Reaktion des Unteren Selbst informiert uns dann von so einer Fixierung. Nebensächlichkeiten sollten nicht mit in das Gebetsbild aufgenommen werden; andere Bitten können Sie gesondert vorbringen. Nehmen Sie alle möglichen Emotionen und Empfindungen mit auf.

Bereiten Sie eine kurze Beschreibung in Worten und ein genaues geistiges Bild dessen vor, was Sie sich wünschen. Wählen Sie die Worte sorgfältig, damit Ihr Unteres Selbst beim Beten nicht auf einmal stockt, weil es von einem Gefühl bewegt wird. Wenn Sie von dem erwünschten Ziel kein spezielles Bild machen können, müssen Sie sich in einem Bild von der künftigen Situation visualisieren, wie Sie dort Dinge sagen und tun, die etwas ganz Natürliches sind, wenn das Ziel erreicht wird. Visualisieren Sie beispielsweise nicht, wie ein gebrochenes Bein aussieht, wenn es geheilt ist. Es könnte schwierig sein, das zu wissen. Stellen Sie sich lieber vor, wie Sie unbeschwert laufen und tanzen, oder stellen Sie sich andere Tätigkeiten vor, die für Sie ganz natürlich sind, wenn die Verletzung nicht mehr besteht. Zuweilen ist es schwierig, eine bessere finanzielle Situation in einem klaren Bild von einer Stellung oder einem Beruf darzustellen. Aber Sie könnten sich vorstellen, wie Sie eine finanzielle Besserstellung im täglichen Leben genießen, wenn Sie das auf der neuen Arbeitsstelle verdiente Geld ausgeben. Sie erarbeiten eine Beschreibung und ein geistiges Bild der Zustände nach Erreichung Ihres Zieles. Bringen Sie sich in dieses Bild mit ein.

Um Hunâ maximal zu nutzen, ist es das beste, man lebt nach seinen Prinzipien. Die Hunâ-Techniken erfordern wenig Zeit, wenn sie einem erst einmal in Fleisch und Blut übergegangen sind. In der Übungsphase sollten Sie sich etwas Zeit nehmen, um die Gewohnheit dafür zu entwickeln, all diese Dinge zu tun. Für die tägliche Kala-Reinigung, die Mana-Aufladung und das persönliche Gebet brauchen Sie nicht viel Zeit. Wenn Sie auf eine spezielle Gebetshandlung hinarbeiten, müssen Sie sich jeden Tag etwas Zeit dafür nehmen. Sie müssen die Gebetshandlung jeden Tag unverändert wiederholen, bis das gewünschte Ergebnis erreicht ist. Um ein Bild beim Wiederholen der Gebetshandlung möglichst nicht zu verändern, sollten Sie ein Symbol dafür benutzen, wenn Sie auf der körperlichen Ebene Mana zu seiner Manifestierung senden. Das Symbol sollte aber nicht ein Lieblingsgegenstand oder etwas sein, was für Sie von besonderer Bedeutung ist, sondern etwas wahllos Ausgesuchtes, das eine Zeitlang benutzt und beiseite gelegt werden kann, wenn die Ergebnisse erreicht sind.
Sie sollten sich auch genügend Zeit nehmen, um die Ergebnisse stattfinden zu lassen. Die meisten größeren Wünsche brauchen Zeit zu ihrer Erfüllung. Eine bestimmte Zeit kann für die Ergebnisse vorgesehen werden, wenn Verstand und Emotionen dies akzeptieren. Sie wird am besten in Verbindung mit dem körperlichen Reiz oder der Kontaktstelle festgelegt. Wenn Sie die Hunâ-Prinzipien voll und ganz in sich aufgenommen haben und die Hunâ-Gebetshandlung mit vollem Vertrauen in ihre Wirksamkeit vornehmen können, bekommen Sie die gewünschten Ergebnisse unverzüglich und ohne Wiederholung der Prozedur. Arbeiten Sie bis dahin mit der Methode, und planen Sie gründlich. Hasten Sie nicht, denn Hast ist eine Art Zweifel, kommt als Gefühl vom Unteren Selbst und könnte Sie davon abhalten, Ihr Ziel zu erreichen. Legen Sie nicht genau fest, wie das Ergebnis Wirklichkeit werden soll. Damit könnten Sie die Effektivität des Hohen

Selbst einschränken, denn es weiß mehr von den vielen Möglichkeiten, das Ergebnis zu manifestieren. Wenn wir uns nur auf die Lösungen bzw. die Hilfsquellen beschränken, die uns einfallen, hindern wir das Hohe Selbst daran, Lösungen zu finden, die wir uns nicht vorstellen können. Antworten kommen oft so, wie man sie gar nicht erwartet. Kalkulieren Sie ein, daß Ihr Gebet auf jede mögliche Art und Weise beantwortet werden kann.

Die Durchführung der Gebetshandlung

Schieben Sie erst alle ablenkenden Gedanken und Sorgen beiseite, damit diese sich nicht in die Durchführung Ihrer Gebetshandlung eindrängen. Wenn sie das noch nicht getan haben, können Sie diese vorbereitende Tätigkeit während der Meditation zum Abschluß bringen. Sehen Sie sich noch einmal an, wie Sie das Gebetsbild in Worten ausgedrückt haben. Im Idealfalle sollten Sie es auswendig kennen; Sie könnten es auch auf Tonband aufnehmen. Überprüfen Sie sorgfältig das zu visualisierende Bild, und sichern Sie ab, daß nicht von Zeit zu Zeit Veränderungen vorgenommen werden. Bekräftigen Sie Ihren Glauben, um negative Suggestionen auszuschalten. Das ist zwar kein Glaubensbekenntnis auf Hunâ-Art, denn das kann durch Widersprüche im Denken oder in der Erfahrung erschüttert werden. Glaube beruht auf Wissen, das Sie aus Erfahrungen gewinnen. Die Erfahrung wird Sie lehren, daß Hunâ funktioniert. Wenn dieses Wissen nicht in Ihrem Denken und Fühlen fest verankert ist, können Zweifel auftauchen, wenn Sie sie am allerwenigsten erwarten. Da drängt sich alte Gewohnheit in Ihre neuen Absichten und Ihre neue Lebensweise. Das kann von wohlmeinenden Freunden oder Familienmitgliedern kommen, die nicht dieselbe Erfahrung mit Hunâ haben wie Sie. Das beste ist, Sie sprechen mit niemandem, der auch nur gedankenlos Zweifel

andere negative Dinge vorbringt, über Ihre Gebetshandlung. Bei dieser Art von Arbeit ist Schweigen wahrlich Gold.
Nehmen Sie eine Mana-Hochladung vor, und halten Sie sie bereit. Wie man das macht, ist bereits ausführlich beschrieben worden. Das Mittlere Selbst übernimmt zeitweilig vom Unteren Selbst die Kontrolle über das Atmen und suggeriert intensiv, daß das Untere Selbst tiefer und langsamer atmen soll (von oben bei Männern und von unten bei Frauen), um den Mana-Vorrat sehr stark zu erhöhen. Visualisieren Sie, wie das Mana über die Aka-Schnur vom Unteren zum Hohen Selbst gelangt.
Setzen Sie Ihre Meditation fort, bis Sie Liebe zum Hohen Selbst geweckt haben. Dadurch stellt das Untere Selbst eifrig den Kontakt zum Hohen Selbst her und schickt die Mana-Gabe. Beten Sie auch für andere. Dadurch bekommen Sie die Hilfe der Hohen Selbste aller Betroffenen. Sprechen Sie auch Worte des Dankes für Hilfe und Anleitung. Benutzen Sie inspirierte Texte für diese Vorbereitung wie z. B. »Das Hunâ-Gebet«.
Bitten Sie das untere Selbst laut bzw. leise, wenn Ihnen das lieber ist (oder wenn die Umstände es verlangen), das Gebetsbild zu schicken. Wenn Sie das Gebet sprechen und dabei das Bild visualisieren, stützt das die Handlung. Lautes Sprechen kann der Sache Nachdruck verleihen. Außerdem können Sie damit gut die Aufmerksamkeit des Unteren Selbst wecken.
Ein körperlicher Reiz bzw. eine Kontaktstelle (d. h. ein Handeln aus dem Glauben heraus) ist sehr wichtig. Es kann dies ein Ritual, ein Wort oder eine Tat sein. Auf der körperlichen Ebene kann es auch Arbeit zur Erreichung des gewünschten Ergebnisses sein. Max Freedom Long hat das folgendermaßen zusammengefaßt: »Beten ist kein ›Denken‹. Es ist eine Kombination von Denken und einer *Geste* bzw. einer Körperbewegung des Unteren Selbst – ein Mana-Schaffen und

Mana-Geben… Ich weiß keine andere Möglichkeit, um das untere Selbst, das alles wörtlich nimmt, davon zu überzeugen, daß es und sein Herr eine Antwort auf das Gebet verdienen, außer durch körperliche Handlungen, die als körperlicher Reiz benutzt werden.»*

Das Gebet sollte in die Obhut des Hohen Selbst gegeben werden. Bei der nächsten Gebetshandlung mit einer neuen Mana-Gabe benutzen Sie das Symbol für das Gebetsbild, so daß die Kraft erneuert werden kann, ohne daß Sie etwas an der Blaupause ändern müssen. In der Zwischenzeit sollten Sie sich keine Gedanken darüber machen. Sich fragen, wann oder wie, Zweifel hegen und sogar darüber reden könnte nur ablenken, denn dadurch wird Negatives suggeriert.

Schließen Sie die Gebetshandlung immer eindeutig ab. Sie könnten das Gebet mehrmals (am besten dreimal) wiederholen, aber wenn sie es abschließen, tun Sie dies bitte klar und deutlich. Schlafen Sie nicht ein, ohne die Gebetshandlung abgeschlossen zu haben. Dadurch könnte ein Durcheinander anderer Gedanken entstehen und mit dem vorbereiteten Gebetsbild vermischt werden. Es ist gut, eine Zeitlang im meditativen Zustand zu verharren, um mit dem Hohen Selbst Zwiesprache zu halten und Gedanken ins Bewußtsein kommen zu lassen, die Anleitungen des Hohen Selbst sein könnten.

Tun Sie auf körperlicher Ebene alles Notwendige, damit die Bitte erfüllt wird. Die drei Selbste müssen zusammenarbeiten, und jedes muß den ihm gemäßen Beitrag leisten. Tun Sie nach Abschluß des Rituals der Gebetshandlung alles, was helfen könnte, Ihre Bitte zu erfüllen. Durch den Sachverstand eines Arztes könnte manches besser geheilt werden. Ein gutes Beispiel ist das Einrichten gebrochener Knochen. Wenn Sie Arbeit suchen oder in Ihrer Karriere weiterkom-

* *HRA Bulletin* 27 (1. März 1950), S. 8.

men wollen und wissen, daß die richtige Stelle auf der Ebene des Hohen Selbst bereits Wirklichkeit ist, erkennen Sie vorhandene Möglichkeiten besser.

Sie sollten nicht »die Saat ausgraben«, um nachzusehen, ob sie wächst. Das Einbringen der Saat in den Boden ist eine nützliche Analogie für die Durchführung einer Gebetshandlung. Sie wurde von den Kahunas verwendet. Ein Wort für »beten« ist *ho-ano*. Das bedeutet »eine Saat einbringen« oder »einem speziellen Zweck weihen«. Die Antwort auf ein Gebet heißt *ano-hou*, d. h. »die Saat wiederherstellen« bzw. »ihre Form ändern«. Es kann auch »schwer atmen« bedeuten. Es wird Sie nicht überraschen, wenn Sie erfahren, daß *ho'omana* »Mana machen« bedeutet und zugleich ein weiteres Wort für »beten« ist. Wenn wir eine Saat (das Gebetsbild) einbringen, lassen wir sie im Boden und stören sie nicht. Aber wir vernachlässigen auch nicht den Boden. Wir müssen Unkraut (Zweifel) beseitigen und den Boden regelmäßig gießen (Mana hinzufügen). Tägliches Gießen mit Mana sowie weitere notwendige Handlungen und Arbeiten schaffen die Bedingungen, damit aus der Saat die Pflanze wird, die sie sein soll. Durch die Wiederholung der Gebetshandlung kümmern Sie sich um den Boden, jäten Sie Unkraut und gießen Sie die Saat. Doch die Saat selbst (das Gebetsbild) muß in Ruhe gelassen werden. Die Blaupause darf man nicht verändern, die Pflanze aber wächst »über dem Boden«.

Zusammenfassung der Hunâ-Gebetshandlung

I. Grundprinzipien

1. Bei der Hunâ-Gebetshandlung müssen die drei Selbste harmonisch zusammenarbeiten.
2. Sie müssen erkennen, daß es das Hohe Selbst gibt und daß dieses bei der Erfüllung der Gebetswünsche seine Rolle spielt.
3. Sie müssen erkennen, daß Sie das Gebetsbild über das Untere Selbst schicken und daher eine Arbeitsbeziehung mit ihm unterhalten müssen.
4. Sie müssen erkennen, daß Sie dem Hohen Selbst eine zusätzliche Mana-Gabe zu schicken haben.
5. Sie müssen erkennen, daß Sie das Hohe Selbst lieben und mit sich selbst eins sein müssen.
6. Sie müssen erkennen, welche Rolle das Mittlere Selbst beim Aufbau des Gebetsbildes spielt und wie es dann das untere Selbst anleitet, das Gebetsbild zum Hohen Selbst zu bringen. Wenn die drei zusammenarbeiten, hat auch das mittlere Selbst bei der Anleitung der Vernunftshandlungen auf der körperlichen Ebene einen Beitrag zu leisten.

II. Die Vorbereitung auf die Gebetshandlung

1. Kala/Reinigung, geistiger und emotionaler »Aufwasch«, Wiedergutmachung für Kränkungen, Vergebung und dienende Taten, um die Kommunikation mit dem Hohen Selbst frei zu machen.
2. Bestimmen Sie, was Sie sich wünschen. Prüfen Sie nach, wie es auf Sie und auf andere wirkt und wie das Untere Selbst reagiert. Nehmen Sie alle möglichen Emotionen und Sinneswahrnehmungen mit auf.

3. Bereiten Sie eine kurze Beschreibung in sorgfältig ausgewählten Worten und ein genaues geistiges Bild Ihres Wunsches vor. Bringen Sie sich selbst mit in das Bild.
4. Führen Sie die Gebetshandlung jeden Tag auf die gleiche Weise durch, bis das gewünschte Ergebnis erzielt worden ist. Benutzen Sie ein Symbol, um das Gebetsbild darzustellen, wenn Sie es wiederholen.
5. Nehmen Sie sich ausreichend Zeit, und benutzen Sie nach Möglichkeit immer dieselbe Zeit als körperlichen Reiz.
6. Hasten Sie nicht.
7. Legen Sie nicht in allen Einzelheiten fest, wie das Ergebnis zustande kommen soll. Überlassen Sie das Ihrem Hohen Selbst.

III. Die Durchführung der Gebetshandlung

1. Schieben Sie vor der Gebetshandlung alle ablenkenden Gedanken und Sorgen beiseite.
2. Überprüfen Sie noch einmal sorgfältig das Bild und seine Beschreibung, um sich zu vergewissern, daß keine Änderungen erfolgt sind.
3. Beteuern Sie Ihre Zuversicht in das Ergebnis. Reden Sie mit niemandem über die Gebetshandlung.
4. Nehmen Sie eine Mana-Hochladung vor, und halten Sie sie bereit.
5. Erwecken Sie Liebe zum Hohen Selbst. Beten Sie auch für andere. Bringen Sie Ihren Dank für Hilfe und Anleitung zum Ausdruck. Benutzen Sie Max Freedom Longs »Hunâ-Gebet«.
6. Bitten Sie das Untere Selbst um Übersendung des Gebetsbildes. Wenn möglich laut.
7. Benutzen Sie einen körperlichen Reiz (ein Ritual, ein Wort oder eine Tat).

8. Überlassen Sie das Gebetsbild der Obhut des Hohen Selbst.
9. Beenden Sie die Gebetshandlung eindeutig. Halten Sie Zwiesprache mit Ihrem Hohen Selbst.
10. Tun Sie auf der körperlichen Ebene alles Notwendige zur Erfüllung der Bitte. Die drei Selbste müssen zusammenarbeiten, wobei jedes seinen Beitrag auf dem Gebiet zu leisten hat, für das allein es den Sachverstand besitzt.
11. Tun Sie nichts, um »die Saat auszugraben«, und sehen Sie nicht nach, ob sie wächst. Gießen Sie jeden Tag mit Mana.

KAPITEL 13

Mana und die Hunâ-Gebetshandlung

Was geschieht, wenn der Geist auf Wanderschaft geht und Sie Ihrer Arbeit – der Gebetshandlung – nicht die erforderliche Aufmerksamkeit zukommen lassen? Das Mittlere Selbst hat das Mana-Mana benutzt, um das gewünschte Ziel zu durchdenken und um mehr Mana für die Gebetshandlung zu bitten. Die Gedanken sind auf das gerichtet, was getan wird und was erreicht werden soll. Plötzlich stellt das Mittlere Selbst fest, daß es nicht genügend Energie hat, um wach und bereit zu bleiben.

Viele Hunâ-Praktiker erleben es, daß sie unmittelbar nach der Mana-Übersendung an das Hohe Selbst sehr schläfrig werden und am liebsten einschlafen möchten. Der Geist geht auf Wanderschaft, und die Arbeit wird glanzlos und mechanisch. Deshalb wird vorgeschlagen, daß Sie etwa eine halbe Minute Pause machen, nachdem Sie Ihre Mana-Aufladung über die geflochtene Schnur an Ihr Hohes Selbst geschickt haben, und daß Sie eine neue Mana-Ladung vornehmen.

»Wenn eine Pause eingelegt und der Mana-Vorrat wieder mit Ihrer Lieblingsmethode aufgefüllt wird, verschwindet die durch die verringerte Mana-Ladung verursachte Schläfrigkeit, das Mittlere Selbst hat wieder Mana-Mana zur Ausübung seines Willens, und die Fröhlichkeit sowie die geistige Klarheit, die man braucht, um sich eine ›Welt in Frieden‹ und die folgenden geistigen Bilder von den erwünschten Zuständen vorzustellen, kommen wieder.

Wenn der Mana-Spiegel so stark sinkt, daß er dem Einflußbereich des Mittleren Selbst entzogen ist, macht sich das Untere Selbst – bildlich gesprochen – von der Leine los und läuft davon. Wir bemerken das nur, wenn wir gelernt haben,

auf solche Dinge zu achten. Gewöhnlich sind wir in einem dumpfen Zustand, bei dem wir mechanisch unseren Gebetsritus abspulen, laut sprechen oder die Worte nur für uns lesen, uns ihrer aber fast nicht bewußt sind. Eine Zeitlang bemerken wir vielleicht nicht einmal, daß sich andere Gedanken einschleichen und ein starkes Ziehen bewirken, so daß unsere Aufmerksamkeit von dem, was wir tun wollen, abgelenkt wird. Dies zu verstehen ist sehr wichtig. Soweit ich weiß, erklären weder alte noch moderne psycho-religiöse Lehrsysteme – außer Hunâ –, wieso das Mittlere Selbst... das Untere Selbst... *nur* dann kontrollieren kann, wenn genügend Mana oder Lebenskraft im Aka bzw. im Körper ist, damit das Mittlere Selbst auch noch genug davon hat, um es als ›Willen‹ zu benutzen.*
Durch dieses Hunâ-Prinzip verstehen wir, was »Wille« bzw. »Willenskraft« ist. Es ist Mana, welches sich das Mittlere Selbst vom Unteren Selbst nimmt und es als Mana-Mana benutzt, so daß es die notwendige Energie hat, um seine wichtigen Funktionen – Denken, vernünftiges Urteilen, Entscheiden und Einsatz des Willens zur Anleitung bei gemeinsamen Handlungen in Richtung eines gemeinsamen Ziels – wahrzunehmen. Das Mittlere Selbst ist verpflichtet, das Untere Selbst als älterer Bruder oder Freund anzuleiten – manchmal zwar mit aller Bestimmtheit, aber doch immer freundschaftlich. Die alte Vorstellung, daß man das Untere Selbst herumkommandieren könne, ist nicht akzeptabel. Erfolg kommt nur durch harmonische Zusammenarbeit. Ohne Anleitung ist das untere Selbst wie ein Schiff ohne Steuermann, »treibt hin und her und ist sich selbst überlassen. Unweigerlich beginnt es, mit Erinnerungen zu spielen, und die gehen uns dann durch den Kopf, werden immer stärker, bis sie uns

* *HRA Bulletin 32* (15. Mai 1950), S. 2f. Die anderen Zitate stammen auch aus diesem Bulletin, sofern nicht anders angegeben.

– sofern sie nicht erkannt und überprüft werden – ganz erfüllen und die Gedanken verdrängen, die wir eigentlich denken wollen.«

Die meisten von uns sind in religiösen Praktiken aufgewachsen, bei denen Gebete sehr verschwommen und allgemein bzw. schön ausgedrückt und poetisch wie in Psalmen sind. Spezielle Gebete werden in Kirchen gesprochen, aber nicht vorbereitet. Nichts wird getan, damit die Gebete erhört werden. Man bekommt den Eindruck, als ob niemand an ihre Erfüllung glaubt. Wir beobachten, daß Gebete, die erhört werden, gewöhnlich mit großer innerer Anteilnahme, Sorge und Glauben an die gewünschten Ergebnisse gesprochen wurden. Aus dem Hunâ wissen wir, daß eine volle Mana-Ladung ständig fließen muß, damit wir jeden Tag normal leben können, und daß wir hohe Mana-Aufladungen als Grundlage für wirksame Gebete brauchen. Mit Emotionen gesprochene Gebete haben Mana, denn Emotionen sind Sache des Unteren Selbst, und Mana wird automatisch mit aufgenommen, ob derjenige das nun weiß oder nicht. »Hunâ lehrt uns folgendes: Wenn das Untere und das Mittlere Selbst beim Beten aufmerksam, zielstrebig und wirksam arbeiten sollen, muß genügend Mana als Kraft für die Denkprozesse jedes Selbst vorhanden sein. Die moderne Psychologie gibt sich mit Gebeten nicht ab; doch lernen wir aus ihr, daß das ›Unterbewußtsein‹ bei absinkender Lebenskraft nicht mehr kontrolliert wird und wir auf eine Geisteskrankheit zusteuern.«

Max Freedom Long hat klar dargelegt, was wir »alles an Unterschieden zwischen Gebeten, die erhört, und solchen, die nicht erhört werden«, begreifen und beachten müssen. Wir sehen uns gezwungen, auf Vergleiche bzw. Analogien zurückzugreifen, wenn wir verstehen wollen, wie die Hohen Selbste oder noch höhere Wesen denken bzw. handeln, da das Untere und das Mittlere Selbst nicht in der Lage sind, die

Denkformen der nächsten oder noch höheren Ebenen bewußten Seins zu gebrauchen. Wir benutzen unseren Verstand und kommen – so gut wir können – vom Erkennbaren und Erkannten zum noch nicht Erkannten. »Mit dieser einzigen Methode (denn ›Offenbarungen‹ stehen im schlechten Ruf und sind sehr widersprüchlich) erkennen wir:

1. Das Untere Selbst braucht Mana zum Leben und Handeln.
2. Das Mittlere Selbst muß in der Lage sein, das benötigte Mana vom Unteren Selbst abzuziehen, wenn es seine Willenskraft und seinen Geist nutzen bzw. die Arbeit, die nur es allein tun kann, effektiv ausführen soll.
3. Sollte das Obengesagte stimmen, folgen wir der Analogie und kommen – wie die alten Kahunas – zu dem Schluß, daß das Hohe Selbst als Teil des dreieinigen Menschen auch in der Lage sein muß, genügend Mana vom Unteren Selbst abzuziehen, um seine Arbeit – was immer dies auch sein mag – wirksam auszuführen.

Ohne Mana gibt's kein Leben und – was im Augenblick für uns sogar noch wichtiger ist – auch *kein Denken.* (Die Kahunas benutzten das Wort *mana-o* für ›denken‹. Wörtlich bedeutet es ›etwas mit Mana Getanes‹.) In dem Wort *au-makua* bedeutet die Wurzel *ma* ›welken‹. Welken kommt durch Wassermangel, und Wasser ist das Symbol für Mana. Natürlich haben die alten Kahunas, als sie die Wörter für die Dinge prägten, die mit dem ›Geheimnis‹ bzw. Hunâ zu tun hatten, nicht im geringsten daran gezweifelt, daß das dritte Selbst des Menschen genauso mit Mana beliefert werden muß wie das Mittlere Selbst. Wenn sie also die Dinge so einteilen konnten – und wir wissen, daß sie es taten –, war dieses Wissen in seinen Grundlagen richtig und konnte funktionieren. Unsere Aufgabe… ist es, zu lernen, was die Kahunas wußten, und es wie sie funktionieren zu lassen.«

Wenn Sie meinen, daß Hunâ kompliziert wird, dann entspannen Sie erst einmal. Es gibt Möglichkeiten, um zu kontrollieren, daß die Mana-Hochladung und die Übersendung eines Teils dieser Ladung an das Hohe Selbst automatisch erfolgt. Denken Sie daran, daß das Untere Selbst gewohnt ist, Mana hervorzubringen bzw. zu sammeln. Nur wenn wir müde oder nicht mehr aufnahmefähig genug sind, müssen wir das Untere Selbst daran erinnern, daß wir mehr Mana benötigen. Und besonders wenn wir an wichtigen Zielen arbeiten, brauchen wir reichlich Mana. Zuerst müssen Sie sich vergewissern, ob Ihr Ziel – Gesundheit und Wohlergehen oder ein größeres Ziel in der Zukunft – ausreichend von positiven Emotionen unterstützt wird. Wenn das Untere Selbst von starken Emotionen bewegt wird, fließt Mana automatisch. Wir neigen dazu, negative Emotionen zu erörtern und an ihrer Beseitigung zu arbeiten. Tun Sie doch lieber etwas für die Erregung positiver Emotionen. Dann brauchen Sie sich um die anderen wahrscheinlich keine Sorgen mehr zu machen. Um das Ganze zu automatisieren, sollten Sie vor allem eine tägliche Gewohnheit regelmäßig und konsequent üben, bis sie zur »zweiten Natur« wird. Dann gehört sie zu Ihrer regulären Lebensweise, und Sie werden selten innehalten müssen, um darüber nachzudenken. All das ist viel leichter und schneller auszuführen als zu beschreiben.

*Eine sehr wichtige Entdeckung bei Mana**

Im Jahr 1948 startete Max Freedom Long ein Experiment mit Fernheilung. Hunâ-Schüler wurden um Teilnahme gebeten, indem sie jeden Tag zur selben Zeit »mit dabei« waren. Er wollte als Zentrale agieren, da die Bitten um Heilung in sein Büro nach Kalifornien kamen. Er bildete eine Gruppe und

* *HRA Bulletin IX* (15. Mai 1949), S. 2.

nannte sie Arbeitsgruppe für Gegenseitige Telepathische Heilung (AGTH). Sie erhielt viele Berichte, daß Probleme gelöst, Krankheiten geheilt und daß in schwierigen Situationen bei Partnerschaften oder finanziellen Fragen geholfen werden konnte. Besonders beeindruckend war der Schutz, den Militärangehörige bei Kriegshandlungen bekamen. Als Long mit der AGTH begann, wurde er darauf hingewiesen, daß »psychische« Arbeit, besonders Heilen, oft sehr erschöpfend ist.

Es war das alte Problem, auf das wir bei unseren Experimenten mit Hunâ stießen: Viele von uns schliefen bei der Gebetshandlung ein, nachdem sie dem Hohen Selbst bewußt eine Ladung Lebenskraft geschickt hatten. Oder zumindest fühlten sich die Leute nach der Gebetshandlung müde.

Long erklärte das so: »Vor einigen Wochen habe ich mich darangemacht, diesen Bereich zu erforschen und nach Möglichkeit den Grund für die Müdigkeit sowie das Gegenmittel dafür zu finden. Ich war schon früher zu dem Schluß gekommen, daß die Erschöpfung ihre Ursache im Sinken der normalen Ladung an Lebenskraft (zuwenig Mana) im stofflichen Körper und in dem ihn umgebenden und wechselseitig durchdringenden Schattenkörper (*aka-kino*) hat. Ich habe viele Hypnotiseure erlebt, die zwar mit der Zeit mehr Kraft und Fertigkeiten erwarben, aber allmählich nicht mehr arbeiten konnten, weil sie nach angestrengtem Gebrauch ihrer hypnotischen Fähigkeiten bei Schauvorstellungen oder nach der Behandlung mehrerer Patienten an einem Tage total geschwächt waren. Dr. Nandor Fodor hat darauf hingewiesen, daß sich Medien etwa die Hälfte der Zeit wieder ausruhen müssen, um verlorene Stärke wiederzuerlangen. Bekannt ist, daß die Gefahr von Geisteskrankheiten ansteigt, wenn die Mana-Ladung durch das eine oder andere (geistige Ursachen wie auch körperliche Verletzungen oder Krankheiten) zu sehr sinkt.

Beim Müdesein erleben wir diesen Verlust an normaler

Mana-Ladung. Die Grundbedeutungen von *ma* in dem Wort Mana beschrieben ihn als ›Welken‹, ›Verblühen‹ oder ›Verschleißen‹. Bei anderen symbolischen Hunâ-Wörtern, die das Wort für ›Wasser‹ (*wai*) als Teil des Wortes benutzen, das auch den Gedanken des Verlustes der normalen Mana-Ladung bezeichnet, bedeutet das Symbol ›Wasserverlust unter der Erde durch Versickern wie aus einem Kalo-Teich‹.«

Da Long feststellte, daß er in der kurzen Arbeitszeit von zwei Behandlungen, wo er als Zentrale zum »Flechten der Schnur« (der Aka-Fäden) für die AGTH agiert hatte, zunehmend müder wurde, suchte er nach einer Möglichkeit, um die Mana-Ladung in seinem Körper zu überprüfen. Dabei benutzte er das Pendel als einfachstes Werkzeug, das er damals kannte.

»Eines Abends nahm ich mein hausgemachtes Faden-und-Siegelwachs-Pendel und machte den gewohnten Test mit meiner normalen Mana-Ladung. Es machte die üblichen 52 Drehungen im Uhrzeigersinne, als ich es über meiner linken Handfläche hielt. Dann benutzte ich wie immer die Hunâ-Methode zur hohen Aufladung mit Lebenskraft, und als die siebente Stunde näher rückte, stellte ich die üblichen 230 Drehungen fest. So weit, so gut. Ich nahm mir den Karton mit den Briefen, die in der AGTH-Arbeit benutzt wurden, um Aka-Faden-Kontakte zu Beteiligten herzustellen, und hielt das Pendel über die Briefe (sie standen hochkant in dem Karton, den ich auf den Knien hielt). Das Pendel schwang ziemlich schwach über den Ecken der Briefe im rechten Winkel zu ihnen wie üblich hin und her. Als es dann genau sieben Uhr war, schwang das Pendel stärker und reagierte mit einem Schwung, der etwa ein Drittel länger war. Das dauerte, solange die Hohen Selbste angerufen wurden und die gemeinsamen Mana-Ströme sich in der ›geflochtenen Schnur‹ vereinten und als Opfer an die Hohen Selbste (*poe aumakua*) geschickt wurden. Als ich anfing, die üblichen telepathischen Bilder (zur Prüfung des Kontaktes usw.) an die Beteiligten auszusenden, schwang das Pendel zwar langsamer, aber noch immer in derselben Richtung. Als die Bilder um 7.04 Uhr geschickt wurden, hörte das Pendel fast völlig mit dem Schwingen auf, während wir unsere geistigen Bilder (Gedankenformen) von den Zuständen machten, die in unsere Zukunft eingebaut werden sollten, und ich einen Brief nach dem anderen in die linke Hand nahm und mir die Bilder ins Gedächtnis rief, die ich vor dem fraglichen Abend gemacht hatte.

Um 7.07 Uhr begann das Pendel wieder stark in derselben Richtung zu schwingen, als wollte es andeuten, daß Mana durch die Aka-Fäden zu den Hohen Selbsten fließt und die Gedankenformen der Gebetshandlungen mitnimmt. Die Schwingung blieb bis nach 7.08 Uhr stark, als die Arbeit mit dem üblichen ›Laß den Regen des Segens fallen‹ (der Rückfluß des Hohen Mana) endete. ›Aumama.‹ In diesem Augenblick wechselte das Pendel stark und schwang rechtwinklig in seine frühere Richtung *entlang* der Briefkanten statt quer über sie. Das dauerte etwa eine halbe Minute. In der Zeit verspürte ich ein starkes Kribbeln (was ich gewohnt war).

Ich schob die Briefe beiseite und fühlte mich plötzlich sehr müde und schläfrig. Es kostete mich Anstrengung, mit dem Pendel weiterzuarbeiten, anstatt ein kurzes Nickerchen zu machen, wie es mir später zur Gewohnheit wurde. Ich hielt das Pendel über meiner linken Handfläche, und es machte nur neunzehn kleine Drehungen!

Mir wurde klar, daß die acht Minuten intensiver Arbeit das meiste von meiner normalen Mana-Ladung sowie auch die Hochladung, mit der ich begonnen hatte, verbraucht hatten. Es war klar, daß das Mana verschwunden und aufgebraucht war.

Unter Anstrengungen riß ich mich zusammen, kämpfte gegen das ›Absacken‹ und die geistige Trägheit an und zwang mich, wieder tief Luft zu holen und eine Mana-Hochladung vorzunehmen. Mein Unteres Selbst reagierte nur sehr langsam, jedoch in etwa einer halben Minute begann das Gefühl ›verschwommener‹ geistiger Trägheit zu weichen. Nach einer Minute war der Normalzustand unbeschwerter Kontrolle über Körper und Geist endgültig wiederhergestellt. Ich wurde geistig frisch und munter und fühlte mich bald wieder wach und bereit, mich in die Arbeit zu stürzen. Ich nahm erneut das Pendel und prüfte meine Mana-Ladung. Ich stellte 89 Drehungen fest. In weniger als vier Minuten hatte ich mich wieder aufgeladen und war ausgeruhter als zu anderen Zeiten, wenn ich ein fünfzehnminütiges Nickerchen gemacht hatte.«

Das war einer der größten Schritte zur Erkenntnis, obwohl sie uns jetzt wie selbstverständlich vorkommen mag. Mehrere Hunâ-Mitglieder hatten geholfen, das Problem in den Brennpunkt zu rücken, so daß Long die Antwort bekommen konnte. Ein Mitglied »führte weiter Experimente durch, wobei er sich mehrmals am Tage bei seiner erschöpfenden geistig-körperlichen Arbeit neu auflud und feststellte, daß er sich den ganzen Tag lang jederzeit rasch neu aufladen und doppelt so lange mit weniger Müdigkeit arbeiten konnte«.

Ich empfehle Ihnen sehr, regelmäßig eine Pause einzulegen und sich jederzeit neu aufzuladen, wenn Sie geistig »absakken« oder sich flau fühlen. Sie werden feststellen, daß dies für jeden geistigen Zustand, den Sie nicht wollen oder der ein wenig von Ihrer normalen Denkweise oder Wachheit abweicht, ein Vorteil ist. Beispielsweise stellen Sie vielleicht fest, daß ungewohnte Ängstlichkeit oder Unentschlossenheit Sie befallen, oder Sie verspüren möglicherweise plötzlich, daß Sie nicht in der Lage sind, einer Situation entgegenzutreten, die auf Sie zukommt. »Das ist das magische Heilmittel. Atmen Sie tiefer und intensiver. Laden Sie sich auf. Dann werden Sie feststellen, daß die Sonne wieder scheint und

alles wieder ganz normal aussieht. Wir brauchen uns nicht mehr durch unsere Tage und unsere Arbeit zu ›schleppen‹.«
Durch die Wiederherstellung unseres Mana-Vorrats, wobei das Mittlere Selbst den Prozeß in Gang setzt, die Aufmerksamkeit des Unteren Selbst weckt und es zur Mitarbeit heranzieht, können wir uns selbst und unsere Situation in wenigen Minuten kontrollieren, weil das erneuerte Mana-Mana das bewußte Mittlere Selbst stärkt und ermuntert.
Diese Erfahrung zeigt auch deutlich, daß bei allen Gebetsarbeiten nur große Mana-Hochladungen benutzt werden sollten. Dazu muß unser normaler Mana-Spiegel immer hoch sein. Für die regulären Bedürfnisse aller drei Selbste täglich einen konsequent hohen Mana-Spiegel zu haben ist das mindeste, was für eine ausgesprochen glückliche und effiziente Hunâ-Lebensweise verlangt werden kann. Dazu brauchen Sie am Anfang eines jeden Tages nur ein paar Minuten. Sollte es sich dann irgendwann am Tage nötig machen, kann der Energiespiegel in Sekundenschnelle wiederhergestellt werden, weil Sie es gewohnt sind. Bei speziellen Problemen müßten Sie Mana vielleicht stündlich erneuern. Dann fällt es Ihnen leicht, für die jeweils durchzuführende Arbeit eine ausreichende Hochladung vorzunehmen.
»Wenn wir uns selbst behandeln, um gesund zu bleiben, ist die stündliche Neuaufladung mit Lebenskraft meiner Ansicht nach von größter Wichtigkeit. Bei einer Hochladung schlage ich vor, das Untere Selbst anzuweisen, mit und für uns zu arbeiten, um dem Hohen Selbst eine ›Opfergabe‹ an Lebenskraft zu bringen. Sprechen Sie leise, und sagen Sie ungefähr folgendes:

> Liebe elterliche Geister! Ich strecke jetzt die Hände nach euch aus und sende euch über den Aka-Faden diese Opfergabe an Lebenskraft. Nehmt sie an, um sie für eure Zwecke zu verwenden und der Welt und mir zu helfen.

(Machen Sie hier eine Pause von einigen Sekunden, damit das Untere Selbst seine Arbeit verrichten kann.)
Laßt den Regen des Segens fallen. Amen.

Wenn Sie dann erfrischt, munter und gestärkt (bzw. durch den Rückfluß von Hohem Mana gereinigt) sind, sollten Sie das Bild von sich ins Gedächtnis rufen, wie Sie gesund und blühend, zufrieden und von der Freude des Dienenkönnens erfüllt sind. Da kommt im Endeffekt viel zusammen.«

KAPITEL 14

Wie wichtig Mana ist

Wenn wir die Methoden der Hunâ-Gebetshandlung zur Verbesserung unserer Lebensqualität benutzen, müssen wir immer daran denken, daß wir ein Teil der Weltfamilie sind und vielleicht nicht die gewünschten Ergebnisse bekommen oder sogar eine Blockade in unserem Unteren Selbst verursachen, wenn wir um etwas bitten, wodurch ein anderes Mitglied dieser Familie übervorteilt werden könnte. Haben wir uns erst einmal dem Ideal »Nie verletzen, immer helfen« verschrieben, werden wir an mögliche Kränkungen erinnert, die wir anderen angetan haben, und dann beschließen, das Gebetsbild dementsprechend zu revidieren.

Nach dem Motto »Nie verletzen« leben zu wollen, fällt schwer, wenn uns Menschen und Situationen umgeben, in denen uns andere verletzen könnten. In einer Welt, in der Konkurrenz herrscht und nur die Tüchtigsten oder zumindest die Stärksten überleben, könnten uns Menschen verletzen, ohne sich etwas daraus zu machen oder es überhaupt zu bemerken. Das Untere Selbst ist zwar ein menschliches, aber auch ein spirituelles Wesen, und in seiner frühen Entwicklungsphase benimmt es sich wie ein Kind. Viele Menschen leben in erster Linie auf der Ebene von emotionaler Zuneigung und Abneigung, Liebe und Haß und beziehen ihr Selbstwertgefühl nur aus den unzuverlässigen Meinungen anderer Leute.

Das Mittlere Selbst muß wachsam sein, unsere Handlungen und Reaktionen kontrollieren und dafür sorgen, daß wir unser Unteres Selbst erziehen, damit es freundlicher und hilfsbereiter wird, so daß auch das Mittlere Selbst sich ändert. Kleine Kinder leben auf der emotionalen Ebene des Unteren Selbst und müssen durch Anweisungen und Mitarbeit des Mittleren Selbst unterstützt werden, um zu reifen. Manche Menschen scheinen nie erwachsen zu werden und leben immer auf der Ebene des Unteren Selbst. Die meisten von uns müssen ihr Leben tagtäglich überprüfen, um zu sehen, ob sie nicht wieder unmerklich in kindliche Selbstsucht zurückgefallen sind.

Wenn Sie sich mit Hunâ beschäftigen, werden Sie – vielleicht zum ersten Male – deutlich sehen, daß Sie als ein Wesen aus drei eng miteinander verbundenen Geistern (einem unteren, einem mittleren und einem hohen) versuchen müssen, der Verpflichtungen auf jeder dieser drei Lebensebenen, für die es drei Bewußtseinsebenen gibt, immer eingedenk zu bleiben. »Die meisten von uns sind in bezug auf die Religion mit einem schallenden Platscher über Bord gegangen und in das liebliche und entzückend berauschende Meer von Idealen des Hohen Selbst gefallen, und sehen, wie sie darin *alles* geben und um *nichts* bitten. Bald stellen wir fest, daß das in der Praxis nicht funktioniert, denn einiges brauchen wir doch für uns. Selbst die Träger der gelben Robe müssen festhalten, was man ihnen in die Bettelschalen wirft, wenn sie etwas essen wollen. So lassen wir ein wenig von dem Idealismus fallen und waten in seichtere und gefahrlosere Gewässer, wo wir ein Zehntel von unserem *Alles* geben und besser zurechtkommen. Bald stellen wir aber fest, daß sogar die Freundlichkeit uns im Stich läßt. Wir finden, daß jemand, den das Gesetz des ›Zupackens‹ treibt, genauso zu behandeln ist und daß ihm alles in gleicher Münze zurückgezahlt werden muß. Im Augenblick kämpfen wir und schlagen uns in einer Schlammpfütze, weit entfernt von unserem berauschenden Meer der Ideale. Und auf dieser Lebensebene, der wir nicht entfliehen können, da wir in einem stofflichen Körper leben, setzen wir uns vielleicht durch oder werden schwer geschlagen.

Ein guter Mitarbeiter der Hunâ-Forschungsgesellschaft wird

besser vorankommen als die meisten, weil er weiß, daß er funktionieren, sich weiterentwickeln und in alle drei Ebenen hineinwachsen muß. Er weiß, was jede Ebene ist, und er macht nicht den allgemein verbreiteten Fehler, die Ideale der einen Ebene in die Ebene darüber oder darunter zu tragen. Er wird dienen, so gut er kann, und dies in großer und unpersönlicher Liebe. Er wird freundlich und hilfsbereit sein. Diese Haltungen gelten für die beiden oberen Lebensebenen. Für die untere wird er kämpfen, so gut er kann – gegen Bazillen, Feuer, Flut oder Diebe –, aber während er das tut, wird er die Tür zur Hilfe offenhalten.«*Da festgestellt worden ist, daß es so viele »Äquivalente« für Mana gibt, sollten wir nicht in den Fehler verfallen und denken, sie alle bedeuten dasselbe. Meiner Ansicht nach erkennen viele Wissenschaftler und Kulturen die Mana-Idee bis zu einem gewissen Grade an. Um aber diese Wissenschaftler und Kulturen im einzelnen miteinander zu vergleichen, müßten wir monatelang forschen und viele Seiten beschreiben. Hunâ-Schüler sind aufgrund langjährigen Forschens und Vergleichens zu dem Schluß gekommen, daß das Mana-Konzept im Hunâ hinsichtlich seiner Eigenschaften und seines Gebrauchs einmalig ist. »Wir können nicht oft genug betonen, was die Kahunas wußten: Mana ist eine Lebenskraft, die den ihr gegebenen Befehlen gehorchen kann und wird. Diese Befehle erteilt erst das Mittlere Selbst dem Unteren Selbst. Dieses kontrolliert das Untere Mana, schafft eine hohe Aufladung mit dieser Kraft, konzentriert sie im jeweiligen Körperteil oder läßt sie beispielsweise nach ihrer Konzentrierung in der rechten

* Die Zitate dieses Kapitels stammen aus Max Freedom Longs Buch *Mana, or Vital Force* (Hunâ Research, Inc., 1981), soweit nicht anders angegeben. Zur weiteren Diskussion über die Gebetshandlung siehe *The Hunâ Code in Religions* (De Vorss & Co. 1971), Kapitel 7: »The Ha Prayer Rite as the First Great Mystery«, S. 75-91.

Hand von dort aus in einen Teil des eigenen Körpers oder in den Körper eines anderen Menschen fließen, der Heilung benötigt.«*

Potenziertes Mana

»Potenziertes Mana (im homöopathischen Sinne) mag wohl das Geheimnis dessen sein, was wir als ›hohes Mana‹ bzw. Mana-Loa des eigentlichen Hunâ-Systems postulieren. Wie ich in meinem Buch *Geheimes Wissen hinter Wundern* gesagt habe, ist es offensichtlich, daß die Lebenskraft – Mana bzw. Grundlebenskraft – bei Séancen benutzt wird, wenn man lebenden Menschen Ektoplasma entnimmt und es dazu benutzt, die Aka-Gußformen von Wesen, die sich materialisieren, zu füllen. Das scheint eine Kraftform erforderlich zu machen, die insofern ›lebendig‹ ist, als sie mit Hilfe der mentalen Handlung von Geistwesen (die ja keine mechanischen Kontrollmittel wie Spulen und Vakuumröhren für solche Zwecke haben) kontrolliert werden kann. Wir kennen keine andere nichtlebende Kraft, die so kontrolliert werden kann wie z. B. die Elektrizität. Wenn also bei einer Séance lebenden Menschen Mana entnommen und zur Erzeugung von Materialisierungen bzw. Apporten benutzt wird, müssen die Mana-Mengen ziemlich gering sein, denn sonst wären die Medien und die im Kreis darum Sitzenden weitaus erschöpfter, als sie es in Wirklichkeit sind. Das führt zu dem Schluß, daß das Mana irgendwie ›potenziert‹ werden muß, so daß eine geringe Menge davon Spektakuläres bewirken kann. In meinem Buch habe ich vorgeschlagen, die Schwingung der Kraft stark zu erhöhen, wie wir das bei der Elektrizität machen. Man hat mich wiederholt zur Rede gestellt wegen dieses Vergleichs und wird es auch weiterhin tun, weil meiner Meinung nach das

* *HRA Bulletin 70* (15. Januar 1952), S. 8.

›Potenzieren‹ damit zu vergleichen ist. Aber wie dem auch sei – ganz offensichtlich wird etwas getan, um die Lebenskraft so zu verändern, daß sie in einer Weise wirken kann, wie man dies unter gewöhnlichen Umständen nicht erlebt. Vielleicht könnten wir schließlich doch mit Pendeln und verwandten feinstofflichen Erweiterungen unserer Meßmechanismen genau lernen, wie niederes Mana zu hohem Mana wird und wie man es benutzt, um krankhafte, also nicht normale Körperteile zu entfernen und sie als normale bzw. ›geheilte‹ wiederaufzubauen. Jedenfalls bietet Hunâ, soweit ich das einschätzen kann, gegenwärtig die einzige einfache, eindeutige und logische Erklärung dafür, was in dieser schlecht beleuchteten Ecke des Terrains, auf dem wir uns abmühen, vor sich geht.
»Gebet und Mana-Mangel gingen oft für viele von uns bei Experimenten mit der Hunâ-Gebetshandlung und in der Arbeitsgruppe für gegenseitige telepathische Heilung sowie auch bei unseren Versuchen, Menschen durch körperlichen Kontakt zu heilen, Hand in Hand. Der Pendeltest für die normale Mana-Aufladung eignet sich auch für die Hochladung und den Ladezustand, nachdem Mana über den Aka-Faden zum *aumakua* bzw. zur Großen *Aumakua*-Gesellschaft geschickt worden ist, wo der Mana-Strom möglicherweise viele Male geteilt und in gewisser Weise stark ›potenziert‹ wird, um ihn auf dieser Daseinsebene wie auch auf der körperlichen Ebene zu gebrauchen.
Schläfrigkeit ist die natürliche Reaktion auf Mana-Mangel… Ich meine jedoch, wenn man erfolgreich einen kreisförmigen oder hinauf oder hinunter verlaufenden Mana-Strom mit dem Hohen Selbst fließen läßt und noch dafür sorgt, daß er bei den Worten ›Laß den Regen des Segens fallen‹ zurückfließt, kommt Mana als reines Wasser-Mana des ›Regens‹ nicht nur zurück, sondern wird vom Unteren Selbst erwartet und angenommen. Ein wenig ›potenziertes‹ oder hohes Mana… belebt den Menschen auf verblüffende Weise und wirkt

auch, um zu heilen sowie dem Menschen auch anderweitig physisch oder geistig zu helfen.«*

Bestätigung des Mana-Bedarfs

Verstehen wir erst einmal die Funktionen der drei Selbste, sind Mana und seine Verwendungsmöglichkeiten natürlich der wichtigste Teil der Hunâ-Weisheit, den wir kennen müssen. Warum ist Mana nicht nur notwendig, damit wir leben, gesund und dynamisch bleiben, sondern auch um unsere Zukunft zu planen und aufzubauen? Warum müssen wir dem Hohen Selbst Mana schicken?

Alle drei Selbste sind Geistwesen, doch die beiden unteren sind menschlich gebunden. Ihr wichtigster Daseinszweck ist, daß wir auf der Erde leben und aus Erfahrungen lernen können. Diese Erfahrungen können nur auf der Erde gemacht werden, und es ist nicht nötig, von Erfahrungen woanders etwas zu wissen. Unser Hohes Selbst ist ein Geistwesen ohne stofflichen Körper, während die anderen Selbste einen haben. Das Hohe Selbst ist menschlich und göttlich. Daher sind wir stets im Kontakt mit Gott (oder wie auch immer man das höhere göttliche Wesen nennen möchte). Ohne Unteres und Mittleres Selbst könnte das Hohe Selbst nicht auf der niedrigeren, dichteren Arbeitsebene wirksam werden, d. h. in der dichteren Materie des physischen, erdgebundenen Körpers.

»Während die Idee, daß wir ›die Götter ernähren müssen, wenn sie uns ernähren sollen‹, in Indien nicht neu ist, hat man sie in anderen Ländern und Religionen mißverstanden. Wir haben immer gedacht, die ›Götter‹ hätten alle Macht und wir müßten einen Teil davon für uns erbitten. Im Christentum beten wir ›Dein sei die Kraft und die Herrlichkeit...‹

* *HRA Bulletin 72* (15. Februar 1952).

Heutzutage sprechen wir davon, ›universale Lebenskraft‹ aus einer ›universalen Quelle‹, die unter Kontrolle eines ›universalen Geistes‹ steht, zu beziehen. Mit überraschender Klarheit stellt sich heraus, daß das Untere Selbst (das Unterbewußtsein bzw. das *unihipili*) und der stoffliche Körper *die Quellen* der Kraft sind, die auf allen drei Lebensebenen, auf welchen die drei Selbste operieren, benutzt werden... Es würde sich wohl lohnen, sich dafür einzusetzen, daß man den Gebrauch des alten ›wahren Lichtes‹ der Kahunas prüft und bewahrt, selbst wenn diese Entdeckung des Geheimnisses, das hinter der Benutzung von Mana beim Arbeiten mit den Hohen Selbsten steht, die einzige wäre... jeder Schritt bringt uns dem Endziel näher – die Hohen Selbste kennenzulernen und Hand in Hand mit ihnen und unter ihrer Anleitung zu arbeiten.«*

Nach mehr als vierzigjähriger Hunâ-Forschung und über zwanzig Jahre nach Entdeckung des Sprachkodes meinte Max Freedom Long, daß die Notwendigkeit, dem Hohen Selbst Mana zu schicken, bestätigt worden sei. »Es gibt eine überaus erregende Nachricht aus unserer Forschung**– die Bestätigung der Tatsache, daß man im Hunâ glaubte, Mana müßte mit einem Gebet abgeschickt werden, damit das Hohe Selbst bzw. die ›Große Gemeinschaft der Hohen Selbste‹ die benötigte irdische Kraft haben, um auf ihrer Ebene an der Hervorbringung der im Gebet dargelegten, erwünschten Zustände zu arbeiten. Bestätigt wird auch, daß man glaubte, das Gebet müßte ganz genau in Bildern von Gedankenformen aufgebaut werden...

Jetzt haben wir endlich eine direkte Bestätigung für eine der seltsamsten und einmaligsten Überzeugungen und Praktiken im Hunâ... Eines der Hunâ-Konzepte, das viele Men-

* *HRA Bulletin IX* (15. Mai 1949), S. 2

** *Hunâ Vistas 19* (März 1961), S. 1-4.

schen nur sehr schwer akzeptieren konnten, besonders solche, die aus dem Christentum kommen, war die Notwendigkeit, Mana als Teil des Gebetes über die Aka-Schnur an das Hohe Selbst zu schicken. Uns ist beigebracht worden, aufzustehen und unser Gebet herzusagen. Das war alles. Und da einige Gebete, besonders solche, die in Augenblicken der Gefahr oder der Verzweiflung lautlos gesprochen wurden, sicherlich erhört und beantwortet worden sind, dachte man, die Hunâ-Vorbereitung des Gebets, bevor es gesprochen wird, und dazu die Mana-Gabe seien vielleicht nicht notwendig. ›Gott ist allmächtig‹, lautet das Dogma, und alle Gebete wurden an Gott gerichtet, wobei die Christen noch hinzufügten: ›Darum bitten wir im Namen Jesu als unseres Fürsprechers.‹ (Die Kahunas haben ihren Geheimkode benutzt, um ihre Geheimlehren zu verschleiern. So wurde früher einmal Jesus von ihnen in den christlichen Glauben als das Hohe Selbst der Hunâ-Lehre eingeführt.) Ein äußerlicher Opferritus ersetzte in vielen Religionen die Mana-Opferung. Wir wissen nicht genau, ob das Mana geopferter Tiere oder Vögel nicht auch bestimmten Zwecken diente. Im Christentum aber verschwand das Blutopfer genauso wie im ursprünglichen, unverdorbenen Hunâ, das in Polynesien aufgefunden wurde. Doch den einzigen eindeutigen Hinweis, daß Mana mit dem Gebet geopfert worden sein könnte, finden wir in dem nicht mit Hunâ zu vereinbarenden Teil des Neuen Testaments, der vermutlich von Paulus stammte. Er riet: ›…daß ihr eure Leiber gebet zum Opfer, das da lebendig, heilig und Gott wohlgefällig sei. Das sei euer vernünftiger Gottesdienst.‹*
Die Grundidee des Opfers im Hunâ wurde durch ein Studium der von den Kahunas (auf Hawaii) benutzten Wurzeln und Wortsymbole herausgearbeitet. *Mo-hai* bzw. *hai* heißt ›opfern‹. *Ha'i* hat die Bedeutung ›brechen‹ und meint sicherlich,

* Römerbrief 12, 1.

etwas zu zerbrechen, so daß eine Hälfte davon als Opfer benutzt werden kann. Die Worte ›Jesus nahm Brot und brach es‹ im verschlüsselten Mysterium des ›Letzten Abendmahls‹, sein Segen und das Herumreichen des Weines führen uns zurück zum Weinopfer oder zur ›Oblate‹ für die Götter, was in alten Tagen so verbreitet war, wohinter aber das große Hunâ-Mysterium vom ›Teilen der Wasser‹ steht: das heißt, Wasser bzw. Mana wird mit dem Hohen Selbst geteilt. Die Wurzel *ha* in dem Wort für ›Opfer‹ sagt einem Eingeweihten, er solle auf tiefes Atmen (*ha*) achten, denn dadurch erfolgt eine Mana-Hochladung, die über die Aka-Verbindungsschnur als ›lebendes‹ Opfer bzw. als Lebensopfer an das Hohe Selbst geschickt werden soll. Die Kahunas hatten Wörter für alle Formen von Opfergaben, die den frühen Hebräern bekannt waren… Das Kompositum *Mo-hai-hoo-Mana* wird (im alten Wörterbuch) nicht übersetzt und in den modernen Wörterbüchern ausgelassen. Wahrscheinlich haben einige besonders gebildete Kahunas, die den ersten Missionaren auf Hawaii bei der Abfassung eines Wörterbuchs der hawaiischen Sprache geholfen haben, das Wort zwar angegeben, sich aber geweigert, seine Bedeutung zu nennen, da es zum Hunâ-›Geheimnis‹ gehörte. Wir brauchen es nur zu übersetzen, um zu sehen, was es bedeutete. Die Übersetzung lautet: ›Opfern durch Mana-Machen‹. Der Grundgedanke des Symbolwortes von ›Mana-Machen‹ ist eine Verschlüsselung für das Durchführen einer guten Mana-Hochladung und deren Übersendung an das Hohe Selbst. *Ho'o-mana* bedeutet auch ›verehren‹. Diese Wurzeln tauchen immer wieder in den Wörtern auf, die mit dem Gebrauch von Hunâ und der Verehrung, der Reinigung und dem Gebet im Zusammenhang stehen. Der Schüler hat alles vor sich…«

Long hat einiges gelesen*, was er für eine »Perle von hohem Wert« hielt. Er meint »Mutter« Alice Kahokuoluna, Pastorin der ersten auf Molokai errichteten protestantischen Kirche, die wegen ihrer Heilungen sehr beliebt und geachtet war. Zur Hälfte war sie Hawaiianerin und in unseren östlichen Seminaren gut ausgebildet worden. Sie sagte: »Bevor die Missionare kamen, pflegten die Menschen meines Volkes lange meditierend vor den Tempeln zu sitzen und sich vorzubereiten, bevor sie eintraten. Dann krochen sie fast zum Altar, um ihre Gesuche vorzubringen, und danach saßen sie wieder lange draußen, diesmal, um in ihre Gebete ›Leben zu atmen‹. Die Christen aber standen nur auf, gaben ein paar Sätze von sich, sagten Amen, und damit hatte sich's. Aus diesem Grunde nannte mein Volk sie *Haolis*, d. h. ›die Atemlosen‹ bzw. ›diejenigen, die es versäumten, Leben in ihre Gebete zu atmen‹.«

»Da haben wir's! *Ha* ist das Hunâ-Symbol für das Sammeln von Mana und seine Übersendung an das Hohe Selbst (bzw. an die Hohen Selbste). *Ole* als zweite Wurzel des Wortes bedeutet ›ohne‹. Die Wörterbücher geben die Bedeutung von *ha-ole* einfach nur mit ›Ausländer‹ an. Über den Ursprung des Wortes wird nichts gesagt, und man kann durchaus vermuten, daß die ersten Wörterbuchautoren die eigentliche und offensichtliche Bedeutung des Wortes, wie sie oben angegeben ist, absichtlich nicht genannt haben... Mutter Alice Kahokuoluna (›Stern am Himmel droben‹)... leuchtet auch für uns wie ein heller Stern in unseren langjährigen Bemühungen, die großen Geheimnisse des Hunâ zu erlernen, und sie liefert uns – was für unsere Arbeit sehr wichtig ist – den unmittelbaren und beeindruckenden Beweis, daß wir in zumindest einer Grundschlußfolgerung hinsichtlich der

* David Head, *He Sent Leanness*, S. 51 f., zitiert aus Dr. Nels Ferre, *Strengthening the Spiritual Life*.

Hunâ-Glaubensbekenntnisse und Praktiken recht haben… da wir in ihr so einen direkten Beweis für unsere richtige Erkenntnis haben, können wir annehmen, daß die Schlußfolgerungen, zu denen wir durch ähnliche Studien von Hunâ-Wörtern und -Symbolen gelangten, insgesamt ziemlich zuverlässig sind.«

Die fünf Schritte bei der Gebetshandlung

Schritt eins: »Die Meditation und die Vorbereitung, bevor man sich der ›heiligen Stätte‹ (dem Hohen Selbst) nähert, wird im Kode mit *hoo-aka* beschrieben (die Wurzel *ho'o* ist das Kausativpräfix und bedeutet ›machen‹ bzw. ›veranlassen‹), und das heißt ›sehr klar und richtig verständlich machen‹. Das ist eine ernste Sache, denn man muß alle Elemente im beabsichtigten Gebet um eine Veränderung von Zuständen sehr sorgfältig abwägen und sich dann den erwünschten Zustand in eindeutigen und klaren Einzelheiten vorstellen.

Schritt zwei, hoo-iha-iha, heißt ›ein Seil festzurren lassen‹. Das ist das Hunâ-Symbol für die Aktivierung der Aka-Schnur, die das untere Selbst mit dem Hohen Selbst verbindet. Eine zweite Bedeutung des Wortes ist ›fest entschlossen sein‹, und das beschreibt gut den Geisteszustand vor dem Beten.

Schritt drei heißt *pu-le*, d. h. ›beten‹. Die Wurzel *pu* bedeutet ›wie Worte aus dem Munde hervorkommen‹ sowie auch ›versuchen, mit *Wasser* im Mund zu reden‹. Das ergäbe für uns keinen Sinn, wüßten wir nicht, daß Wasser Mana bedeutet und daß das Mana genauso wie die Worte des Gebets hervorkommen muß, um zum Hohen Selbst zu gehen. Die Wurzel *le* finden wir in *le-le*, d. h. ›nach oben springen bzw. fliegen‹ als Symbol dafür, daß das Bild der Gedankenform vom gewünschten veränderten Zustand über die Aka-

Schnur zum Hohen Selbst gelangt und daß Mana aufwärts fließt. Das Wort *le-le-huna* symbolisiert das Aufwärtsfliegen irgendwelcher feiner Teilchen oder feiner Wassertropfen im Dunst. Das Wort *huna*, das hier nicht ›Geheimnis‹ heißt, zeigt uns, daß die Gedankenformen als winzig kleine und unsichtbare Teilchen symbolisiert und von Mana begleitet werden sollen, wobei letzteres das ›Wasser‹ bedeutet, aus dem der Dunst bzw. der ›feine Regen‹ besteht.

Schritt vier beginnt, wenn das Gebet am symbolischen Altar dargebracht (an die Hohe Stätte bzw. an *aumakua* geschickt) wird. Dann mag man sich an die Arbeit machen, eine ausreichende Mana-Menge zu schicken, damit das Hohe Selbst die alte Zukunft niederreißt, bevor sie kommen kann, und sie durch den neuen und wünschenswerten künftigen Zustand ersetzt. Das Wort *hoo-mana* hat die Wörterbuchbedeutung ›übermenschliche Kraft verursachen‹ und ›jemandem zu königlicher Autorität verhelfen‹. Das Mana wird vom Hohen Selbst umgewandelt und kann nun für die gewünschten Veränderungen benutzt werden. Wir könnten sagen, daß wir dem Hohen Selbst mit der Mana-Gabe königliche Autorität verleihen. Während wir das tun, sagen wir: ›Nicht mein, sondern dein Wille geschehe‹ und verleihen damit dem *aumakua* die volle Autorität, um sich dafür zu entscheiden, das Gebet zu erhören oder zurückzuweisen.

Schritt fünf kommt, nachdem viel oder wenig Zeit darauf verwendet wurde, um Mana anzusammeln und zu schicken. Für das Wunder einer Sofortheilung, bei der ein gebrochener Knochen dematerialisiert wird, um ungebrochen in der Gußform des unverletzten Knochen-Akas rematerialisiert zu werden, wird sicherlich viel Mana benötigt, während für eine intuitive Anleitung wohl nicht soviel gebraucht wird. Auf jeden Fall lernen wir von Frau Pfarrerin Alice Kahokuoluna, daß beachtlich viel Zeit *nach* dem Gebet erforderlich sein mag, um ›Leben hineinzuatmen‹. Aus anderen Wörtern und

Wurzeln schließen wir, daß eine schwierige Antwort durch die tägliche Wiederholung der Gebetshandlung und die Erneuerung des Mana-Vorrates weniger schwierig gemacht werden könnte. Gebete wurden sehr oft dreimal Wort für Wort wiederholt.«

Mana behüten

Eine Anfrage veranlaßte Max Freedom Long, Hunâ-Praktiker darauf hinzuweisen, daß sie ihr Mana hüten sollen, damit es nicht schon vor seiner Benutzung verschwendet werde. Ein Schüler fragte, warum es notwendig sei, die Gebetshandlung eindeutig zu beenden, da er lieber »den Kontakt weiterpflegte und mit dem Hohen Selbst Zwiesprache hielt«. Damit zeigte er, daß er während des Betens oft einschlief. Mana ähnelt ja in gewissem Sinne statischer Elektrizität. Denken Sie aber immer daran, daß solche Vergleiche nur Analogien sind. Statische Elektrizität bleibt gewöhnlich dort, wo sie sich bildet, bis sie sich entlädt. Sie kann jedoch versehentlich verlorengehen, wenn sie durch etwas berührt wird. Heiler, die mit »magnetischer Energie« arbeiten, sind nach der Heilung oft erschöpft, während Geistheiler gewöhnlich zum Schluß mehr Energie haben, weil sie meinen, die Energie komme von Gott und ihre eigene Energie werde nicht benutzt. »In unserer Arbeit sprechen wir unsere Gebete, wenn wir über den Aka-Faden im direkten Kontakt mit *aumakua* stehen. Wir senden Mana als unsere Opfergabe. Das ist ein ausschlaggebender Bestandteil des Rituals, und wir haben diesen Akt selber vorzunehmen und uns nicht darauf zu verlassen, daß *aumakua* es für uns tut. Jedes Selbst muß tun, was ihm zukommt, und in diesem Falle sind das Untere und das Mittlere Selbst gefragt. Aus Erfahrung wissen wir, daß es nach dem Gebet aus diesen oder jenen Gründen auch noch notwendig ist, um den Rückfluß des Mana-Loa zu bitten, d. h. des Mana, das auf die Ebene des Hohen Selbst gehoben wurde, welches mächtig und rein ist sowie heilen und segnen kann. Die Kahunas baten: ›Laß den Regen des Segens fallen.‹ Wir müssen dasselbe tun. Es scheint ein Teil des Vorgangs zu sein, bei dem wir die Tür öffnen, um die Hilfe von *aumakua* zu bekommen, so daß wir die Hilfe erhalten könnten, die *aumakua* nicht geben darf, solange seine Anwesenheit nicht anerkannt ist und um seine Hilfe nicht gebeten wird. Ausnahmslos immer sollten wir ein Gebet formal so abschließen, wenn eine Mana-Gabe an die Hohen Selbste geschickt wird. Nach diesem Abschluß könnten wir dann wieder Kontakt aufnehmen und in aller Zufriedenheit Zwiesprache halten, im Glück der warmen Nähe, der Innigkeit und der Liebe der ausgesprochen vertrauenswürdigen elterlichen Geister ruhen. Wir könnten auch visualisieren, daß Mana wie in einem Springbrunnen im Körper aufsteigt, zu *aumakua* überfließt und zu uns als Wasser in die Springbrunnenschale zurückkehrt. Dadurch entsteht ein vollständiger Kreislauf, und man kann dann lange beten oder jemanden behandeln, ohne erschöpft zu werden. Ich benutze diese Methode in den Zusammenkünften der Arbeitsgruppe für gegenseitige telepathische Heilung hier im Studio.«

KAPITEL 15

Die Hunâ-Wahrheit erkennen

Wir mögen uns von neuen Ideen angezogen fühlen, jedoch die alten Gewohnheiten unseres Denkens, Glaubens, Handelns und Reagierens hindern uns vielleicht bei unserem Versuch, möglichst viel aus diesen Ideen zu machen. Das Mittlere Selbst läßt sich möglicherweise schon beim bloßen Lesen überzeugen, besonders dann, wenn die neuen Ideen logisch zu sein scheinen. Aber das starr an Gewohnheiten klebende Untere Selbst verlangt oft Wiederholungen und überzeugende Erfahrungen, bevor es bereit ist, zu akzeptieren, was das Mittlere Selbst als neue und bessere Idee übernommen hat.

Sehen wir uns also noch einmal an, was Sie inzwischen gelernt haben und nun allmählich in die Praxis umsetzen.

Das einfache Experiment zu Beginn dieses Buches ist von grundlegender Bedeutung. Lassen Sie sich durch seine Einfachheit und weil es so normal und »alltäglich« wirkt, nicht von der Bedeutung des Grundprinzips, das es enthält, ablenken. Tatsache ist, daß es eine Lebenskraft gibt. Sie hält uns am Leben und bildet einen integralen Bestandteil jeder Funktion und Handlung auf körperlicher, geistiger, spiritueller und jeder anderen Ebene, die Sie vielleicht benutzen, um die verschiedenen Lebensbereiche zu beschreiben. Diese Lebenskraft haben die Polynesier in alten Zeiten Mana genannt, und da wir einen Bezugsrahmen benutzen, der auf den Wurzelbedeutungen der hawaiischen Sprache beruht, ist Mana auch heute noch ein gutes Wort, das wir für die Lebenskraft benutzen können. Es gibt Dutzende von Begriffen, die diese natürliche Lebensenergie beschreiben, z.B. Prana, Odkraft, Chi'i und eloptische Energie.

Das große Geheimnis, das Mana umgibt und das von Hunâ enthüllt wird, besteht darin, daß der Vorrat an Lebenskraft erhöht und für viele wünschenswerte Zwecke benutzt werden kann. Der Schlüssel zu diesem Prinzip ist in dem einfachen Satz versteckt, mit dem wir begannen: *»Holen Sie tief Luft!«* Das ist nun ein offenes Geheimnis, und Sie verstehen jetzt, daß eine der Möglichkeiten, den Mana-Vorrat zu erhöhen, darin besteht, langsam und tief einzuatmen. Aber Sie wissen auch, daß Sie die »Atemübung« machen können, um zusätzliches Mana anzusammeln, weil Sie als Mittleres Selbst das Untere Selbst um einen zusätzlichen Mana-Vorrat bitten. Das Untere Selbst ist verantwortlich für das Ansammeln und Speichern von Mana und stellt letzteres freudig zur Verfügung, wenn es darum gebeten wird. Das kann mit einer entschlossenen geistigen Bitte auch ohne »Atemübungen« erreicht werden, wenn das Untere Selbst eingehend darauf hingewiesen worden ist, daß es ihm zukommt, dies zu tun, und wenn ausreichend Emotionen erregt wurden. Der Vorrat ist unbegrenzt. Er kommt vor allem aus der Nahrung, die wir verzehren (daher müssen wir eine angemessene Menge an nahrhaften Speisen zu uns nehmen), sowie aus der Luft, die wir atmen (und so sind wir viel besser dran, wenn wir es gewohnt sind, richtig zu atmen, so daß das Untere Selbst genügend Luft hat, der es das benötigte Mana entziehen kann). Sie brauchen also keine stundenlangen Atemübungen, wenn Sie sich richtig ernähren und durch regelmäßiges Atmen genügend Luft bekommen. Aber wenn Sie es wünschen, können Sie jederzeit von der Mana-Quelle Gebrauch machen, die Sie im Universum finden. Das ist »kosmisches« bzw. universales Mana.

Beim Hunâ geht es um eine Lebensebene, die weitaus höher und besser ist als die, welche wir als normales Leben ansehen. Diese neue Ebene wird in jeder Hinsicht für uns etwas Natürliches und Normales. Deshalb wollen wir uns erst das

erforderliche Wissen aneignen, es dann in die Praxis umsetzen und dabei absichern, daß all unsere »Teile« als ein Ganzes harmonisch zusammen funktionieren. Um jederzeit einen angemessenen Mana-Vorrat zu bekommen, müssen Sie Ihr Unteres Selbst dahin bringen, »Daueraufträge« zu übernehmen bzw. als »Autopilot« zu agieren oder müssen es eben entsprechend instruieren. Mana ist dann die Energieform bzw. die Lebenskraft, mit der das Hohe Selbst seine Rolle beim Hervorbringen erwünschter Zustände spielen kann. Ohne Mana gibt es keine Ergebnisse, können wir sagen. Oder – noch spezieller – ohne ausreichendes Mana bekommen wir keine vollständigen Ergebnisse.
Ein neuer Hunâ-Schüler hat folgendes geschrieben: »Ich versuche die Hunâ-Gebetshandlung durchzuführen, aber sie macht einen so schrecklich komplizierten Eindruck, daß ich wahrscheinlich nie in der Lage sein werde, ein Gebet wie dieses durchzuführen. Ich werde mich wohl mit dem Hunâ-Studium begnügen müssen und weiterhin unkompliziert beten, auch wenn ich fast nie Ergebnisse erziele.« Es ist ja eine Tatsache, daß das gewöhnliche und einfache Gebet von jedem Element einer Hunâ-Gebetshandlung etwas enthält. Wir beschließen, um was wir bitten, strecken im Geiste die Hände nach Gott, einer universalen oder unendlichen Macht aus (und stellen so Kontakt zum Hohen Selbst her). Wir sprechen unser Gebet laut oder leise, und wenn wir uns durch Verlangen, Liebe oder den Drang zum Beten emotional angeregt fühlen, fließt Mana, und die Gedankenformen werden über den Aka-Faden zum Hohen Selbst gebracht. Wir sagen »Amen« und schließen das Gebet ab. Solange das Untere Selbst noch nicht die Erfahrung hat, bei dieser Arbeit seine Rolle zu spielen, macht es zwar manchmal gut mit, reagiert aber oftmals nicht so, wie wir das gern hätten. Und wie viele Male bekommen wir überhaupt kein Ergebnis? Da Sie nun wissen, wie das Gebet beantwortet wird, und wenn

Sie dann immer besser verstehen, was den Weg zum Hohen Selbst blockieren kann und wie man ihn frei macht, können Sie positiver an die Sache herangehen und bekommen Ergebnisse, die vollständiger und dauerhafter sind.
Die Hunâ-Praxis ist nicht »zu kompliziert«, obwohl es angesichts der eingehenden Beschreibungen und Anweisungen zuerst so aussehen mag. Die Erläuterungen über die Eigenarten der drei Selbste und ihre jeweiligen Funktionen oder über die Schritt für Schritt zu befolgende Prozedur zwecks Vorbereitung und Durchführung der Hunâ-Gebetshandlung werden gegeben, damit alle »Teile« und ihr Verhältnis zueinander von Grund auf verstanden werden können. Eine »Liste der einzelnen Teile« macht noch keine Uhr, und wir bekommen auch keine Uhr, wenn wir alle Einzelteile in einen Korb legen. Erst das reibungslose Zusammenspiel dieser Teile macht die Uhr, also den Menschen bzw. die Gebetshandlung. Aber ein Uhrmacher (bzw. ein Beter) muß die einzelnen Teile genau kennen, und das gilt besonders dann, wenn wir mit einer Uhr konfrontiert werden, die die Zeit nicht genau angibt, oder mit einem Gebet, das keine Ergebnisse bringt, oder mit einem Menschen, der nicht alle seine Möglichkeiten auslebt. Dann benötigen wir eine Liste der einzelnen Teile und eine schematische Darstellung, eine Vorgehensweise, um sicherzustellen, daß alle notwendigen Schritte bei der Gebetshandlung vorgenommen werden. Wir müssen die Grundprinzipien der drei Selbste, die drei Mana-Arten und die drei Aka-Körper verstehen. Wir müssen wissen, daß erst die Kala-Reinigung zu erfolgen hat und uns ein ausreichender Vorrat an zusätzlichem Mana zur Verfügung stehen muß. Das mag auf den ersten Blick kompliziert erscheinen, aber in der Praxis ist Hunâ sehr einfach. Es ist komplizierter, alles zu erklären, als es zu tun. Nur durch Tun und nicht durch Lesen verstehen Sie, wie die Hunâ-Prinzipien funktionieren.

Betrachten wir nun einmal die wichtigsten Punkte aus einem etwas anderen Gesichtswinkel. Wenn Ihnen einige Ideen Schwierigkeiten bereiten, gehen Sie sie bitte noch einmal durch und sehen Sie sich an, wie die verschiedenen Teile zusammenpassen. Es kann sein, daß Sie sich von vielen Hunâ-Konzepten gleich angezogen fühlen. Manche Leute werden wenig Interessantes an ihnen finden und sie vielleicht ablehnen, ohne sie geprüft oder ausprobiert zu haben. Wahrheit wird gewöhnlich »erkannt«, selbst wenn man sie vorher weder gesehen noch gehört hat. Folgender »Wahrheitstest« ist vorgeschlagen worden: Wenn ein Konzept zu Ihnen kommt, das eine Erinnerung an eine fast vergessene Wahrheit zu wecken scheint, dann ist diese Wahrheit Ihre. Es ist vielleicht nicht die ganze Wahrheit, aber das, was Sie für wahr halten, gehört Ihnen. Der Rest kommt schon noch mit der Zeit.

Es gibt schöne Ratschläge für diejenigen unter uns, die die Wahrheit dort suchen, wo wir sie finden können, und zwar in einer berühmten Abhandlung, die aus Lehrsätzen besteht, von denen folgende zu unserer Sache passen:

17. Suche nach dem Weg.
18. Suche den Weg, indem du dich nach innen zurückziehst.
19. Suche den Weg, indem du kühn nach außen vorwärts gehst.
20. Suche ihn nicht auf irgendeiner Straße. Es gibt für jedes Temperament eine Straße, die ihm die wünschenswerteste erscheint. Aber der Weg wird nicht durch Hingabe allein gefunden, noch durch religiöses Sichversenken allein, durch eifrige Fortschritte, durch selbstaufopfernde Werke, durch fleißiges Beobachten des Lebens. Keines allein kann den Jünger mehr als einen Schritt vorwärtsbringen. Alle Sprossen sind notwendig, um die Leiter zusammenzusetzen. Der Menschen Laster wer-

den nacheinander Sprossen auf der Leiter, indem sie überwunden werden. Die Tugenden der Menschen sind Sprossen, in der Tat notwendige; wir dürfen sie keinesfalls übergehen. Doch obgleich sie eine lichte Atmosphäre schaffen und eine glückliche Zukunft, sind sie nutzlos, wenn sie allein stehen. Die ganze Natur des Menschen muß weise genutzt werden von dem, dessen Wunsch es ist, den Weg zu betreten. Ein jeder Mensch ist für sich selbst bedingungslos der Weg, die Wahrheit und das Leben. Aber nur, wenn er sein ganzes individuelles Wesen fest erfaßt und kraft seines erwachten geistigen Willens diese Individualität als nicht er selbst erkennt, sondern als das, was er mit Schmerzen zu seinem eigenen Gebrauch geschaffen hat und mittels dessen er sich vornimmt, indem sein Wachstum langsam sein geistiges Verstehen entwickelt, das Leben jenseits der Individualität zu erreichen.

Wenn er weiß, daß sein wundervolles zusammengesetztes Einzelleben deswegen besteht, dann allerdings, und nur dann, ist er auf dem Wege. Suche ihn, indem du in die geheimnisvollen und leuchtenden Tiefen deines eigenen innersten Wesens tauchst. Suche ihn, indem du jegliche Erfahrung prüfst, die Sinne nutzest, um das Wachstum und die Bedeutung der Individualität zu verstehen sowie die Schönheit und Unergründlichkeit jener anderen göttlichen Teile, die an deiner Seite mit dir kämpfen und die Rasse bilden, zu der du gehörst. Suche ihn durch Vertiefung in die Gesetze des Seins, in die Gesetze der Natur, in die Gesetze des Übernatürlichen, und suche ihn, indem deine Seele sich tief neigt vor dem umflorten Sterne, der in dir funkelt. Stetig, wie du wachst und betest, wird sein Licht stärker werden. Dann wisse, daß du

> den Anfang des Weges gefunden hast. Und wenn du das Ende gefunden hast, wird sein Licht plötzlich das unendliche Licht werden.*

Das ist ausgesprochen philosophisch und »spirituell« ausgedrückt. Suchen Sie in sich nach der Wahrheit; beachten sie dabei aber, daß Sie drei Bewußtseinsebenen (drei Selbste) haben und daß die Entdeckung des Unteren Selbst (des Unterbewußtseins) das wichtigste ist; doch ist die Erkenntnis des Hohen Selbst das größte Geheimnis im Hunâ. Aber wenn wir in all das hineinsehen, suchen wir nicht nach einzelnen Teilen und schließen andere aus, sondern suchen nach allen dreien, und das ist die Harmonie des Dreiecks der drei Selbste, die Heilige Dreiheit des Menschen, die das größte »Geheimnis« im Hunâ bildet. Aber diese Wahrheit haben Sie für sich selbst zu entdecken.

Was Sie lernen müssen, ist folgendes:

1. genau entscheiden, was Ihrem Wunsch gemäß in die Zukunft eingebaut werden soll,
2. wie die Gedankenformen der Gebetshandlung gebildet werden,
3. wie eine hohe Mana-Aufladung erfolgt,
4. wie das Untere Selbst veranlaßt wird, über den Aka-Faden Kontakt zum Hohen Selbst herzustellen und die Gedankenformen auf einem Mana-Strom zum *aumakua* (zum Hohen Selbst) zu schicken,
5. wie man genug »Glauben« hat,
6. wie man die Gebetshandlung abschließt,
7. wie lange die Arbeit wiederholt wird.

* *Licht auf dem Pfad*, Theosophische Gesellschaft, 1885.

Wichtige Voraussetzungen sind, wie man Schuldgefühle, Zweifel, Minderwertigkeitskomplexe und ähnliche Gefühle, Überzeugungen und Fixierungen beseitigt oder um sie herumsteuert und so den blockierenden Elementen auf dem Weg zur Kommunikation mit dem Hohen Selbst ausweicht. All das müssen Sie lernen; nicht nur auf der intellektuellen Ebene des bewußten Verstehens, sondern auch auf der des Unteren Selbst, wo Sie es wirklich akzeptieren. Die Ergebnisse zeigen sich auf der Ebene des Hohen Selbst, wenn erwünschte Dinge allmählich Wirklichkeit werden. Sie finden in diesem Buch die nötigen Informationen zur praktischen Anwendung der Hunâ-Prinzipien. Erfolg haben Sie nur bei deren praktischer Nutzung. Das überzeugt auch Ihr Unteres Selbst, und es fügt das Element »Glauben« (als durch Erfahrung gewonnenes Vertrauen) hinzu, wenn Sie allmählich feststellen, daß Hunâ funktioniert.
Die Hunâ-Grundlagen können sehr kurz zusammengefaßt werden: Als Dr. William Tufts Brigham Max Freedom Long die Ergebnisse seiner mehr als vierzigjährigen Forschungen zeigte, sagte er ihm, worauf er bei der Suche nach dem Geheimnis der »Wunder« sein Augenmerk richten solle. »Achten Sie immer auf drei Dinge, wenn Sie diese Magie studieren. Es muß dahinter eine Form des *Bewußtseins* geben, das die Prozesse steuert. Es muß eine Form von *Kraft* geben, die bei der Ausübung dieser Kontrolle benutzt wird, wenn wir sie nur erkennen können. Und schließlich muß es eine Form von sichtbarer oder unsichtbarer *Substanz* geben, durch welche die Kraft wirken kann. Halten Sie immer Ausschau nach diesen Elementen, und wenn Sie eines davon finden können, führt es sie vielleicht zu den anderen.«*
Das war 1920. Erst nach über zwölf Jahren hat Max Freedom Long allmählich herausgefunden, welches die drei grundle-

* *The Secret Science Behind Miracles*, S. 13

genden »Geheimnisse« sind. Und Sie wissen es jetzt: Das Hohe Selbst (*aumakua*) ist das *Bewußtsein*, das dabei mitwirkt, die gewünschten »Wunder« Wirklichkeit werden zu lassen, das jedoch nur in Verbindung mit unseren zwei unteren Selbsten arbeiten kann; die *Kraft* ist Mana, speziell, wenn es in Mana-Loa umgewandelt wird; und die unsichtbare *Substanz*, durch die die Lebenskraft wirkt, wird Aka bzw. die »Substanz des Schattenkörpers« genannt. Wir haben daher ein dreifaches Geheimnis von Gebetshandlungen, die Ergebnisse bringen: Ein Bild der Gedankenform vom gewünschten Zustand wird sorgfältig ausgearbeitet, in ein Aka-Muster eingebaut, mit Mana aufgeladen und an das Hohe Selbst geschickt, welches die erwünschte Zukunft gemäß dem Plan und den mit Energie (Mana) versehenen und zwecks Benutzung zugesandten Baumaterialien aufbaut.

Das Zeitelement ist im Hunâ von großer Bedeutung. Es gehört zu den Dingen, durch die sich Hunâ noch weiter von anderen psycho-religiösen Systemen unterscheidet. Ein Ausspruch, der Jesus zugeschrieben wird,* bewirkte eine verblüffende Neuinterpretation des Zeitelements im Gebet. Dabei bezieht sich der Ausspruch eher auf den Glauben als auf die Zeit: »Alles, was ihr bittet in eurem Gebet, glaubet nur, daß ihr's empfangt, so wird's euch werden.« Das Wort »jetzt« steht nicht im Original, wird aber beim Zitieren oft hinzugefügt. Trotzdem haben es die Befürworter neuzeitlicher Schulen des positiven Denkens durch einen seltsamen Seiltanz zwischen Zeit und Glauben geschafft, eine erstaunliche Anzahl von Menschen davon zu überzeugen, daß sie glauben müßten, sie hätten bereits erhalten, worum sie bitten. Die Gebetshandlung im Hunâ will Veränderungen innerhalb der Begrenzungen von Zeit und Raum bewirken. Natürlich ist

* Markus-Evangelium, 11, 24.

eine Sache oder ein Zustand, sei es Geld, Gesundheit oder Liebe, jetzt nicht hier, denn sonst würden wir ja nicht versuchen, sie zu bekommen. Die Verfechter des »positiven Denkens« und der »Bejahung« müssen erklären, daß die Verwirklichung unserer Gebete schon jetzt eingetreten ist, erklären aber nicht, warum wir erst Zeit verstreichen lassen müssen, bevor sich der Aspekt des »Hier und Jetzt« zeigt. Oder ist es logischer, einer anderen Denkschule zuzustimmen und einfach zu leugnen, daß unerwünschte Zustände wie Armut, Krankheit oder Lieblosigkeit real existieren? Bezeichnen Sie nur jeden Zustand, der die postulierte Vollkommenheit des »Alles ist gut« nicht erreicht, als einen Denkfehler im Geist eines Sterblichen. Ein kühner Kunstgriff schaltet die Zeit aus, ein anderer benutzt ein Wortspiel, um körperliches Sein aus dem Erdball, wenn nicht überhaupt aus dem Universum zu verbannen. Derartige krampfhafte Bemühungen wurden unternommen, um mehr vom Element Glauben in Gebete hineinzubekommen, die »hier und jetzt« erhört werden sollen.

Vom Hunâ-Standpunkt aus ist es sinnlos, etwas Störendes abzulehnen, denn das Untere Selbst nimmt alles wörtlich. Es ist sehr schwierig, dieses Selbst, dessen Denkkraft nur deduktiv ist, davon zu überzeugen, daß gebrochene Beine, Schmerzen oder Hunger nicht real seien. Mehr noch – auf der Ebene des Mittleren Selbst sind wir ziemlich praktisch veranlagt und stellen den gesunden Menschenverstand über alles. Starke emotionale Reaktionen auf Politik und Religion zeigen, daß diese Reaktionen fixe Ideen des Unteren Selbst sind. Uns fällt es auch schwer, zu glauben, daß der gebrochene Knochen »hier und jetzt« geheilt wird oder daß die nächste Rate für unseren Kühlschrank nur ein »Irrtum« ist und daß es sie nicht gibt. Das Zeitelement bedeutet für uns, daß das Bild in seiner abgeschlossenen Form visualisiert wird. Es ist die Blaupause, die hier und jetzt vollständig ist. Wir versetzen uns in das Bild hinein und sehen es bewußt als Realität der Zukunft. Es besteht bereits auf geistiger Ebene, und wenn es dem Hohen Selbst übergeben wird, existiert es auf spiritueller Ebene. Zeit ist nötig, um durch entsprechendes Handeln auf der Ebene des Unteren, des Mittleren und des Hohen Selbst auf die Schaffung der Struktur hinzuarbeiten.

Sie müssen Ihr Unteres Selbst davon abhalten, zu der Ansicht zu gelangen, Sie redeten dummes Zeug, und Sie müssen es davon überzeugen, daß alles, worum Sie es beim Ritual der Gebetshandlung bitten, vernünftig ist und daß Sie verdienen, was Sie anstreben. Überlegen Sie, was geschieht, wenn wir Schuldgefühle haben. Das Gebet erreicht sein Ziel nicht, weil das Untere Selbst sich schämt (sich schuldig fühlt, der Weg blockiert ist) und nicht zum Hohen Selbst gelangen kann. Schuldgefühle bringen sogar das Mittlere Selbst dazu, eine Anstrengung nicht zu unternehmen, da es ständig vom Unteren Selbst an die (reale oder nur eingebildete) Schuld erinnert wird. Schon früh im Experimentalstadium der Hunâ-Forschung ist festgestellt worden, daß es genausoviel Zeit kostet, Ansammlungen von Dogmen und falschen Vorstellungen auszuräumen, wie es Zeit kostet, sie durch eine entsprechende Anzahl von Hunâ-Prinzipien zu ersetzen. Daraus ergibt sich die Notwendigkeit, das Gelernte immer wieder anzuwenden und es zum regulären Bestandteil Ihres normalen täglichen Lebens zu machen.

KAPITEL 16

Im Hunâ-Licht leben

Fast alle haben wir in uns einen Vorrat an Konzepten, die wir verstecken, geheimhalten und verschweigen und die wir in Ermangelung eines besseren Wortes Wahrheiten nennen könnten. Was für den einen Wahrheit ist, mag es für den anderen vielleicht nicht sein. Aber die meisten von uns scheinen einen tieferen inneren Sinn zu haben, der wach wird und sich bewegt, wenn gewisse Ideen vorgebracht werden. Der entscheidende Test dafür, was uns Wahrheit bedeutet, ist das Verhalten, das von ihr diktiert bzw. inspiriert wird. Zuweilen eröffnet uns ein einziges Wort unendliche Perspektiven der Wahrheit. Unsere »Religion« ist ja das, was wir wirklich glauben, und nicht das Etikett, das wir ihr anheften oder ein Kredo, zu dem wir uns »bekennen«.

Alte Denkgewohnheiten könnten es Ihnen schwermachen, die Prinzipien der Hunâ-Lehre auszuprobieren. Es mag etwas Eigenartiges sein, eine alte polynesische Sprache zu durchforschen und dort Symbole verschlüsselt zu finden, die etwas enthüllen, was wir in unseren modernen Zeiten benutzen können. Doch die Alten hatten einen Einblick in die menschliche Psychologie, den moderne Akademiker noch nicht akzeptieren. Sie legten die tieferen Bedeutungen der uralten Weisheit in Symbole, und zwar nicht nur um ihre Schüler zu unterrichten, sondern auch um das Wissen für die Nachwelt zu bewahren. Sie als Leser haben das große Glück, die gesammelte Weisheit der Zeitalter vor sich zu haben, und zwar nicht nur in theoretischer und abstrakter, sondern auch in sehr praktischer Form, die Sie jetzt jeden Tag benutzen können. Studieren Sie dieses System, und probieren Sie seine Prinzipien aus. Wenn Sie die Wahrheit dieser Lehren »erkennen«, gehen Sie weiter, und machen Sie sie zu einem festen Bestandteil Ihres Lebens. Durch sie können sie nämlich effizienter »normal« leben.

Einige moderne Psychologen erkennen mehr als eine Bewußtseinsebene an, stopfen jedoch alle Funktionen außer dem Bewußtsein in das »Unterbewußte« oder »Subjektive« bzw. Instinktive und übersehen dabei, daß sie die höchsten und die niedrigsten Eigenarten des Geistes miteinander vermischen und über einen Kamm scheren, während sie seine mittlere Eigenschaft sich selbst überlassen. Die alte Fabel, der zufolge jeder zwei Ratgeber hat, an jedem Ohr einen, wobei der eine ihm zuflüstert, er soll die höheren Ideale befolgen, und der andere ihn in Versuchung führt, mehr den weltlichen Vergnügungen zu frönen, bringt das Prinzip der drei Selbste zum Ausdruck. Verweise auf zwei entgegengesetzte Gottheiten wie »Licht« und »Dunkel«, »Schutzengel« und »Teufel« bzw. »Kobold« oder Geistiges gegen »Weltliches« meinen alle dasselbe. Der »Teufel« ist nicht irgendein »böser« Einfluß, sondern die materielle, körperliche, »tierische« Ebene ohne Rücksicht auf die spirituelle oder höhere Ebene des Geistes.

Es gibt drei Ebenen sowie drei Selbste, und jeder Versuch, eines davon zu unterdrücken, führt zu einer unausgeglichenen, abnormen Existenz. Manche Leute sind für ein ausgesprochen »spirituelles« Leben und leugnen alles Gute in »weltlichen« Dingen. Andere suchen nur nach materiellen und körperlichen »Vergnügungen«, ohne sich um die Vernunft oder das Spirituelle zu kümmern. All das sind Extreme. Wenn wir die Existenz des Unteren Selbst anerkennen, wollen wir es nicht aus unserem Leben streichen und »unser Hohes Selbst werden«, wie es ein Schriftsteller einmal ausgedrückt hat. Unser Ideal ist es, zu erkennen, wo für alle drei Selbste, die harmonisch zusammenarbeiten, jeweils der richtige Platz ist. Das ist »normal«. Wir müssen ständig daran denken und uns immer wieder daran erinnern, daß wir aus drei Selbsten bestehen. Ziel und Zweck aller Handlungen im Leben ist es nicht, das Untere und das Mittlere Selbst zu zwingen, »permanent mit dem Hohen Selbst eins zu werden«. »Yoga« bedeutet Vereinigung und bedeutet zweifellos, die Schwingungen zu verstärken und einen vollständigen Arbeitskontakt (eine Vereinigung) mit dem Hohen Selbst herzustellen, dabei den Gedanken von der »Saat« in der Gebetshandlung sowie Mana zu liefern, um die Saat zu »bewässern«, damit sie wächst und auf körperlicher und geistiger Ebene Wirklichkeit wird. Hunâ zeigt, daß wir gut geschaffen sind, jeder mit seiner eigenen Ebene und seiner Funktion in der Arbeitspartnerschaft, im Dreieck bzw. in der Dreiheit. Das große Geheimnis der Kahunas konzentrierte sich auf den Kontakt bzw. die Vereinigung der zwei unteren Selbste mit dem Hohen Selbst, um Kraft in Form von Mana auszutauschen und das Bewußtsein zu gebrauchen, um das »Gebet« auszuarbeiten.

Hunâ macht einen klaren Unterschied zwischen den drei Selbsten und unterscheidet sich darin von jedem anderen psychologischen, psycho-religiösen oder religiösen System. Hinweise auf die drei Selbste finden wir an vielen Stellen, z.B. in dem uralten Symbol des Dreiecks bzw. der Dreiheit. Die größte Gefahr bei den meisten Systemen der sogenannten »Magie« ist die, daß sie nur auf der Ebene des Unteren Selbst funktionieren. Zu viele Menschen, die übersinnliche Wahrnehmungen haben, sowie spiritistische Medien arbeiten nur durch das Untere Selbst. Die »Religion« leugnet alles außer unserem »spirituellen« Teil, und wenn die unteren Ebenen anerkannt werden, lehrt man uns, sie zu unterdrükken. Der Intellektualismus ist zwar für Vernunft und Logik, aber er schließt alles andere aus, insbesondere die spirituelle bzw. höhere Ebene. Nur wenn alle drei Teile der menschli-

chen Psyche in Betracht gezogen werden, kann man die Hunâ-Prinzipien verstehen und effektiv nutzen.
Max Freedom Long hat folgendes über das Hohe Selbst zu sagen: »Die Kahunas lehrten, daß dem Menschen endlose Freuden sowie auch einige Sorgen gegeben wurden, daß das Leben gut und schön ist, wenn wir es normal leben, und daß so ein Leben notwendiges Wachstum und Erfahrung bedeutet. Um ein ausgesprochen normales und daher glückliches und sich fortentwickelndes Leben zu führen, müssen die drei Selbste in vollkommener Weise geeint sein und unter der weisen Anleitung des Hohen Selbst wie ein Team arbeiten... Nur ein Leben ohne Anleitung des Hohen Selbst und ohne ein gewisses Einssein mit ihm könnte überwiegend schmerzlich und sorgenerfüllt sein... Das Hohe Selbst ist ein Teil von uns. Es ist das höchste der drei Selbste im Menschen, ist der Schutzengel, der Vater in uns, der persönliche Erlöser. Alle Gebete, an wen auch immer wir sie richten, können, und wenn es noch so viele Götter und Idole gibt, nirgendwo anders hingehen als zu den Hohen Selbsten.
Das ist eines der großen Geheimnisse aller Zeiten: daß es das Hohe Selbst gibt und daß es bei, in und über uns als ein ›Gott‹ und als Vertreter des universalen Gottes steht. Wir brauchen keinen Kampf, um das Wesen des universalen Gottes zu begreifen, sondern müssen nur das Hohe Selbst so erkennen, wie es ist, und ihm unsere Gebete schicken. Wir können uns darauf verlassen, daß es in seiner alles überragenden Weisheit jeden Gebetswunsch und jede Gebetsstärke an höhere Wesen in der aufwärts führenden Leiter von Wachstum und Evolution weitergibt. Wenn es erst einmal als das anerkannt ist, was es ist, wird das Hohe Selbst immer bereit sein, unserer Aufforderung nachzukommen, uns zu leiten und zu unterstützen. Aber es muß anerkannt und aufgefordert werden, denn es ist durch ein Gesetz seiner Ebene daran gebunden, dem Unteren und auch dem Mittleren Selbst nicht den

ihnen gegebenen *freien Willen* zu nehmen, durch den sie aus Erfahrungen lernen können, nachdem sie beschlossen haben, was sie tun wollen oder nicht.«*

Gebete (bzw. Gebetshandlungen, wie ich sie nenne) sind nur dann erfolgreich, wenn alle drei Selbste vereint sind und »wie ein Mann« zusammenarbeiten, um eine Absicht wahrzumachen. Alles Beten ist telepathisch. Wir erkennen an, daß »Gott Geist ist« und jeder Kontakt mit ihm ein spiritueller, d. h. ein telepathischer Kontakt sein muß. Unsere Gebete erreichen das Hohe Selbst einzig und allein durch telepathisches Übersenden der Gedankentrauben, die das verkörpern, worum wir beten. Da nur das Untere Selbst über den Aka-Faden den Kontakt zum Hohen Selbst herstellen kann und weil darüber hinaus nur das Untere Selbst die Gedanken oder Worte unserer Gebete zu Gedankenformen machen und sie über die aktivierte Aka-Schnur schicken kann, kommt nichts zustande, wenn wir das Untere Selbst nicht dazu erziehen, den Gebrauch dieser verborgenen Fähigkeit zu verstehen und zu benutzen, wenn wir ein Gebet schicken möchten. »Durch Hunâ erfahren wir, daß alle drei Selbste in der kreativen Handlung des Gebetes ihre Rolle zu spielen haben. Wenn eines der Selbste dies versäumt, ist die ganze Handlung nutzlos.«**Nach Abschluß seiner Erziehung reagiert das Untere Selbst automatisch und beginnt seine Rolle zu spielen, wenn ein Gebet gesprochen werden soll.

Max Freedom Long schlägt einen Test vor, mit dem man bestimmen kann, was als Überzeugung richtig ist und wie man dazu kommt. »Viel zu viele der von Menschen gemachten religiösen Dogmen haben damit zu tun, *wie* man gut sein soll, aber nicht, was man dafür machen muß. Zwischen beiden besteht ein sehr großer Unterschied. Aber es gibt

* *Growing into Light*, S. 25 ff.

** *The Secret Science at Work*, S. 37.

einen Test, der alles erklärt und den wir auf unsere religiösen Glaubensbekenntnisse anwenden können, um zu entscheiden, welche überprüft und möglicherweise ausrangiert werden müssen: *Wenn eine Überzeugung auf der Ebene des Unteren, des Mittleren und des Hohen Selbst keinen Nutzen bringt, ist sie für den Fortschritt im täglichen Leben nichts wert.*«*

Daß wir Gebetswünsche über das Untere Selbst schicken müssen, um mit dem Hohen Selbst zu kommunizieren, stört einige Leute, die sich den Gedanken eingehämmert haben, sie »könnten sich direkt dem Thron der Gnade nähern«. Es sollte unterstrichen werden, daß bei erfolgreichen Gebetshandlungen alle drei Selbste zusammenarbeiten. Um aber den Vorgang zu analysieren und die verschiedenen Funktionen eines jeden der drei Selbste zu besprechen, müssen sie in drei individuelle Wesenheiten getrennt werden. Einige Religionen lehren, einen Vermittler einzusetzen, sei es nun ein Priester oder ein Gottessohn.

Eine Analogie, die fern von allen emotional geladenen religiösen Nebenbedeutungen liegt, mag zeigen, wie das funktioniert. Ich komme wieder auf die Telefonverbindung zurück, um das zu verdeutlichen. Ein Gebet könnte so etwas Ähnliches wie ein Telefonsystem sein. Wenn ich jemanden, der etwa zehn Meilen von mir entfernt wohnt, aus meiner Heimatstadt anrufen möchte, muß ich über das Fernsprechamt gehen, das dreißig Meilen entfernt ist. Vermutlich ist das typisch für verzwickte Verbindungen innerhalb des Telefonsystems. Warum kann ich die nahegelegene Stadt nicht direkt anrufen? Warum muß ich über diese weiter von mir entfernt gelegene Stadt gehen? Es wird ja immer wieder vom »Direktwählen« gesprochen. Aber die Telefonverbindungen sind so eingerichtet, daß man die andere Stadt nur auf

* *Growing into Light*, S. 142.

Umwegen anrufen kann. Mit modernen elektronischen Anlagen ist es möglich, direkt zu wählen, aber der Ruf geht doch (wenn auch schnell) über die weit entfernt gelegene Vermittlungsstelle. Man braucht sich keine Gedanken darüber zu machen, wie die Leitungen gelegt sind. Der Anruf kommt genauso schnell durch, als seien die Leitungen direkt zwischen beiden Telefonen gespannt, anstatt so einen Umweg machen zu müssen.

Ein an das Hohe Selbst gerichtetes Gebet geht über das Untere Selbst. So werden wir »verbunden«! Wenn die drei Selbste harmonisch zusammenarbeiten, können wir eigentlich »direkt wählen« und den Kontakt zum Hohen Selbst scheinbar direkt und unmittelbar herstellen. Doch die »Leitung« ist noch dieselbe und funktioniert automatisch. Wenn wir nicht direkt wählen können, müssen wir erst bei der Vermittlung anrufen, die Nummer erfragen und die Verbindung zum anderen Teilnehmer über die Vermittlung herstellen lassen. Wenn wir »die Nummer wissen« und Möglichkeiten zur Direktwahl haben, können wir sofort und automatisch Kontakt zum Hohen Selbst herstellen. Das, was die Kahunas den »Regen des Segens« nannten, zeigt, daß es eine Gemeinschaftsübertragung über drei Kanäle wie das Dreieck gibt. Nach Herstellung der Verbindung zum Hohen Selbst fließt das in stärkeres Mana-Loa umgewandelte Mana zurück, das Untere Selbst empfindet und erkennt dies als Aufsteigen von Liebe (Emotion), und das Mittlere Selbst weiß, daß der Kontakt hergestellt ist. Deshalb beendeten die Kahunas ihre Gebete mit den Worten: »Laß den Regen des Segens fallen.«

Die Tatsache, daß Gebete erst zum Unteren Selbst (zur Telefonvermittlung bzw. zum Satelliten-Relaissender) gehen müssen und dieses dann mit dem Hohen Selbst kommunizieren muß, macht aus dem Unteren Selbst keinen »Gott«, der in seiner Funktion wichtiger wäre als das Hohe Selbst. Es stimmt nicht, wenn einige Leute denken, daß das Untere Selbst entscheidet, ob das Gebet an das Hohe Selbst weitergeschickt werden soll. Das ist nicht der Fall. Sie denken so, weil das Untere Selbst Gebetsbilder manchmal nicht zum Hohen Selbst weiterschicken kann; jedoch nur deshalb, weil der Weg durch Fixierungen oder Schuldkomplexe blockiert ist und das Untere Selbst daher das Gebet nicht weiterleiten kann. Das Untere Selbst entscheidet gar nichts. Es reagiert nur auf heftig geäußerte Wünsche des Mittleren Selbst und tut, worum das Mittlere Selbst bittet. Aber diese Bitte muß ihm eindeutig und nicht durch widersprüchliche Gedanken verwirrt übermittelt werden. Wenn eine Telefonleitung durch einen Sturm unterbrochen ist, kommt der Ruf nicht durch. »Stürme« sind die Emotionen Ärger und Furcht, und die wirken auch auf die Kommunikationsleitung zum Hohen Selbst ein. Fixierungen und Schuldkomplexe sind »Daueraufträge« mit durchschlagender Wirkung. Bei Suggestionen, Bitten oder Befehlen, die einem »Dauerauftrag« (einer fixen Idee oder einem Schuldkomplex) widersprechen, wirkt die durchschlagendste Suggestion am stärksten und wird befolgt. Es scheint so, als weigere sich das Untere Selbst, den Auftrag auszuführen, der ihm einmal vom Mittleren Selbst erteilt wurde. Aber der »Dauerauftrag« ist auch ein Befehl vom Mittleren Selbst (bzw. vom Mittleren Selbst eines anderen Menschen), und der wird befolgt. Oder es entsteht ein derartiges Durcheinander von Wünschen, Gedanken, Bitten, Suggestionen und Befehlen, daß es das Untere Selbst nicht für möglich hält, etwas zu tun. Das Untere Selbst entscheidet nichts. Aber die Telefonleitung könnte unterbrochen oder durch eine Vielzahl von Anrufen belegt sein, und das blokkiert die Kommunikation. Die Leitung ist also »besetzt«. Unser Ziel ist es aber, daß die drei Selbste reibungslos zusammenarbeiten. Dann bringen Gebetshandlungen auch Ergebnisse.

Einer anderen Analogie zufolge ist das Untere Selbst der »Diener« des Mittleren Selbst; das heißt, es hat die Pflicht, zu tun, worum das Mittlere Selbst bittet. Es ist zum Gehorsam verpflichtet. Aber was geschieht, wenn sein Herr ihm etwas befiehlt, das es nicht auszuführen vermag? Vielleicht fehlt ihm das erforderliche Geschick dazu (wenn es unqualifiziert ist), oder es ist vielleicht physisch nicht in der Lage, den Befehl auszuführen (wenn es keinen Mana-Vorrat bilden und so die erforderliche Energie bekommen kann)? Oder aber das Untere Selbst will und kann zwar, stellt aber fest, daß sein Weg durch widersprüchliche Befehle aus früheren Anordnungen des Mittleren Selbst oder aus körperlichen Reizen, die wie starke Befehle wirken und zu Fixierungen und Komplexen führen, blockiert ist. Viel besser als das oben Gesagte ist es, das Untere Selbst als treuen und begabten Mitarbeiter in unserem Erdenleben zu betrachten.
Den Kontakt mit dem Hohen Selbst und den sich daraus ergebenden »Regen des Segens« nennen viele Schriften kosmisches Bewußtsein. Natürlich macht jeder seine eigenen Erfahrungen, aber viele Wesensmerkmale scheinen auf die meisten Menschen zuzutreffen:

- das Gefühl, einen flüchtigen Augenblick lang ein fast vollständiges Wissen über alle Dinge zu besitzen,
- die Gewißheit der Unsterblichkeit, abgeleitet von einem Gefühl tatsächlichen Daseins,
- das völlige Fehlen von Furcht und das Empfinden von Gewißheit und Zuversicht,
- ein Liebesgefühl, das den Menschen überrollt und einen neuen Geisteszustand hinterläßt,
- eine Empfindung großer Freude.

»Menschen, die den Weg zum Licht gehen wollen, erheben sich und machen sich auf den Weg zu ihrem Ziel, selbst wenn sie dies nur zögernd tun. Andere halten inne, um zu streiten, welchen Weg man am besten geht; obwohl sie nicht wissen, wie man den Weg geht, zitieren sie Anweisungen anderer. Selten machen sie sich auf. Nur diejenigen, die den ganzen Weg gegangen sind, können verläßlich sagen, wie man ihn zu gehen hat. Aber sie kommen ja nicht zurück, sondern stehen weit weg hoch oben, winken uns zu, die Streithähne ihren Dogmen zu überlassen, und ziehen weiter.«*

Wer diese »Erleuchtung«, diesen Anblick des Lichtes vom Hohen Selbst, schon erlebt hat, wird sie nie vergessen und erkennt gleiche Erfahrungen in Gedichten, Liedern oder anderen »inspirierten« Schriften wieder. Und ich erinnere Sie daran, daß »inspiriert« wörtlich »eingeatmet« heißt und sich ursprünglich auf den »Regen des Segens« von Mana-Loa beziehen könnte, das vom Hohen Selbst umgeformt wurde.

Das harmonische Zusammenarbeiten der drei Selbste ist ein überaus wünschenswertes Ziel. Nur so ist »normales« Leben möglich. Hunâ unterstreicht, daß normales Leben in jeder Hinsicht das eigentliche und vernünftige Ziel ist. Was Ihnen (oder jedem von uns) »normal« zu sein scheint, ist möglicherweise gar nicht jene effiziente, harmonische Lebensweise, die das Ideal ist. Dabei ist das Ideal nicht einmal so ein unerreichbares und weit entferntes Ziel. Man kann immer etwas noch besser machen. Setzen Sie also Ihr Ziel höher an, so hoch, wie Sie möchten, und wenn die drei Selbste zusammenarbeiten, wenn jedes tut, was es soll, dann werden Sie ein so erfolgreiches Leben führen, wie Sie es sich vielleicht nie vorgestellt haben.

Hunâ als System ist sehr auf den einzelnen bezogen. Seine Grundprinzipien sind derart einfach, daß manche Menschen zuweilen geneigt sind, sie zu vernachlässigen. Und doch ist das gesamte Hunâ-System kompliziert und erstaunlich umfassend. Hunâ ist nicht so, daß ein Anfänger sich das in einer Stunde durchliest, das Buch fallen läßt und schriftlich an-

* *Growing into Light*, S. 147.

fragt, wo er einen Kahuna finden kann, der Wunder für ihn vollbringt (manche machen das). Es ist ein System, in das sich jeder erst gründlich und Schritt für Schritt einarbeiten muß. Studieren Sie das System aufmerksam. Durchdenken Sie seine Prinzipien, und lassen Sie sie Bestandteil Ihrer gewohnten Denkweise sein. Obwohl Hunâ an sich einfach ist, brauchen solche neuen Ideen vielleicht auch Zeit, damit man sie begreift und sie täglich, regelmäßig und auf ganz natürliche Weise praktisch benutzt. Es bedarf stetiger Anwendung, wenn die wertvollen Einblicke, wie Sie als Mensch funktionieren, von dauerhaftem Vorteil für Sie sein sollen. Lehrer könnten helfen, und manche Dinge können in Gruppen erlernt werden. Aber diese können Sie nur auf den Weg bringen, können Ihnen sozusagen die Richtung weisen. Der große Vorteil beim Hunâ-Studium ist der, daß Sie Hunâ praktisch einsetzen können, sobald Sie das Studium beginnen. Sie brauchen nicht erst viele Jahre zu studieren, bevor Sie es anwenden können, um Ihr Leben zu verbessern. Hunâ ist etwas, was Sie tun, und Sie können sofort beginnen, es zu tun.

Verkennen Sie nicht die große Bedeutung des Unteren Selbst. Wenn Ihnen klargemacht wird, wie notwendig die Handlungen des Hohen Selbst für die Schaffung Ihrer erwünschten Zukunft sind, zieht sich das Untere Selbst manchmal zurück und wird fast vergessen. Das Untere Selbst trägt die schwerste Last an Arbeit und Verantwortung in unserem Leben. Es rackert sich ab, ob wir dies beachten oder nicht, ob wir es anerkennen, loben oder ermuntern. Es versucht, jeden seltsamen und widersprüchlichen Befehl auszuführen, den es von uns (der Ebene des Mittleren Selbst) oder von anderen, die starken Einfluß haben, bekommt. Es akzeptiert alle Vorschläge und kommt durcheinander, wenn wir immer wieder unsere Meinung ändern und unserem Leben keine bewußte Richtung geben. Dennoch arbeitet es für uns jeden

Tag, um uns am Leben zu erhalten – und damit wir uns auf körperlicher Ebene möglichst wohl fühlen. Zuweilen werden unsere großen Wünsche erfüllt, da eine scheinbar starke Emotion die Herstellung des Kontaktes zum Hohen Selbst ermöglicht, obwohl es an Richtung, Planung und dem entsprechenden Vorrat an benötigter Lebenskraft mangelt. Bei anderen Gelegenheiten wiederum geschieht gar nichts, oder wir scheinen das Gegenteil von dem zu bekommen, was wir möchten. Trotzdem leistet das Untere Selbst weiterhin treu seinen Beitrag zur Arbeit der drei Selbste, unabhängig davon, ob das Mittlere Selbst seine Verantwortung übernimmt oder nicht und ob das Hohe Selbst um Hilfe angerufen wird. Denken Sie daran, um wieviel effizienter wir sein könnten, wenn wir das Untere Selbst dazu erziehen würden, auf partnerschaftlicher Basis mit uns zu arbeiten. Loben und ermuntern Sie es, wenn es seine Arbeit gut macht, und leiten Sie es in Übereinstimmung mit den Zielen an, die wir als Mittleres Selbst erarbeitet haben.
Bei dem »normalen« Leben, um das es uns geht, arbeiten die drei Selbste reibungslos, ausgeglichen und in voller Harmonie. Gehen Sie davon aus, daß das Untere Selbst seinen Beitrag leistet, aber bleiben auch Sie bei Ihren Gebeten nicht untätig, und tun Sie auf der Ebene des Mittleren Selbst alles, um das Ziel zu erreichen. Und trachten Sie nach Hilfe und Anleitung durch das Hohe Selbst für Ihr ganzes Leben. Um diese Anleitung müssen Sie ersuchen. Sie muß ein regulärer, natürlicher Bestandteil Ihres Lebens werden, wenn Sie »normales« Leben erreichen wollen. Bis diese Harmonie erreicht ist, könnten Sie gelegentlich Anleitung bekommen, und das ist gut so. Wenn es dann soweit ist, daß die Anleitung von der Ebene des Hohen Selbst erkannt wird, werden Sie »ins Licht wachsen« und dadurch in die Lage versetzt, den Weg zu sehen. Max Freedom Long hat sein Buch *Growing into Light* als Hilfe für Schüler geschrieben, die täglich Worte der

Inspiration und der Ermutigung für die Hunâ-Grundprinzipien benötigen. Es ist ein sehr schönes Buch und allen Hunâ-Schülern wärmstens zu empfehlen.

Wie können Sie nun feststellen, ob Sie mit Ihrem Hohen Selbst in Kontakt stehen? Oder mit Ihrem Unteren Selbst? Es sind einige Vorschläge gemacht worden: Sie können ein Pendel benutzen, oder der Sticheffekt weist Sie darauf hin, daß der Kontakt hergestellt ist. Es gibt noch eine andere Antwort, die Frager immer erst dann zufriedenstellt, wenn sie sie selbst erfahren haben. Es ist das, was von Autoren »Erkennen«, »Bewußtwerden« oder so etwas wie »Abklären« genannt wird. Worum es uns geht, ist eine innere Form, uns bewußt zu werden, daß wir ein Selbst, eine Wesenheit, daß das Hohe oder das Untere Selbst Wesenheiten bzw. Selbste sind.

In den meisten unserer wachen Momente sind wir an der Bewußtheit des Unteren Selbst beteiligt. Es hat einen Körper und Sinne, damit wir unsere Umgebung, alles, was wir sehen können, Klänge, Gerüche, Bewegung, das Fortschreiten der Zeit und all diese Dinge bewußt wahrnehmen. Wir haben teil an seinen Erinnerungen und Emotionen. Wir treten ein in seine Träume und schieben dabei unsere vernünftige Betrachtungsweise beiseite. In unseren Träumen beteiligen wir uns vielleicht am stärksten am Bewußtheitszustand des Unteren Selbst, dem die höhere Vernunft fehlt.

Um das Mittlere Selbst getrennt vom Unteren Selbst wahrzunehmen, müssen wir einen Augenblick lang die vom unteren Selbst kommenden Sinneseindrücke beiseite schieben, Erinnerungen zurückweisen und darauf achten, was wir dann bemerken. Das ist schwer zu beschreiben. Es ist Bewußtheit, und das ist eigentlich auch schon alles, was wir darüber sagen können. Das Schwierige ist, daß etwas nicht zu funktionieren scheint, wenn die Bewußtheit nichts wahrzunehmen hat. Die Weisen des alten Indiens nannten es einen

»Zuschauer ohne Schauspiel«. Das Mittlere Selbst hat alle vom Unteren Selbst kommenden Sinneseindrücke einer vernünftigen Betrachtung zu unterziehen. Es urteilt und sortiert die Erinnerungen, um zu einem richtigen Urteil zu gelangen. Eine sehr wichtige Aufgabe. Das Mittlere Selbst vermittelt uns ein viel besseres Verständnis für die Wirklichkeit um uns, als das Untere Selbst dies vermag. Das Hohe Selbst kann uns Wissen um das wahre Wesen der Dinge und Zustände geben, und zuweilen beteiligen wir uns an seinem Bewußtheitszustand, indem wir etwas »abklären«. Da bekommen wir einen Sinneseindruck, wie den des Urlichtes, das von nirgendwoher zu kommen scheint. Wir verspüren vielleicht »vollkommene Farbe«, ohne daß Farbe durch etwas reflektiert wird, oder hören einen »vollkommenen Klang«, ohne daß ein Instrument ihn erzeugt.

Bei einem harmonischen Verhältnis zwischen den drei Selbsten haben wir das vollkommene Symbol des Dreiecks bzw. der Dreiheit und ein Gefühl der Bewußtheit oder des »Abklärens« wie vom Hohen Selbst direkt. Am Ende der Gebetshandlung stehen die Worte *»Auma-ma ua noa«* (»Mag der Regen des Segens fallen«). Das erzeugt ein Gefühl der Freude und des Wohlbefindens und ist ein guter Hinweis darauf, daß der Kontakt hergestellt wurde.

Letzten Endes wollen Sie ja testen, ob Sie Ergebnisse erzielen. Aber zuweilen kommen Ergebnisse, die wir dann nicht als solche erkennen. Deshalb ist es so wichtig, ständig nach Anleitung vom Hohen Selbst zu trachten. Oft wird sie erst viel später erkannt. Sie kommt als Intuition, als Ahnung oder als Folge von Umständen. Sie werden es lernen, der inneren Stimme zu folgen, und je mehr Sie dies tun, um so klarer wird diese Stimme, und um so genauer werden Sie geleitet.

Über die Anleitung hat Max Freedom Long geschrieben: »Die Anleitung ist für mich inzwischen etwas sehr Reales. Lange Zeit habe ich sie nicht erkannt, aber so nach und nach, als ich mit der Hunâ-Arbeit weit genug vorangekommen war, um zurückzuschauen und sehen zu können, welche kleinen Geschehnisse mich ›zufällig‹ in die eine oder andere Richtung gedrängt haben, da begann ich zu sehen, daß all diese Anstöße dahin gingen, Hunâ wiederzuentdecken. Ich kann zurückschauen und sehe, wo die wichtigste Anleitung in meinem Leben wiederholt durch scheinbar unbedeutende Zufälle kam. Einmal habe ich einen Zug verpaßt, ein anderes Mal einen Spaziergang machen wollen und einmal meinen Kopf aus einem Hotelfenster gesteckt, um ein Feuerwehrauto vorbeifahren zu sehen. In jedem einzelnen Fall hat das die Richtung meines Lebens grundlegend verändert. Wäre eines davon nicht geschehen, würde ich jetzt nicht an Sie über Hunâ schreiben.«

Jemand hat einmal gefragt: »Was geschieht, wenn ich einer Ahnung folge und sie sich doch nicht als Anleitung erweist?« Praktisch gesehen ist es so: Wenn Sie zehn Ahnungen oder Lichtblicken Ihrer Intuitionen folgen und nur eine davon sich erfüllt, sind Sie immer noch besser dran. Das Untere Selbst kann Sie in etwas hineinbringen, was richtig zu sein scheint (»sich als richtig anfühlt«), weil es dem Unteren Selbst gefällt. Sie werden lernen müssen, zu unterscheiden, woher die innere Stimme kommt. Es gibt mindestens drei Lebensebenen, und diese entsprechen den drei Selbsten. Ihr Leben wird unausgeglichen und verliert seine Harmonie, wenn Sie nur eine Ebene verfolgen und die anderen unbeachtet lassen. Eine Anleitung durch das Untere Selbst mag durchaus in Ordnung sein, und was angenehm auf der Ebene des Unteren Selbst ist, mag im jeweiligen Augenblick auch durchaus richtig sein (vorausgesetzt, niemand wird dadurch verletzt). Vieles in unserem täglichen Leben hängt ja von den körperlichen Vergnügungen ab. Letztendlich trachten wir aber auch nach der Anleitung durch das Hohe Selbst, um die beiden anderen

Selbste zu harmonisieren und das vollendete Gleichgewicht herzustellen.
Wenn wir als Mittlere Selbste lernen sollen, so ausgesprochen vertrauenswürdig zu werden, wie es die Hohen Selbste sind, müssen wir damit beginnen, daß wir das Vertrauen annehmen, welches uns entgegengebracht wurde, als wir die Aufgabe bekamen, das Untere Selbst zu belehren und zu erziehen und ihm beim Wachsen zu helfen, damit es aus einem habgierigen und emotional labilen Kind ein reguläres, zur Mitarbeit bereites Mitglied des Teams der drei Selbste wird. Wir brauchen alles, was wir an Liebe, Willenskraft, Entschlossenheit, Verständnis und Weisheit zusammenbringen können. Wir brauchen den Glauben an die Wahrheit des ausgesprochen vertrauenswürdigen elterlichen Geistes sowie daran, daß er uns helfen und anleiten kann und will, wenn wir die Tür öffnen und ihn dazu auffordern. Den Kontakt mit dem Hohen Selbst voll wahrzunehmen mag zwar wünschenswert sein, ist aber nicht das Wichtigste. Es könnte die völlige Unterwerfung des Unteren und des Mittleren Selbst erfordern, und das an sich verursacht Unausgeglichenheit und Disharmonie. Ein jeder möchte gern, daß ihm ein Licht aufgeht, möchte eine Anregung bekommen, die ihm zeigt, daß er auf der richtigen Spur ist. Kurz gesagt, wir alle wollen ein bißchen »Beweis«. Sie bitten vielleicht darum, und es ist auch völlig in Ordnung, daß Sie das tun. Erwarten Sie aber nicht, daß Ihnen alles bewiesen wird. Wenn Sie ein wenig Beweis bekommen haben, lassen Sie es dabei bewenden. Wenn Sie dienen lernen, sind Sie auf alles gefaßt, was auf den »höheren« Ebenen kommen sollte. Es ist eine Sache des Wachsens, des »Ins-Licht-Wachsens«.
Viel Geduld ist da sicherlich notwendig. Im Hawaiischen heißt Geduld *hoo-mana-wa-nui*, und das bedeutet »Mana für eine gewisse Zeit machen und es sehr groß machen«. Zeit ist notwendig, damit jedes der drei Selbste seine Arbeit

erledigen kann, d. h. die ständige Wiederauffüllung des Mana-Vorrates und die Wiederholung des gründlich vorbereiteten Bildes von der erwünschten Zukunft. Zeit ist nötig, um die alte Gußform aufzubrechen und die neue anzufertigen, um die Saat zu pflanzen und sie wachsen zu lassen. Vergessen Sie nicht, den Versuch zu unternehmen, auch selbst Probleme auf der Ebene des Mittleren Selbst zu lösen. Begehen Sie aber nicht den Fehler, sich bei Problemlösungen völlig von den Methoden der Vernunft und der Logik abhängig zu machen, wie sie das Mittlere Selbst benutzt. Trachten Sie nach Anleitung, wälzen Sie ein Problem tagtäglich in Ihrem Kopf hin und her, aber nicht um sich Sorgen darüber zu machen, sondern um sich ein Bild zu erarbeiten, wie die Situation aussieht, wenn das Problem gelöst ist, und tun Sie alles in Ihren Kräften Stehende, damit das Problem gelöst wird. Bleiben Sie offen und wach, und warten Sie auf Anleitung. Körperliche und geistige Lockerungsübungen werden Ihnen helfen, sich vorzubereiten, wenn das Aufblitzen der Anleitung wirklich kommt. Waches Abwarten ist die Haltung, die Sie einnehmen müssen. Leiten Sie das Untere Selbst bestimmt, aber freundlich, und bringen Sie es immer wieder auf die Sache zurück, wenn seine Aufmerksamkeit abzugleiten scheint. Überlassen Sie die Situation dem Unteren Selbst (nachdem sie sorgfältig vom Mittleren Selbst erarbeitet worden ist), und erlauben Sie ihm die Begleitung der Situation auf ihrem Weg zum Hohen Selbst, unter dessen Anleitung alle Arbeit unseres Lebens getan werden sollte.

Das regelmäßig, täglich und normal erfahrene Ergebnis ist dann schließlich ein Leben im Hunâ-Licht.

Meditation über die drei Selbste

Dies ist eine Meditation über den göttlichen Geist als Intelligenz, Kraft und Substanz jedes Partikels oder jedes Partikelsystems im Universum.

Ich bekräftige, daß ich eine *Dreiheit* von drei Selbsten bin.

1. Ich bin das Mittlere Selbst

Ich lebe im Körper und trage die volle Verantwortung für ihn. Ich habe volle Urteilskraft, Intelligenz und starke Willenskraft.

Ich habe volles Bewußtsein und treffe klare Entscheidungen in Zusammenarbeit mit meinem Bruderselbst und unter der Anleitung meines Hohen Selbst.

Ich habe eine lebhafte Vorstellungskraft, und ich weiß, wenn ich mir etwas vorstelle oder bildhaft denke, daß dies ein Werkzeug zur Erschaffung einer gewünschten Zukunft ist.

Ich habe ein harmonisches Verhältnis zu meinem Bruderselbst und bin in der Lage, jederzeit alles Nötige aus dem Gedächtnisspeicher meines Bruderselbst abzurufen.

2. Ich bin das Bruderselbst

Ich bin wichtig in der Gemeinschaft der drei Selbste, mit der ich mich identifiziere.

Ich habe starke, positive Emotionen.

Ich übernehme die volle Verantwortung für die autonomen

Funktionen unseres Körpers und überlasse die anderen körperlichen Verpflichtungen meinem Mittleren Selbst.

Ich habe ein voll entwickeltes Erinnerungsvermögen und stelle bereit, was immer mein Mittleres Selbst wünscht, benötigt und abrufen möchte; ich dränge meinem Mittleren Selbst keine Erinnerungen auf, wenn sie nicht gewünscht oder benötigt werden. Ich werde mich beeilen, meinem Mittleren Selbst Erinnerungen zu geben, wenn es sie benötigt, und dies ganz deutlich.

Ich werde alles Mana bereitstellen, das für das Wohlergehen unseres Körpers und zur Erreichung all dessen benötigt wird, was wir für die Zukunft beschließen.

Ich werde unverzüglich jedes Gebetsbild zu unserem Hohen Selbst bringen, wenn mein Mittleres Selbst mich anweist, dies zu tun.

3. Ich bin das Hohe Selbst

Ich werde alle Bitten meines Bruderselbst und meines Mittleren Selbst erfüllen, um gemeinsam unsere Zukunft zu schaffen.

Ich werde unser Bruderselbst und unser Mittleres Selbst beschützen und bereit und fähig sein, Anleitung oder Hilfe zu gewähren.

Ich bin eine menschlich-göttliche *Dreiheit* von drei Selbsten. Mit dem Wort »ich« meine ich immer uns drei:

– das Untere Bruderselbst,
– das Mittlere Selbst,
– das Hohe Selbst.

Und wir werden immer zusammen und nie getrennt voneinander arbeiten.

Ich gestatte allen dreien meiner Selbste, ungehindert und effizient in ihren individuellen und einzigartigen Rollen in unserem dreiteiligen Leben zu wirken.

Ich bin das Mittlere Selbst.
Ich bin das Untere Bruderselbst.
Ich bin das Hohe Selbst.

Ich bin die menschlich-göttliche *Dreiheit* der *drei Selbste* und ich lebe als *eines*!

Aumama ua noa.
Lele wale akua la.

GLOSSAR

Aka: Unsichtbare Substanz, die das ständige Muster jedes der drei Selbste bildet, über die zwischen den Selbsten und zu anderen Menschen Kontakt hergestellt wird (Aka-Schnur) und durch die Mana fließt oder geleitet wird.

Aumakua: Hawaiisches Wort für Hohes Selbst (s. d.).

Basic Self: Begriff, den englischsprachige Hunâ-Schüler für *unihipili* oder Unteres Selbst benutzen.

Diplomierter Hunâ-Praktiker: Offiziell als fachlicher Berater anerkannte Person, die Hunâ als Grundlage ihrer beruflichen Praxis benutzt. Jeder Hunâ-Schüler, der nach den Hunâ-Prinzipien lebt, gilt als Hunâ-Praktiker. Nur wer die festgelegten Kriterien für einen effizienten Hunâ-Einsatz bei der Unterstützung anderer erfüllt und von der Hunâ Research, Inc., ordnungsgemäß diplomiert worden ist, wird als diplomierter Hunâ-Praktiker zugelassen.

Essener: Jüdische Sekte von Asketen und Gelehrten; bildete am Toten Meer eine Gemeinschaft und hinterließ viele Manuskripte, die als Qumram-Rollen bekannt sind. Die Lehren der Essener und Hunâ haben viele Parallelen und lassen darauf schließen, daß die Essener die Vorgänger der Hunâ-Praktiker waren.

Gebetsbild: Geistiges Bild vom Plan eines in der Gebetshandlung zu erreichenden Zieles. Wird mit der Vorstellungskraft des Mittleren Selbst sowie unter Anleitung des Hohen Selbst aufgebaut und vom Unteren Selbst als genauer Entwurf dessen, was gewünscht wird, an das Hohe Selbst geschickt.

Gebetshandlung: Gründlich vorbereiteter Plan für die Zukunft mit den drei Selbsten, einem ausreichenden Vorrat an zusätzlichem Mana und einem Gebetsbild, das an das Hohe Selbst geschickt wird, um es in die Wirklichkeit unseres Lebens einzubauen; Gebet, das Ergebnisse erzielt, wenn alle Forderungen erfüllt sind. Max Freedom Long zog das Wort Gebetshandlung dem Begriff »Gebet« vor, um religiöse Nebenbedeutungen auszuschließen, und da es in der Praxis sowohl um eine Anrufung als auch um eine Handlung geht.

Gedankenform: Traditioneller Begriff in esoterischen Systemen für ein geistiges Bild, das Wirklichkeit wird, wenn es mit Energie aufgeladen und als »Blaupause« des Gewünschten abgesandt wird.

Geheimnis: Siehe Hunâ.

George: Allgemein üblicher Name für das Untere Selbst; von Max Freedom Long aufgrund der englischen Redeweise »Laßt das mal den George machen!« benutzt. Er bedeutet, daß wir dem Unteren Selbst überlassen sollen, was zu seinen regulären Pflichten und Funktionen gehört und was es ganz natürlich in sehr sachkundiger Weise tut. Long hat vorgeschlagen, den Namen des Unteren Selbst festzustellen, um eindeutig, freundschaftlich und persönlich mit ihm zu kommunizieren. Den Namen George benutzen auch Piloten, wenn die Flugroute genau festgelegt ist und das Flugzeug dem »automatischen Piloten« folgt, bis der Kurs geändert wird.

Ha-Ritus: Hunâ-Gebetshandlung, die so genannt wird, weil *ha* im Hawaiischen »stark atmen« bedeutet; bezieht sich auf die Mana-Hochladung und die Zahl Vier, mit der ein rhythmisches Atmen zur Verstärkung des Mana-Vorrats gefunden werden kann.

Hohes Selbst: Für *aumakua* als den »ausgesprochen vertrauenswürdigen elterlichen Geist« benutzter Begriff; eines der drei Selbste; das persönliche Hohe Selbst eines jeden Menschen, das uns Kontakt zu Gott verschafft. Das Hohe Selbst ist teilweise Gott und teilweise Mensch und dadurch unsere direkte Verbindung zu Gott. Wir kennen es als unseren »Schutzengel« in der Kindheit, der uns schützt, bis wir in das Alter gelangen, in dem wir selbst für unser Leben verantwortlich sind. Dann ist es bereit und fähig, alle Hilfe und Anleitung zu gewähren, wenn unsere beiden unteren Selbste es darum bitten.

Ho'oponopono: Kala-Methode, um »es richtig zu machen«; beruht auf uralten hawaiischen Traditionen und betrifft jedes Mitglied der *'ohana*, d. h. der Großfamilie. Wurde geschaffen in einem Ritual zu Problemlösungen für Gruppen nichthawaiischen Ursprungs, die keine Familien sind.

Hunâ: Das hawaiische Wort *hunâ* bedeutet Geheimnis und wurde von Max Freedom Long als Bezeichnung für das »psycho-religiöse« System gewählt, das über den Hunâ-Kode aus den Praktiken der alten Kahunas wiederentdeckt wurde. Die Bedeutung Geheimnis bezieht sich insbesondere auf vertrauliche Familiengeschichten, die über viele Generationen überliefert wurden, aber vor Außenstehenden (Menschen, die nicht zur Familie gehörten, und Ausländern) geheimgehalten wurden. HUNÂ ist eine international eingetragene Handelsmarke der Hunâ Research, Inc.

Hunâ-Kode: Einstmals geheime Bedeutungen von Wurzeln hawaiischer Wörter, die zur Weitervermittlung von Wissen über alte Lehren und Praktiken der Kahunas benutzt wurden. Die verschlüsselten Bedeutungen entdeckte Max Freedom Long 1935; seine Forschungsergebnisse veröffentlichte er in *Recovering the Ancient Magic* (1936), dem ersten Hunâ-Buch, das je geschrieben wurde.

Hunâ Ka Mana Loa Ike Ao Nei: Inschrift im Logo des Regenbogenmannes der Hunâ Research, Inc. Sie bedeutet: »Hunâ ist die größte Kraft auf der Welt.«

Kahuna: »Hüter des Geheimnisses«, Spezialist, der ein Handwerk oder irgendeine Kunst beherrschte. Das Wort bezieht sich oft besonders auf Meister in religiösen Praktiken wie Gebete oder Heilungen. Im Englischen sind Singular und Plural gleich.

Kala: Geistige und emotionale Reinigung, die »uns für das Licht (des Hohen Selbst) wiederherstellt«. Alles, was unsere unbehinderte Kommunikation mit dem Hohen Selbst beeinträchtigt, erfordert Handlungen in Form von Worten, Gedanken oder Taten, die stark genug sind, um Fixierungen und Blockaden zu beseitigen, durch welche die Aufmerksamkeit des Unteren Selbst von seinen regulären Funktionen abgelenkt sowie Mana verschwendet wird und wir an der Kommunikation mit unserem Hohen Selbst gehindert werden. *La* ist Licht und symbolisiert das Hohe Selbst im Hunâ.

Komplex: Nicht rationalisierte, mit negativer Emotion belastete Gedankenformen, die das Untere Selbst aufgrund von Schuld- oder Angstgefühlen versteckt; fixe Ideen und Emotionen, die aus traumatischen Erfahrungen oder allzu strengem, autoritätsbetontem Unterricht stammen; beeinflussen unsere Gedanken, Worte und Taten und hindern unser Unteres Selbst daran, bei der Mitarbeit im Team der drei Selbste seinen Beitrag zu leisten.

Körperlicher Reiz: Handlung, um die Aufmerksamkeit des Unteren Selbst zu wecken und die Zuversicht zu vermitteln, daß das Ziel, an dem es im Zusammenwirken mit den anderen zwei Selbsten mitarbeiten soll, wertvoll und wichtig ist.

Long, Max Freedom (1890-1971): Wiederentdecker des Hunâ in diesem Jahrhundert. Studierte, praktizierte und verbreitete über fünfzig Jahre lang die Hunâ-Lehre; gab der aus den Praktiken der Kahunas stammenden Lehre den Namen Hunâ und gründete 1945 die Hunâ Research Organization.

Magie: Häufig benutzter Begriff zur Beschreibung von Hunâ; hat aber nichts zu tun mit der üblichen Bezeichnung seltsamer Rituale und der Anrufung undurchsichtiger Mächte. Im Hunâ bedeutet »Magie«, durch die Anwendung von Wissen und den Einsatz erprobter Techniken Wünsche zu erfüllen und Ziele zu erreichen. Sie ist das erwartete, natürliche Ergebnis einer praktischen Handlung, die mit Vernunft durchgeführt, mit Mana aufgeladen und vom Geist gesteuert wird.

Mana-Hochladung: Mana-Vorrat, der über die für ein generelles Wohlbefinden von Körper, Geist und Seele benötigte Menge hinausgeht und für spezielle Zwecke zum Heilen, bei Problemlösungen, bei der Erreichung von Zielen und beim spirituellen Wachstum gelenkt und benutzt wird.

Mana, Mana-Mana, Mana-Loa: Lebenskraft, die uns am Leben hält, durch die wir gesund und produktiv bleiben und die für spezielle Zwecke eingesetzt werden kann. Erzeugung und Ansammeln von Mana gehören zur natürlichen Funktion des Unteren Selbst. Wird Mana vom Mittleren Selbst benutzt, um dessen Funktionen Denken und Intellekt, vernünftiges Überlegen, Willenskraft, Vorstellungsvermögen und Verantwortung auszuüben, heißt es Mana-Mana. Bekommt das Hohe Selbst Mana vom Unteren Selbst und wandelt es in die höchste Kraft um, heißt es Mana-Loa.

Mittleres Selbst: Das *uhane* (»sprechendes Selbst«), bewußtes, intelligentes Selbst, das vernünftig denken kann, Entscheidungen trifft und Willenskraft hat. Wird in der Psychologie als Bewußtsein bezeichnet.

'Ohana: Hawaiisches Wort für Großfamilie; schließt alle ihre Mitglieder mit ein. Die *'ohana* war der Mittelpunkt alles hawaiischen Lebens, und jede Familie bewahrte und überlieferte all ihre traditionellen Stammbäume, Geschichten, Praktiken und Lebensweisen. Die »Geheimnisse« des Hunâ sind die vertraulichen Geschichten und traditionellen Überlieferungen der *'ohana*.

Praktiker: Jemand, der Hunâ-Prinzipien benutzt, d. h. »Hunâ praktiziert«; besonders jemand, der Hunâ als Lebensweise angenommen hat (siehe Diplomierter Hunâ-Praktiker).

Promotion: Da die Promotion ein Studium abschließt, bezeichnete Max Freedom Long die Beendigung des Sammelns von Erfahrungen, wozu wir ja auf der Erde leben, als »Promotion«. In seinen theoretischen Diskussionen argumentierte er, daß die spirituelle Entwicklung eines jeden der drei Selbste, die bis zur »Promotion« zusammenbleiben, unabhängig voneinander auf höheren Ebenen weitergehen kann. Aber das liegt außerhalb unseres gewählten Erdenschicksals. Solange wir durch das Leben auf Erden Lektionen zu lernen haben, bleiben unsere drei Selbste zusammen.

»Psycho-religiös«: Von Long zur Beschreibung des Hunâ-Systems benutzter Begriff, da es sich hier um ein vollständiges System der Psychologie mit Elementen aus der Religion handelt. Hunâ ist kein »übersinnliches« System.

Regen des Segens: Rückfluß des Mana, das an das Hohe Selbst geschickt und in Mana-Loa umgewandelt wurde; wird zuweilen körperlich wie die Tropfen eines Springbrunnens empfunden.

Schattenkörper: Siehe Aka.

Uhane: Hawaiisches Wort für das Mittlere Selbst (s. d.).

Unihipili: Hawaiisches Wort für das Untere Selbst.

Unteres Selbst: Das *unihipili*, »das Selbst, das etwas in aller Stille tut oder aus Angst nicht handelt«, das Mana »als vom Munde abgepreßtes Wasser« produziert, Erinnerungsvermögen hat und Gewohnheiten bilden kann. In der Psychologie als Unterbewußtsein bezeichnet.

Visualisierung: Im Hunâ-System der aktive Einsatz von Vorstellungskraft durch das Mittlere Selbst, um ein Bild als Blaupause für ein gewünschtes künftiges Ziel zu entwerfen. Das geistige Bild wird mit Mana aufgeladen und an das Hohe Selbst geschickt, um in die Wirklichkeit unseres Lebens eingebaut zu werden.

Vorstellungsvermögen: Bedeutende Fähigkeit des Mittleren Selbst zur Schaffung eines geistigen Bildes dessen, was in der Zukunft gewünscht wird, das vom Unteren Selbst mit Energie aufgeladen und an das Hohe Selbst geschickt wird, um in die Wirklichkeit unseres Lebens eingebaut zu werden. Das Mittlere Selbst erinnert sich an das Zukunftsbild als Blaupause und an dessen Verwirklichung nur auf der mentalen Ebene. Das ist keine Einbildung wie beim unrealistischen Tagtraum des Unteren Selbst, das sich einreden könnte, die Einbildung sei real.

Wunder: Genauso wie das Wort »Magie« ein oft mißverstandener Begriff für ein Ereignis, welches das Naturgesetz verletzt und von einer übernatürlichen Kraft ausgeführt wird. Im Hunâ ist ein Wunder eine Hervorbringung, die auf Wissen um die natürlichen Eigenschaften der drei Selbste beruht, wenn diese harmonisch zusammenarbeiten.

BIBLIOGRAPHIE

Hunâ-Bücher in Deutsch

1. Krotoschin, Henry, *Hunâ Praxis: Bewußte Lenkung des Schicksals* (Freiburg: Hermann Bauer Verlag, 1990), 236 S.

Bestes Hunâ-Buch in Deutsch, geschrieben von einem Hunâ-Lehrer und Praktiker mit Diplom der Hunâ-Research, Inc. (Weltzentrale der Hunâ-Lehre), Direktor der Hunâ-Forschungs-Gesellschaft Zürich (Europa-Vertretung der Hunâ Research, Inc.).

2. Hoffmann, Enid, *Hunâ für Einsteiger und Praktiker* (Freiburg: Hermann Bauer Verlag, 1992), 276 S., Biblio.

Die Verfasserin berichtet in dem Buch, wie sie Hunâ in ihrem Leben anwendet und unterrichtet. Sie geht besonders auf die Arbeit mit dem Unteren Selbst und die Verwendung des Pendels als Werkzeug ein.

3. Long, Max Freedom, *Geheimes Wissen hinter Wundern* (Freiburg: Hermann Bauer Verlag, 1962, 1982), 420 S. Die Wiederentdeckung eines uralten Systems anwendbarer und wirksamer Magie. Übertragen von Dr. F. Walter.

Das grundlegende Lehrbuch über Hunâ, geschrieben von dem Mann, der die fast schon verlorengegangenen Hunâ-Lehren entdeckt hat. Beschreibt systematisch, wie Long den Geheimkode in der hawaiischen Sprache fand, und bringt viele Fallstudien, die zeigen, wieso Hunâ die Grundlage des größten Teils esoterischen Wissens ist.

4. Long, Max Freedom, *Kahuna-Magie* (Freiburg: Hermann Bauer Verlag, 1962, 1982), 380 S. Die Lösung von Lebensproblemen durch praktisch angewandte Magie. Übertragen von Dr. F. Walter.

Die amerikanische Originalausgabe heißt *The Secret Science at Work*

(Geheimwissen bei der Arbeit). Das gibt den Zweck dieses Buches eindeutiger wieder, denn es handelt nicht von Kahunas oder Magie, sondern davon, wie man lernen kann, Hunâ zu benutzen, um sich selbst zu helfen, Probleme zu lösen und Ziele zu erreichen. Das Buch beschreibt, wie man die Hunâ-Prinzipien benutzt, und vergleicht dieselben mit vielen Textstellen und Praktiken, die im Neuen Testament erwähnt werden.

5. Long, Max Freedom, *Selbst-Suggestion und HUNÂ-Gebet, ein sicherer Weg zur Lebensmeisterung* (Freiburg: Hermann Bauer Verlag, 1968). Übertragen von Dr. F. Walter.

Durch dieses Buch lernt der Leser, wie man das wichtige Werkzeug Selbstsuggestion benutzt, um Hunâ-Gebetshandlungen effizienter zu machen.

Hunâ-Bücher in Englisch

1936

1. Long, Max Freedom, *Recovering the Ancient Magic* (Cape Girardeau, Missouri: Hunâ Research, Inc., 1978), 288 S., 12 Fotografien.

Max Freedom Longs erstes Buch sowie das erste, das je über Hunâ geschrieben wurde. Ist seit seiner Veröffentlichung im Jahre 1936 fast eine Rarität, da das Verlagshaus in London während des Krieges zerstört wurde.

1948

2. Long, Max Freedom, *The Secret Science Behind Miracles* (Marina Del Rey, Calif.: De Vorss & Co., 1971) x + 408 S., Index, graphische Darstellungen, Anhang.

Als Überarbeitung des ersten Werkes begonnen, nahm es bald den Charakter eines völlig anderen Buches an. Gibt den Hintergrund von Max Freedom Longs Forschungen und wie der Hunâ-Kode entdeckt wurde. Beschreibt zahlreiche Beispiele aus der Vielzahl geistiger und psychischer Phänomene, indem es zeigt, wie das Hunâ-System etwas aus ihnen macht. Der Autor geht chronologisch vor, so daß der Leser verfolgen kann, wie die Forschung vorangekommen ist. Um zu verstehen, wie sich die Hunâ-Lehre entwickelt hat, ist dieses Buch unerläßlich.

1949

3. Long, Max Freedom, *Mana, or Vital Force* (Cape Girardeau, Missouri: Hunâ Research, Inc., 1981), viii + 41 S.

Das Buch enthält Auszüge aus den *Hunâ Research Bulletins* über die Bedeutung und den Gebrauch von Mana in der Hunâ-Praxis.

1953

4. Long, Max Freedom, *The Secret Science at Work* (Marina del Rey, Calif.: De Vorss & Co., 1971), xiv + 434 S., Index.

Nach der Überprüfung der Grundprinzipien, deren Entdeckung in einem früheren Buch beschrieben wurde, stellt der Verfasser Methoden zur praktischen Anwendung der Hunâ-Lehren dar.

1955

5. Long, Max Freedom, *Growing into Light* (Marina del Rey, Calif.: De Vorss & Co., 1971), x + 177 S.

Übersicht über die wichtigsten Hunâ-Konzepte in Form von Axiomen. Liefert dem Hunâ-Schüler kurze Texte für tägliche Meditation und Praxis. Es werden nicht nur die Prinzipien neu dargestellt, sondern auch Übungsvorschläge für den täglichen Gebrauch gemacht.

1958

6. Long, Max Freedom, *Self-Suggestion* (Marina del Rey, Calif.: De Vorss & Co., 1971), 117 S.

Lehrgang für die Zusammenarbeit des Unteren Selbst mit dem Hohen Selbst; Basis der Hunâ-Lehre. Das Buch erklärt die eigentliche Bedeutung des Mesmerismus, der Hypnose und der Autosuggestion und wie man diese

Methoden effizient einsetzen kann. Sein vollständiger Titel lautet: *Self Suggestion and the New Hunâ Theory of Mesmerism and Hypnosis.*

1965

7. Long, Max Freedom, *The Hunâ Code in Religions* (Marina del Rey, Calif.: De Vorss & Co., 1971), xiv + 369 S.

Dieses Buch bietet eine weitere Möglichkeit für ein Verständnis, das man sonst in keiner anderen Veröffentlichung erreicht. Es gibt einen Einblick in die wichtigsten Lehren der Religion und wie man durch den Hunâ-Kode in die Lage versetzt wird, jedes andere System zu studieren und die dort gelehrte Methode zu nutzen. Enthält auf 58 Seiten eine gekürzte Version von Lorrin Andrews *A Dictionary of the Hawaiian Language* (1865), das inzwischen vergriffen ist.

1983

8. Glover, Wiliam R., *Hunâ: The Ancient Religion of Positive Thinking* (Cape Girardeau, Missouri: Hunâ Research, Inc., 1983), iv + 74 S.

Einfacher, kurz gefaßter und klarer Text, der auf Tonbandaufnahmen von Max Freedom Longs Vorlesungen fußt. Ausgezeichnete kurze Einführung in die Hunâ-Grundbegriffe.

Bücher zu dieser Thematik

9. Odum, Donald G., and E. Otha Wingo, *Energy and Us* (Cape Girardeau, Missouri: Hunâ Research, Inc., 1993).

Studie aus der Akupunktur und Meridiantherapie, die zeigt, wie das Fließen der Kraft Ch'i im Körper zur Gesunderhaltung benutzt werden kann.

10. Moody, Raymond A., jr., *Life after Life* (New York: Bantam Books, 1976)/*Leben nach dem Tode*, Rowohlt.

Studie über Berichte von Menschen mit »Nah-Todeserfahrungen«. Der Verfasser wußte nichts von Hunâ, als er das Buch schrieb. Er glaubte auch nicht an die Erfahrungen, über die er als Arzt berichtete. Dem Autor gegenüber erklärte er, seine Forschungen seien »absolut bewiesen«. Eine der wichtigen Erfahrungen, von denen er berichtet, ist die Begegnung mit einem »Lichtwesen«.

11. Trevelyan, Sir George, Kapitel 9, »Essene Teachings and Hunâ Wisdom« (Die Hunâ-Weisheit und die Lehren der Essener), S. 115-125, aus *Operation Redemption; A Vision of Hope in an Age of Turmoil* (England: Turnstone Press Limited, 1981), 208 S., Bibliographie./*Unternehmen Erlösung.*

Nicht zu empfehlen

Nau, Erika, *Selbstbewußt durch Hunâ. Die magische Weisheit Hawaiis* (Sphinx-Verlag: Basel, 1984), aus dem Amerikanischen von Susanne G. Seiler, 115 S.

Frau Dr. Nau setzt das Untere Selbst mit einem Tier gleich. Das lehne ich völlig ab. Sie beschreibt das zwar als Spiel, aber leider werden Schüler, die mit diesem Buch beginnen, selten, wenn überhaupt, die fixe Idee wieder los, daß das Untere Selbst ein Tier sei. Als ich nach dem Lesen des Manuskriptes ein Vorwort schrieb, protestierte ich bei der Verfasserin heftig gegen den Vergleich mit dem Tier. In der Mythologie und in der Psychologie ist es ja üblich, menschliche Eigenschaften mit Tiersymbolen zu beschreiben, wie z. B. »schlau wie ein Fuchs« und »flink wie ein Wiesel«. Das ist einfache Analogie. Die Verfasserin bestand aber darauf, daß Leser und Schüler ein Tier auswählen und ihr Unteres Selbst mit ihm gleichsetzen sollen. Wenn ein Hunâ-Schüler bei dieser Gleichsetzung steckenbleibt, kann diese Fixierung ihm störend im Wege sein oder sogar weiteres spirituelles Wachstum verhindern. Max Freedom Long hat immer von Kennzeichnungen gesprochen, die »Tieren ähnlich sind«. Das Untere Selbst aber ist sowohl ein Teil des menschlichen Wesens als auch ein Geistwesen und sollte nie mit einem Tier gleichgesetzt werden. Das Vorwort hinterläßt den irrigen Eindruck, als würde ich diese Technik empfehlen.

ORGANISATIONEN

Hunâ Weltzentrale

HUNA RESEARCH, INC., 1760 Anna Street, Cape Girardeau, Missouri, 63701-4504 USA. Telefon und Fax: (3 14) 3 34-34 78. Diese Organisation hat Max Freedom Long 1946 gegründet und bis 1971 geleitet. Ihr jetziger Direktor ist Prof. Dr. E. Otha Wingo, den Max Freedom Long zur Fortsetzung seiner Arbeit bestimmt hat.

Europa-Zentrale (deutschsprachige Länder)

HUNA FORSCHUNGS-GESELLSCHAFT. Seefeldstr. 18, CH-8008 Zürich, Schweiz. Europa-Vertretung der Hunâ Research, Inc., Telefon: 01/2 51/55-65, Fax: 01/2 51/95-35. Direktor: Henry Krotoschin, Dipl.-Ing. chem. ETH.

Brasilien

ASSOCIATION OF HUNA STUDIES. Rua Padre Jose 187, Caixa Postal 14, 95330 Veranopolis/RS, BRASIL.
Direktoren: Ceres Elisa da Fonseca Rosas, Caixa Postal 69, 78640 Canarana/MT, BRASIL.
Jens Kook Weskott, Av. Oswaldo von Zuben 419, 13094-840 Campinas/SP, BRASIL. Telefon: 55/1 92/5 14-2 92.

Großbritannien

Josephine Gray, 28 New Buildings, Frome, Somerset, ENGLAND BA11 1PD. Telefon: 03/73/4 62-1 66.

Knaur

Träume als Wegweiser

(86045)

(4119)

(4116)

(86043)